NATIONAL GEOGRAPHIC

DER NATIONAL GEOGRAPHIC TRAVELER

SIZILIEN

NATIONAL GEOGRAPHIC

DER NATIONAL GEOGRAPHIC TRAVELER

SIZILIEN

Tim Jepson

Fotografien von Tino Soriano

Inhalt

Seite 1: Festa Medievale in Randazzo
Seite 2–3: Castello di Venere und Torre Pepoli in Erice
Seite 4: Strand Aci Castello

Benutzerhinweise

Text- und Kartensymbole siehe hintere Umschlagklappe

Der *National Geographic Traveler* macht Sie mit den schönsten Seiten Siziliens bekannt – in Texten, Bildern und Karten. Der in drei Hauptteile untergliederte Band beginnt mit einem Überblick über die Geschichte und Kultur dieser Insel.
Es folgen sechs Kapitel, die den einzelnen Regionen Siziliens gewidmet sind. Inhaltsverzeichnisse und Übersichtskarten am Beginn eines jeden Kapitels ermöglichen einen raschen Zugriff auf die im Kapitel vorgestellten Objekte; alle beschriebenen Sehenswürdigkeiten und weitere attraktive Orte sind in den Karten verzeichnet. Auf ergänzenden Karten zu den Spaziergängen sind die im Text beschriebenen Routen eingezeichnet. Specials und Infokästen beschäftigen sich darüber hinaus mit besonders interessanten Themen.
Die Reiseinformationen am Ende des Buches geben Auskunft über wichtige praktische Fragen. Hinzu kommen eine nach Regionen geordnete Auswahl von Hotels und Restaurants sowie Tipps zum Einkaufen und Ausgehen. Die Angaben entsprechen dem Stand zum Zeitpunkt der Drucklegung. Deshalb ist es ratsam, sich nach Änderungen zu erkundigen.

158

Farbkodierung

Um Ihnen die Orientierung zu erleichtern, wurde jeder Region eine bestimmte Farbe zugewiesen. So finden Sie von der Übersicht auf der vorderen Umschlagklappe schnell zu den entsprechenden farbig markierten Seiten. Auch die **Reiseinformationen** sind durch die gleichen Farben untergliedert.

Kathedrale
www.cattedrale.palermo.it
Karte S. 43
Piazza della Cattedrale, am Corso Vittorio Emanuele II
091 33 43 76
Schatzkammer und Krypta So geschl.
Schatzkammer und Krypta €

Besucherinformationen

In den Außenspalten am Seitenrand finden Sie die für einen Besuch unentbehrlichen praktischen Angaben (die Bedeutung der Symbole finden Sie auf der hinteren Umschlagklappe). Der Verweis auf die jeweilige Karte enthält die Seitenzahl und das Planquadrat der Karte. Es folgen Adresse und Telefonnummer, Öffnungszeiten, Höhe des Eintrittspreises (in Preiskategorien von € für weniger als 5 € bis €€€€€ für mehr als 25 €). Die Angaben zu den weniger bedeutsamen Sehenswürdigkeiten stehen kursiv und in Klammern innerhalb des Textes.

REISEINFORMATIONEN

DER OSTEN — Region mit Farbkodierung

TAORMINA — Stadt

SAN DOMENICO PALACE
$$$$$ ***** — Name des Hotels und Preiskategorie

PIAZZA SAN DOMENICO 5
TEL. 0942 613 111
FAX 0942 625 506
www.thi.it — Adresse, Telefon- und Faxnummer, E-Mail, Homepage

Die Großen und die Berühmten haben alle schon im San Domenico gewohnt, einem Kloster aus dem 15. Jh., das zu Italiens berühmtesten Hotels zählt. Der Ruhm mag ein klein wenig übertrieben sein, aber die wunderbaren Zimmer, die großen Aufenthaltsräume, die schönen Gärten und das historische Ambiente sind wirklich einen Besuch wert. — Kurzbeschreibung des Hotels

108
Alle gängigen Kreditkarten — Ausstattung und Kreditkarten

Hotel- und Restaurantpreise

Erläuterungen zu den Preiskategorien finden Sie im Abschnitt »Hotels & Restaurants«, S. 168.

ÜBERSICHTSKARTEN

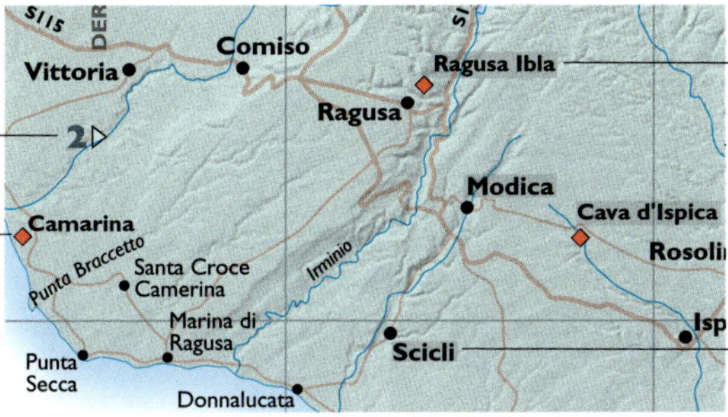

- Zu jeder Übersichtskarte gehört eine Orientierungskarte, welche die Lage der jeweiligen Region auf der Insel zeigt.
- Auf angrenzende Regionen wird mit Seitenverweisen aufmerksam gemacht.

SPAZIERGÄNGE

- Eine Infobox nennt Ausgangs- und Endpunkt, Dauer und Länge des Spaziergangs sowie Sehenswürdigkeiten, die man unterwegs nicht versäumen sollte.

AUSFLÜGE

- Eine Infobox nennt Ausgangs- und Endpunkt, Dauer und Länge der Rundfahrt, Besonderheiten des Geländes sowie Sehenswürdigkeiten, die man unterwegs nicht versäumen sollte.

NATIONAL GEOGRAPHIC

DER NATIONAL GEOGRAPHIC TRAVELER

SIZILIEN

Über den Autor und den Fotografen

Tim Jepson ist ein leidenschaftlicher Verehrer Italiens. Schon seit seiner Studienzeit in Oxford hat er das Land immer wieder bereist; fünf Jahre hat er sogar als Journalist in Rom gearbeitet. Im Laufe der Jahre hat er mehr als 15 Bücher über Italien geschrieben, daneben zahllose Artikel für Zeitungen und Zeitschriften. Der *National Geographic Traveler Italien* stammt aus seiner Feder.
Mittlerweile arbeitet Jepson in London für den *Daily Telegraph*, doch er kehrt immer wieder nach Italien zurück – als begeisterter Wanderer vor allem in die ländlichen Gegenden. Natürlich schätzt er dort auch die angenehmen Seiten des mediterranen Lebens: gutes Essen, Wein, Kunst und Kultur.
Tim Jepson hat außerdem für das italienische Programm der BBC und andere Sender gearbeitet.

Tino Soriano aus Barcelona ist Fotojournalist und Reisefotograf. Für seine Arbeiten wurde er bereits von der World Press Photo Foundation mit einem ersten Preis ausgezeichnet, und er hat Auszeichnungen von der Unesco, von Fujifilm und Fotopres erhalten.
Im Auftrag von National Geographic hat Tino Soriano außer in Sizilien bereits in Spanien, Frankreich, Italien, Portugal, Schottland und Südafrika fotografiert. Seine Arbeiten wurden in den großen Magazinen der Welt veröffentlicht, darunter *Geo, Merian, Der Spiegel, Paris Match, La Vanguardia* und *El Pais.*
Tino Soriano schreibt gelegentlich gern selbst, und er bietet an der Universität von Barcelona regelmäßig Vorlesungen und Workshops an.

Geschichte und Kultur

Der Tempel von Segesta stammt aus dem 5. Jahrhundert v. Chr. Diese Epoche gilt als Goldenes Zeitalter der Kunst und Architektur auf Sizilien

Sizilien heute

SIZILIEN IST RÄTSELHAFT UND UNVERGLEICHLICH SCHÖN. DER BESUCHER ERlebt die Insel als eine eigene Welt mit einer wechselvollen Geschichte, die sich in vielerlei Hinsicht von der des restlichen Europa unterscheidet. Viele wirtschaftliche und gesellschaftliche Probleme, mit denen sich die Insel konfrontiert sieht, haben historische Wurzeln. Sizilien präsentiert sich u. a. mit einer Fülle an Kunst, Architektur und kulinarischer Vielfalt.

Die Lage Siziliens ist seit jeher ein Segen wie auch ein Fluch. Als die bekannte Welt über den Mittelmeerraum kaum hinausging, markierte die Insel den Kreuzungspunkt der Wege zwischen Afrika und Europa, war sie Handelsdrehkreuz und Durchgangsstation vieler Völkerwanderungen und wurde eine Art Trophäe für all die habgierigen Staaten, die in dieser Region

ihren Aufstieg und Niedergang erlebten. Für viele stellte sie ein Paradies auf Erden dar: eine reiche, vom Mittelmeer umgebene fruchtbare Enklave, auf der Oliven- und Zitrushaine, Weingärten und wogende Weizenfelder das Landschaftsbild prägten. Drei Epochen lang war Sizilien unter der Herrschaft der Griechen, Araber und Normannen ein blühendes Gemeinwesen, doch genauso viele unfähige Herrscher brachten die Insel an den Rand des Ruins.

Alle Blütezeiten wie auch viele der gegenwärtigen Probleme hat die Insel ihren Invasoren zu verdanken: Griechen, Römern, Vandalen, Karthagern, Arabern, Normannen, Franzosen, Briten, Spaniern und dem italienischen Staat, wobei Letzterer sich der Meinung vieler Sizilianer nach ebenso unfähig zeigt wie seine historischen Vorgänger.

Das Ausmaß der Missherrschaft auf Sizilien, aber auch Armut, Entfremdung, zwangsweise Autarkie und ein Misstrauen in die Obrigkeit reichen weit zurück und erklären in einer gewissen Weise auch das komplexe Wesen des Sizilianers. Außer Zweifel steht jedoch, dass die Sizilianer eine seltsame Völkermischung sind, der Schmelztiegel eines antiken Volksstamms, der sich wiederum in einen »griechischen« Osten und einen »arabischen« Westen aufspaltet. Hinzu kamen im Laufe der Geschichte noch weitere Völker.

Als typischer Inselbewohner ist er einmal nachdenklich, argwöhnisch, zynisch, fatalistisch und zurückgezogen, kann jedoch auch großzügig, sinnlich, stoisch, clever, berechnend, neugierig, überaus kultiviert und fleißig sein. Die Sizilianer waren stets Untergebene und keine freien Bürger, fühlten sich unterdrückt statt beschützt und haben deshalb ihren Stolz, ihre Eitelkeit und ihre Ehre kultiviert, um die Tatsache ihrer Abhängigkeit zu kompensieren.

Die schon erwähnte Missherrschaft auf der Insel hat zu einem tiefen Misstrauen gegenüber der Obrigkeit geführt und geht mit dem Trend einher, konventionelle Gesellschaftsstrukturen eher zu scheuen. Loyal ist man vor allem seiner Familie gegenüber, worin sich die Sizilianer wenig vom restlichen Italien unterscheiden. Luigi Barzini, der Autor des Buches *Die Italiener* (1964), erklärt: »Sizilien kann für Einsteiger als Paradebeispiel für Italien herhalten, denn es weist jedes positive Wesensmerkmal wie auch jede Schwäche Italiens im Übermaß auf, und zwar auf die Spitze getrieben und bunt bemalt.«

Der Widerwille, gesellschaftliche und bürgerliche Verpflichtungen auf sich zu nehmen, und der offensichtliche Mangel an einer zuverlässigen, vertrauenswürdigen zentralen Obrigkeit sind zum Teil der Grund für die Existenz der Mafia (siehe S. 52f), die auf Sizilien noch immer gegenwärtig ist, wenngleich nicht so

Hochzeitsgesellschaft vor der Kirche San Giorgio in Modica im Südosten der Insel. Für die Sizilianer ist der familiäre Zusammenhalt von großer Bedeutung

dramatisch, wie die Medien es uns weismachen wollen. Wer hier im Urlaub ist, merkt wenig von der Mafia. Außerdem gab es in den letzten Jahren Anzeichen für einen Rückzug des organisierten Verbrechens, auch die Einstellung des Durchschnittssizilianers sowie des italienischen Staates gegenüber dieser Organisation, die einst alle in Angst und Schrecken versetzt hat, hat sich verändert – früher war hier im besten Fall ein passives Verhalten an der Tagesordnung, im schlimmsten Fall sogar Komplizenschaft.

Was die Wirtschaft Siziliens angeht, sind die Anzeichen für eine Veränderung eher gering. Die verzweifelte Armut im vergangenen Jahrhundert, die Millionen Sizilianer zur Auswanderung zwang, gehört weitgehend der Vergangenheit an. Und dennoch weist Sizilien auch heute noch die höchste Arbeitslosigkeit und das höchste Analphabetentum ganz Italiens auf. Das Pro-Kopf-Einkommen ist nur halb so hoch wie in Norditalien, die Insel leidet unter der illegalen Einwanderung aus Nordafrika, die Wirt-

schaft unter dem bürokratischen Moloch – all diese Faktoren hemmen die positive Entwicklung der Wirtschaft und erschweren oftmals Privatinitiativen. Dazu kommt die Kultur des so genannten *clientelismo*, der sich am besten mit Vetternwirtschaft umschreiben lässt.

Als Allheilmittel für die desolate Wirtschaft wird nun der Tourismus gefördert: Er bietet gegenwärtig das größte Potenzial und die einfachste Möglichkeit, den Wohlstand der Sizilianer zu steigern. Denn: Gibt es etwas Reizvolleres

Scopello, eines der vielen kleinen Dörfer Siziliens, thront am Rande einer Steilküste am Golf von Castellammare

als die schönsten Mosaiken Europas in Piazza Armerina und die griechischen Relikte in Syrakus, Agrigent, Segesta und Selinunt? Als einen lebendigen Badeort wie Taormina? Als die herrlichen Baudenkmäler von Palermo, die Kathedralen von Monreale und Cefalù, die mittelalterliche Schönheit von Erice?

DAS LAND

Der Umriss der größten Insel im Mittelmeer bildet ein Dreieck – schon in der Antike trug Sizilien deshalb den Namen Trinacria: die »Drei-Ecken-Insel«. Die Insel ist 25 709 Quadratkilometer groß und liegt drei Kilometer vom italienischen Festland und 140 Kilometer von Afrika entfernt. Im Osten wird die Küste vom Ionischen Meer umspült, im Norden vom Tyrrhenischen Meer und im Süden vom Mittelmeer. Etwa 62 Prozent der Insel sind hügelig.

Der wichtigste Gebirgszug, der Appennino Siculo (Sizilianischer Apennin), erreicht eine Höhe von 1979 Metern und erstreckt sich über eine Länge von 200 Kilometern parallel zur Nordküste. Er gliedert sich in drei Gebirge, Monti Peloritani, Monti Nebrodi und Le Madonie.

Westsizilien zeigt sich komplexer: eine Mischung aus Bergland, das aus Kalkgestein oder Mergel besteht, langen Reihen von Olivenbäumen und Weingärten, die sich über die Ebenen von Trapani und Marsala erstrecken. Im

Osten gehen die fruchtbaren, für den Ackerbau genutzten Ebenen von Catania in die Monti Iblei über, ein flaches Hochland mit tief eingeschnittenen Tälern. Das hügelige Binnenland ist eine weitere Landschaft für sich, eine Region, die der Schriftsteller Giuseppe Tomasi di Lampedusa als das »echte Sizilien« bezeichnete. Hier im Binnenland macht sich der akute Wassermangel Siziliens am stärksten bemerkbar; auf der Insel fällt selten Regen, die Wasserverteilung ist mangelhaft, die Folgen der jahrhunderte-

Auch die Gegenwart ist reich an Kultur: Theaterbesucher in Palermo während einer Aufführungspause

langen Rodung sind unübersehbar. Flüsse gibt es nur wenige: Im Norden finden sich kurze Wildbäche, die aber nur ein paar Tage im Jahr Wasser führen und das übrige Jahr trocken fallen. Die bedeutendsten Flüsse Siziliens heißen Dittaino, Simeto und Gornalunga, sie bewässern die Ebenen um Catania im Osten.

Doch alle Naturschönheiten Siziliens verblassen neben dem Ätna, mit 3323 Metern die höchste Erhebung der Insel. Seine Existenz verdankt der aktivste Vulkan Europas Siziliens Lage auf einigen Verwerfungslinien der Erdkruste, deren Spannungen sich immer wieder in katastrophalen Erdbeben entladen. Auf diesen Verwerfungslinien liegen auch die Liparischen (Äolischen) Inseln vor der Nordküste, wo vor allem der aktive Vulkan auf Stromboli gegenwärtig aktiv ist.

VEGETATION

Milde Winter, heiße Sommer, fruchtbare Böden, große Höhenunterschiede und eine Vielzahl an Lebensräumen sind für den Artenreichtum der sizilianischen Flora und Fauna verantwortlich. Mandeln, Birnen, Orangen und andere Zitrusfrüchte gedeihen hier; sie bezaubern mit ihren duftenden Blüten im Frühling, dazu kommen die grünlich-silbernen Olivenbäume, Oleanderbüsche, die duftenden weißen Sterne des Jasmin sowie

die leuchtend roten und lila Blüten der Bougainvilleen.

In den Ebenen fügt der Weizen der Farbpalette weitere Töne bei. Zu den auf der Insel heimisch gewordenen Pflanzen zählen Korkeichen (bei Niscemi), Manna-Eschen (bei Castelbuono) und Papyrus, der am Fluss Ciane in der Nähe von Syrakus seit der Zeit der Griechen wächst. In den Bergwäldern dominieren Buchen, Kiefern, Steineichen und Kastanien, während in unteren Lagen die trockeneren Hänge mit Feigenkakteen, Palmen, Agaven, Kapern und den klassischen Pflanzen der immergrünen Mittelmeer-Macchie bestanden sind.

In Bergdörfern wie Petralia Sottana hat sich das Leben seit Jahrhunderten kaum verändert

Der Ätna kann mit einer eigenen Vegetation (insgesamt 1500 Arten) aufwarten, die vom seltenen Ätna-Kreuzkraut bis hin zu Pflanzen wie den silbergrauen Flechten, die auf der noch warmen Lava überleben können, reicht. ■

Essen und Trinken

DAS SIZILIANISCHE ESSEN IST HERVORRAGEND. EINE VIELZAHL HISTORISCHER und geographischer Elemente haben das ihre zu einer ganz individuellen kulinarischen Tradition beigetragen, die Gerichte aus den Epochen der Griechen, Araber und Normannen mit Speisen aus dem weit entfernten Spanien, Griechenland, Nordafrika und dem Nahen Osten kombiniert. Zu dieser Mischung gesellen sich dann noch eine Fülle heimischer Kräuter, Obst- und frische Meeresfrüchte.

Das antike griechische Syrakus brachte die erste Kochschule und das erste Kochbuch hervor: Mithaecus' *Die Kunst des Kochens* (5. Jh. v. Chr.). Viele der süß-sauren Gerichte, allen voran *caponata* (langsam gegartes Gemüse, Oliven, Rosinen und Pinienkerne), stammen wahrscheinlich aus der Zeit der alten Griechen.

Eine andere kulinarische Richtung hat ihre Wurzeln im ausgehenden 8. Jahrhundert, als die Araber ihre Speisen und landwirtschaftlichen Methoden auf Sizilien einführten: Reis, Zitrusfrüchte, Couscous, Zuckerrohr, Zimt, Safran – sowie Eiscreme und Sorbets, hergestellt aus dem Schnee am Gipfel des Ätna. Später machten die

spanischen Herrscher auf Sizilien Tomaten und Schokolade aus der Neuen Welt bekannt.

Die Vorliebe der Araber für Süßes ist für viele Dessertkreationen und Pralinen verantwortlich. Eine der berühmtesten Süßspeisen ist die *cassata* (gesüßter Ricottakäse, Biskuitkuchen, kandierte Früchte und Mandelpastete). Und vielleicht haben die Araber ja auch ihre Hand mit im Spiel bei den *cannoli* – Blätterteigtaschen mit Ricotta, Schokolade und kandierten Früchten ...

Von den Arabern stammt auch das Marzipan, das zur Herstellung von *pasta reale* oder *frutta alla martorana* verwendet wird. Dabei wird Marzipan so geformt und bemalt, dass es an andere Esswaren erinnert. Diese Marzipanfrüchte wurden traditionell von den Nonnen des Klosters La Martorana in Palermo hergestellt.

Die Araber zeichnen vermutlich auch für Siziliens bedeutendstes Pastagericht verantwortlich, die *pasta con le sarde* (mit Sardinen, Wildfenchel, Olivenöl, Rosinen, Safran und Pinienkernen). Es soll entstanden sein, als die Küchenchefs der ersten arabischen Armee auf Sizilien einfach alle möglichen Zutaten mischten, die sie gerade zur Hand hatten.

Oben: *Frutta alla Martorana* aus Marzipan wurde von den Arabern eingeführt
Links: Ein reichhaltiges Käseangebot

Ein weiterer Pastaklassiker der Insel ist *pasta alla norma* (mit sonnengereiften Tomaten, salzigem Ricotta und Auberginen).

Typisch für Siziliens Küche ist die Verwendung einfacher Zutaten. Fisch und Meeresfrüchte finden sich häufiger auf dem Tisch als Fleisch. Vor allem Sardinen, Muscheln *(vongole)*, Sardellen *(acciughe)*, Thunfisch *(tonno)* und Schwertfisch *(pesce spada)* bilden die Grundlage für köstliche Fischvariationen. Eine Ausnahme machen Lamm *(agnello)* und Schweinefleisch *(maiale)* aus Le Madonie und den Monti Nebrodi sowie anderen Bergregionen. In den Bergen wird auch hervorragender Käse, allen voran Ricotta, Caciocavallo (schmeckt wie reifer Mozzarella) und der Schafskäse Pecorino, hergestellt.

Bei Pasta- und anderen Gerichten wird Fleisch oft durch Gemüse ersetzt, vor allem durch Auberginen *(melanzane)*; die besondere Würze geben den Gerichten Rosinen, Kapern *(capperi)*, Fenchel *(finocchio)*, Kräuter, Samen, Knoblauch und andere preiswerte Früchte aus Wald und Feld. Bohnen, Nüsse und Hül-

Neue Techniken haben der Weinherstellung neuen Auftrieb gegeben

senfrüchte wie Puffbohnen *(fave)*, Pistazien *(pistacchio)*, Mandeln *(mandorle)*, Kichererbsen *(ceci)* und Linsen (lenticchie) sind ebenfalls weit verbreitet. Reis kommt nicht mehr so häufig wie früher auf den Tisch, taucht aber noch in hervorragenden kleineren Gerichten und Imbissen auf, die man am Straßenrand bekommt, allen voran *arancini* (frittierte Reisbällchen mit Bohnen, Schinken oder Fleischragout).

WEIN

Archäologen vertreten die Auffassung, dass Wein auf Sizilien mindestens seit 1400 v. Chr. gekeltert wird, sicher ist, dass die Normannen die Kultur des Weinbaus als bedeutenden Wirtschaftsfaktor hier etablierten.

Siziliens Klima und Böden eignen sich hervorragend für den Weinanbau; starke Sonneneinstrahlung, lange Sommer und hohe Erträge hatten zur Folge, dass auf der Insel bis vor kurzem mehr Wert auf Quantität denn auf Qualität gelegt wurde. Viele der Weine waren starke *vini da taglio*, wörtlich »verschnittene Weine«; man stellte sie offen her, um sie dann mit »schwächeren« Weinen aus Frankreich oder Norditalien zu verschneiden.

In den letzten Jahren kam es in Sizilien jedoch zu einer Revolution im Anbau und der Weiterverarbeitung des Weins. Junge Winzer führten neue Keltermethoden ein, die das ihre dazu beitrugen, dass sich die Insel zu einer der innovativsten Weindestinationen Europas entwickelt hat.

Das Wein-Klassifizierungssystem ist in Italien kompliziert und veraltet und somit wenig nützlich, wenn man herausfinden möchte, wie gut die jeweilige Qualität ist. Am besten ignoriert man die offizielle Bewertung und hält sich an einen bestimmten Hersteller (Empfehlungen siehe unten) oder wählt den jeweiligen Hauswein eines Restaurants *(vino della casa)*.

Die Gründe für die Qualitätssteigerung auf Sizilien sind die gleichen wie überall in Italien: Innovative Weinbauern kombinierten die geographisch-klimatischen Vorteile mit modernen Techniken sowie einheimische mit ausländischen Traubensorten. Anders als die Winzergenerationen vor ihnen berücksichtigen sie heute viel stärker die extremen klimatischen Bedingungen Siziliens: Niedrige, buschartig wachsende Weinsorten, die unter der Sonne Siziliens enorm viel Zucker entwickelten, wurden durch höher wachsende Sorten mit Kletterhilfen aus Draht ersetzt, deren Reben nun weiter entfernt von dem die Hitze reflektierenden Boden gedeihen. Zur Verbesserung der Qualität werden die Trauben zumeist in der Frühe oder nachts geerntet, was ein Absinken des Säuregehalt verhindert und das Aroma erhält. Die gepressten Trauben lagert man anschließend in kühlen Bottichen, um zu verhindern, dass der Fermentierungsprozess zu schnell einsetzt.

Die modernen Weinproduzenten haben die alten Traubensorten nicht völlig aufgegeben, sondern kombinieren sie heute mit internationalen Rebsorten. Bei Weißwein wurden die traditionellen Rebsorten Grecanico, Catarratto, Inzolia und Grillo mit Chardonnay, Sauvignon Blanc und gelegentlich Viognier kombiniert.

Zu den empfehlenswerten Weißweinen zählen Vigna di Gabbri und der einfachere Donnafugata aus der Weinkellerei Tenuta di Donnafugata. Gut sind auch der Premium Colomba Platino, Bianco di Valguarnera und der einfachere Corvo Bianco der Marke Corvo sowie Inzolia, Tasca und Nozze d'Oro von Regaleali.

Auf zahllosen sizilianischen Märkten – hier der Mercato della Pescheria in Catania – werden frische Meeresfrüchte und landwirtschaftliche Erzeugnisse angeboten

Von den kleineren Weingütern sind der Cometa und Chardonnay aus der Weinkellerei Planeta in der Nähe von Noto hervorragend, außerdem die Weine von Rudini, Calabretta, Fondo Antico und Racalmare di Morgante.

Die sizilianischen Rotweine laufen den Weißen nun allerdings langsam den Rang ab, wobei die Verbesserungen jedoch auf vergleichbaren Verfahren beruhen: der Verblendung von Cabernet-Sauvignon-, Cabernet-Franc-, Syrah-, Pinot-Nero- und Merlot-Trauben mit traditionellen sizilianischen Sorten. Am interessantesten ist der Nero d'Avola, eine dunkelrote, robuste Sorte ähnlich dem Syrah. Zu guten Nero-d'Avola-Weinen zählen der Santa Cecilia von Planeta, der Duca Enrico von Duca di Salaparuta und der Torre dei Venti von Fazio.

Andere Rotweine aus gemischten Trauben aus der Weinkellerei Donnafugata sind Tancredi DOC, Contessa Entellina und Mille e Una Notte Contessa Entellina. Außerdem erwähnenswert: der Don Pietro aus der Kellerei Spadafora, der Terre d'Agula von Duca di Salapurata, Burdese und La Segreta Rosso von Planeta, Don Antonio von Morgante, Tripudium aus der Kellerei Duca di Castelmonte sowie Sagana, Noà und Benuara aus der Kellerei Cusumano.

Diese neuen Weine sollten jedoch nicht die Vorzüge einiger etablierter sizilianischer Namen wie zum Beispiel Bianco d'Alcamo und Cerasuolo di Vittoria schmälern. Mit dem Ruf des Marsala – ein feiner, trockener, sanfter Wein, der an Sherry erinnert – ist es nicht mehr weit her.

Besser sind die Dessertweine, die aus den auf den Vulkanböden von Pantelleria und den Liparischen Inseln wachsenden Trauben gekeltert werden. Sie zählen zu den besten Weinen Europas. ■

Sizilien damals

SIZILIENS GESCHICHTE NAHM MIT MEHREREN JAHRHUNDERTEN GRIECHIscher Herrschaft ihren glorreichen Anfang und erlebte unter den Arabern und Normannen weitere Blütezeiten. Fast tausend Jahre litt die Insel jedoch unter weniger kultivierten, oftmals raubgierigen ausländischen Herrschern. Erst heute, rund 150 Jahre nach der Einigung Italiens, finden die Auswirkungen dieser langen Missherrschaft langsam ein Ende.

Die ersten Völker, die vom italienischen Festland nach Sizilien kamen, sollen sich etwa um 20 000 v. Chr. hier angesiedelt haben; die frühesten bekannten Zeugnisse dieser Steinzeitbewohner sind Höhlenmalereien aus der Zeit von etwa 8700 v. Chr. Eine weitere Blütezeit erlebten neolithische Kulturen zwischen 4000 und 3000 v. Chr., vor allem auf den Liparischen Inseln.

Einheitlichere Artefakte sind aus der Zeit um 1250 v. Chr. erhalten, als die Insel vermutlich von drei unterschiedlichen Völkern bewohnt wurde: den Sikanern, die den Westen der Insel einnahmen und vermutlich iberischer Abstammung waren, den Elymern, die wahrscheinlich aus dem östlichen Mittelmeerraum stammten und sich im heutigen Erice und Segesta ansiedelten, sowie den Sikulern, einem Mittelmeervolk vom italienischen Festland, das Ostsizilien und die Inselmitte einnahm; ihnen verdankt die Insel auch ihren Namen.

Siziliens Nähe zu Griechenland lässt vermuten, dass alle drei Völker starke Handels- und Kulturbeziehungen mit den Griechen unterhalten haben, während die im Westen lebenden Völker wohl Verbindungen zu den Phöniziern aus dem östlichen Mittelmeerraum gepflegt haben werden. Diese gründeten möglicherweise sogar Handelsposten an der Südküste Siziliens.

Die wachsende Bevölkerung Griechenlands und die Notwendigkeit, die Handelsrouten nach Westen zu sichern – vor allem die Straße von Messina –, führte zur Gründung der ersten griechischen Kolonien an der Ostküste.

Als Erste wurde Naxos um 735 v. Chr. gegründet, ein Jahr später folgte Syrakus. Weitere Kolonien waren schnell etabliert, wobei die Neuankömmlinge Seite an Seite mit den Sikanern lebten oder diese assimilierten. Die Sikaner waren ein kultiviertes Volk, besaßen aber nicht die Gabe der Griechen, zur See zu fahren oder Handel zu treiben. Weniger glücklich war die Beziehung der Griechen zu den Phöniziern, die 814 v. Chr. einen Handelsposten an der nordafrikanischen Küste etabliert hatten: Karthago. Aus der Kolonie wurde ein mächtiger Stadtstaat, dessen Bewohner Handel trieben und Allianzen mit oder auch gegen viele der griechischen Kolonien auf Sizilien bildeten. Der erste große Zusammenstoß mit den Karthagern endete mit einem Sieg der vereinten griechischen Streitkräfte von Syrakus, Agrigent und ihren Verbündeten in der Schlacht von Himera (480 v. Chr.). Der Frieden brachte den meisten Kolonien auf Sizilien Wohlstand, Syrakus entwickelte sich in dieser Zeit zu einer der einflussreichsten Mächte der Welt – so mächtig, dass es den Neid der Athener weckte.

Verärgert über Syrakus' Unterstützung der griechischen Kolonie Sparta, schickte Athen 415 v. Chr. eine Flotte nach Syrakus, wo schließlich eine der größten Schlachten der Antike stattfand. Der Sieg von Syrakus markierte zugleich das Ende der Vorherrschaft der Athener und des »Goldenen Zeitalters« Griechenlands.

Während Sizilien aufblühte und Griechenland seinen Niedergang erlebte, tauchte in Mittelitalien eine neue Macht auf. Zu Beginn des 3. Jahrhunderts v. Chr. hatte Rom bereits die Mehrzahl der griechischen Kolonien auf dem süditalienischen Festland besiegt. Während des Ersten und Zweiten Punischen Krieges (264–241 und 218–201 v. Chr.) kämpfte das junge Römische Reich gegen Karthago – wobei die Schlachten des Ersten Punischen Krieges auf

Oben: Das Fresko *Triumph Roms über Sizilien* von Jacopo Ripanda (ca. 1508–13) zeigt die Sieger der Punischen Kriege. Links: Münze aus Syrakus (413 v. Chr.)

hoher See und auf Sizilien ausgetragen wurden. Als Syrakus im Zweiten Punischen Krieg Seite an Seite mit Karthago kämpfte, wurde es belagert und von den Römern 212 v. Chr. eingenommen. Die Niederlage markierte den Beginn einer 600 Jahre langen Herrschaft der Römer über die Insel.

Sizilien wurde eine der ersten und wichtigsten Kolonien Roms. Die sizilianischen Steuer- und Tributzahlungen sollen anfangs schätzungsweise ein Fünftel aller Ausgaben Roms gedeckt haben. Die Insel wurde zum Brotkorb des Reiches, indem sie Getreide und andere Nahrungsmittel auf das Festland lieferte. Unter den Römern kam es zur Einrichtung weitläufiger Ländereien (Latifundien), die sie auf ihren Eroberungszügen mit dem Lebensnotwendigen versorgen sollten. Die tyrannische Herrschaft der fern der Insel lebenden Großgrundbesitzer sollte Sizilien noch bis zu den Landreformen der 1950er Jahre verfolgen.

Rom beutete die Insel so gnadenlos aus, dass die Goten und Vandalen beim Zusammenbruch des Römischen Reiches im 5. Jahrhundert nur noch wenig Wertvolles vorfanden und Sizilien fast unbeschädigt wieder verließen.

Ähnliches galt für die Byzantiner, die Herrscher von Konstantinopel (heute Istanbul), das sich bei der Spaltung des Römisches Reiches (286 n. Chr.) als Hauptstadt Ostroms etablierte. Sie konnten im Lauf der Zeit Teile des ehemaligen Westreiches zurückerobern, darunter auch Sizilien, das ab 535 n. Chr. für über 330 Jahre zu Byzanz gehörte.

Im 7. Jahrhundert warfen Araber aus Ägypten und Nordafrika ein Auge auf Sizilien; ihre ersten Übergriffe auf die Insel erfolgten im Jahr 652. Bis 827 passierte wenig, doch dann bat ein byzantinischer Statthalter die Araber um Hilfe, um einen regionalen Aufstand niederzuwerfen. Eine Streitmacht von 10 000 Arabern, Berbern und spanischen Muslimen landete bei Mazara del Vallo im Südwesten Siziliens. Innerhalb von drei Jahren eroberten sie die ganze Insel und nahmen schließlich auch Palermo ein.

Mit dem Fall von Syrakus 878 begann die Herrschaft der Araber auf Sizilien, die in vielerlei Hinsicht zu einem Goldenen Zeitalter wurde: Die Araber kamen mit neuen Ideen in den Bereichen Wissenschaft, Philosophie, in den Künsten und der Landwirtschaft. Bewässerungssysteme wurden eingeführt, dazu Datteln, Zitrusfrüchte, Baumwolle, Seide, Zucker, Flachs, Reis, Nüsse und Henna kultiviert. Der Handel blühte und mit ihm auch Palermo. Sein Wohlstand und die luxuriöse Hofhaltung seiner Herrscher ließen die Stadt zum führenden Kultur- und Handelszentrum des Mittelmeerraums avancieren.

Im Laufe des 10. Jahrhunderts führten Unruhen in Nordafrika dazu, dass Palermo seine Rolle als Zentrum des arabischen Handelsimperiums an Ägypten verlor.

Aus Skandinavien eingewanderte Normannen ließen sich 911 in Nordfrankreich nieder. Bekannt für ihren Kampfgeist, zogen sie als Söldner – unter anderem des Papstes – in ganz Europa in den Krieg, vor allem aber im zerstrittenen Süditalien. Bekannt wurde eine Gruppe von zwölf Brüdern mit dem Namen de Hautville. Einer von ihnen, Roger (1031–1101), nahm 1072 Palermo ein. Bis zum Fall von Syrakus im Jahr 1091 herrschte Roger über die Insel und nahm den Titel Graf von Sizilien bzw. Roger I. an.

Ausschnitt aus einer mittelalterlichen Handschrift, die von der Belagerung der Stadt Syrakus und vom Sieg der Römer im Jahr 212 v. Chr. berichtet

Roger I. (links) herrschte im 11. Jahrhundert über Sizilien; er war weitaus beliebter als sein französischer Nachfolger Karl von Anjou (rechts) im 13. Jahrhundert

Der neue Herrscher zeigte sich sehr tolerant gegenüber der aus vielen Völkern zusammengesetzten Inselbevölkerung, sein Sohn und Nachfolger, Roger II. (1095–1154), der von 1101 an regierte, hielt es nicht anders. Sizilien erlebte eine neuerliche Blüte, denn Roger wusste die besten arabischen, normannischen und byzantinischen Traditionen in Kunst, Verwaltung und Landwirtschaft für sich zu nutzen.

Grundlage des normannischen Herrschaftssystems war der Feudalismus: Wer den König unterstützte, wurde für seine Loyalität mit Ländereien und Titeln belohnt. Das System der römischen Latifundien wurde deshalb ausgeweitet, eine Klasse halbunabhängiger Barone entstand. Rogers politisch weniger erfolgreicher Sohn Wilhelm I. (1120–66) sah sich mit mehreren Aufständen dieser Barone konfrontiert, doch hatte die Unfähigkeit seines Sohnes Wilhelm II. (1153–89), einen Erben zu zeugen, weit größere politische Folgen: Wegen des Fehlens eines natürlichen Nachfolgers ernannte Wilhelm II. die Schwester seines Vaters, Konstanze, zu seiner Thronerbin. Sie war mit Heinrich von Hohenstaufen (1165–97) verheiratet, dem Sohn des deutschen Kaisers Friedrich I. Barbarossa: Siziliens Schicksal war fortan eng mit dem der Staufer verbunden.

Heinrich regierte als Kaiser Heinrich VI. und König von Sizilien, starb aber schon bald nach seiner Krönung; seine Frau Konstanze übernahm die Regentschaft für ihren erst dreijährigen Sohn, den künftigen Kaiser Friedrich II. (1194–1250).

Friedrich erwies sich als vollendeter Staatsmann, Feldherr, Gelehrter und Gesetzgeber; bei seinen Zeitgenossen war er als »Stupor mundi«, als »Achtes Weltwunder«, bekannt. Er machte Palermo wieder zu einem Hof von europäischem Format. Doch mit seinem Tod begann sein Reich abermals zu zerfallen.

Sein Sohn Konrad IV. (1228–1254) starb schon vier Jahre nach der Thronbesteigung. Er hinterließ einen Sohn, Konradin, der noch zu jung war, um die Macht zu übernehmen. Statt seiner folgte Manfred (1232–66), der uneheliche Sohn Friedrichs II., dem es in kurzer Zeit gelang, einen Großteil Italiens unter seine Kontrolle zu bringen – zum Entsetzen des Papstes.

Die Päpste, nominell Oberherren von Sizilien und Italien, hatten ständig Probleme mit dem Stauferreich und waren deshalb daran interessiert, die Stauferherrscher zu schwächen. Nach dem Tod des mächtigen Friedrich II. sahen sie angesichts der geschwächten Stellung Manfreds ihre Chance gekommen: Papst Urban IV., ein Franzose, verlieh den Titel des Königs von Sizilien und Neapel an Karl von Anjou, den ruchlosen jüngeren Bruder des französischen Königs Ludwig IX.

Dieser Titel war praktisch ohne Bedeutung, doch besaßen die Anjous eine Armee, um ihre neuen Forderungen durchzusetzen. Diese fügte dem Heer Manfreds und der Hohenstaufen in Süditalien 1266 eine Niederlage bei: Manfred fiel in der Schlacht, sein Neffe und Erbe, der erst 14-jährige Konradin, wurde gefangen genommen und von Karl 1268 in Neapel enthauptet.

Auf die Enthauptung folgten bald hohe Steuerlasten sowie ein unbarmherziger Rachefeldzug gegen die ehemaligen Unterstützer der Hohenstaufen – schnell sank das Ansehen des neuen Königs von Sizilien bei der Bevölkerung. In ihrer Verzweiflung begannen sizilianische Adelige, einen Aufstand gegen Karl vorzubereiten, unterstützt von antipapistischen Splittergruppen in Aragón; der dortige Herrscher, Peter II. von Aragón (1239–85), war mit Manfreds Tochter Konstanze verheiratet. Sowohl er als auch die meisten Sizilianer sahen in Peter den rechtmäßigen Thronnachfolger, dem Sizilien und die übrigen Territorien der Hohenstaufen zustanden.

Giuseppe Garibaldi begann seine Einigung Italiens von Sizilien aus; 1860 landete er mit seinen Freiwilligen an der Westküste

Die anhaltende Unterdrückung der Sizilianer durch Karl führte 1282 zu einem Volksaufstand gegen die Anjous und beschleunigte das Eintreffen der Aragonesen in Sizilien. Die so genannte Sizilianische Vesper entzündete sich am Ostermontag, als angeblich ein französischer Soldat aus der Armee der Anjous eine Frau beleidigte, die in Palermo von der Glocke der Kirche Santo Spirito zur Vesper, dem Gottesdienst, gerufen wurde. Die Gemeinde reagierte mit Wut, provozierte einen Aufstand, der sich zum Flächenbrand entwickelte und ganz Sizilien in Chaos und Mordlust stürzte.

Fünf Monate später landete Philipp von Aragón in Trapani. Er wurde in Palermo zum König von Sizilien ernannt. Die so genannten Vesper-Kriege zwischen den in Neapel stationierten Truppen Aragóns und denen des Hauses Anjou sollten jedoch noch 21 Jahre wüten.

Anfangs waren die Spanier auf Sizilien willkommen, doch dann brachte ihre Anwesenheit über die nächsten 578 Jahre Tod, Chaos, Stagnation, Korruption, Revolution. Durch die Orientierung Siziliens Richtung Spanien und die zunehmende Dominanz der Osmanen im östlichen Mittelmeerraum wurde es immer stärker an den Rand gedrängt. Mit der Entdeckung Amerikas 1492 geriet Sizilien vollends in die Bedeutungslosigkeit.

Doch zunächst fing alles vielversprechend an: Der Sohn Peters von Aragón, Friedrich II. (1296–1337), führte das starke, zentralistische Regiment seines Vaters fort. Eine Schwächung des Hauses Aragón in Spanien ermöglichte den politischen Aufstieg der sizilianischen Barone – in der Folge kam es zu einem Bürgerkrieg zwischen den Anhängern des Hauses Aragón und denen des Hauses Anjou. Um der Lage Herr zu werden, regierte Spanien Sizilien nach 1410 durch eine Reihe von Vizekönigen, die die Insel unter ihre Kontrolle bringen sollten.

Die spanische Herrschaft und Siziliens isolierte Lage führten dazu, dass die Insel von den großen Reformen und kulturellen Bewegungen des Mittelalters fast gänzlich abgeschnitten wurde. Der Feudalismus hatte nicht nur überlebt; er wurde, da man den spanischen Adeligen große Ländereien als Gegenleistung für ihren Militärdienst zusprach, sogar noch ausgebaut. Die Renaissance ging praktisch spurlos an der Insel vorbei. Nach der Heirat der katholischen Könige Ferdinand und Isabella und der Vereinigung der Kronen von Aragón und Kastilien führte die Inquisition 1487 zu einer zunehmenden Beschränkung des intellektuellen und kulturellen Lebens auf der Insel.

Die konservative Kirche, seit langem ein Pfeiler der sizilianischen Gesellschaft, verfiel paralllel zur reichen, konservativen Aristokratie; dazu kam die Korruption innerhalb der Regierung. Beides zusammen führte zu einem fatalen gesellschaftlichen Missstand: Wohlstand für eine kleine Minderheit, Armut und mangelnde Bildung für die überwältigende Mehrheit. Die Vertreibung der Juden von Sizilien im Jahr 1492 war nur ein Beispiel für die repressiven Tendenzen.

Stagnation kennzeichnete das 16. und das 17. Jahrhundert auf Sizilien, hervorgerufen durch verheerende Naturkatastrophen wie das Erdbeben von 1693, das weite Teile Ostsiziliens zerstörte, und den schleichenden Niedergang Spaniens. Sizilien wurde zum Spielball der Großmächte, was der Vertrag von Utrecht (1713) am Ende des Spanischen Erbfolgekrieges noch unterstrich: Die siegreichen europäischen Mächte sahen sich veranlasst, Sizilien dem Haus Savoyen zu schenken.

Savoyen handelte mit den Österreichern und tauschten Sizilien gegen Sardinien ein. Da sich die Österreicher wenig für ihren entfernten Besitz interessierten, war es den Spaniern möglich, die Insel 1734 einzunehmen, diesmal unter dem Bourbonen Karl III. von Spanien (1716–88). Waren die Aragonesen schon schlimm, erwiesen sich die Bourbonen als noch viel schlimmer: Mit allen erdenklichen Mitteln wurde Geld aus der Insel herausgepresst.

Während der Napoleonischen Kriege war Sizilien der einzige Teil Italiens, den Napoleon nicht eroberte. Unter seinem damaligen Herrscher Ferdinand IV. unterstützte Sizilien England und seine Alliierten im Krieg gegen Napoleon – und erntete dafür Dank.

Da England die strategische Bedeutung Siziliens früh erkannte, ergriff es 1811 die Macht auf der Insel. Schockiert über das rückständige Sizilien, brachten die Briten weitreichende Reformen auf den Weg, verloren jedoch nach der Niederlage Napoleons schnell wieder das Interesse an der Insel. Ferdinand IV. kehrte zurück – und mit ihm und seinen Nachfolgern ein Kreislauf aus Repression, Ausbeutung und gelegentlichen Aufständen, der bis 1860 anhielt, als das *risorgimento*, das Streben nach einem geeinten Italien, seinen Höhepunkt erreichte.

1943 landeten Alliierte Truppen unter George Patton auf Sizilien – der erste Schritt zur Befreiung Europas vom Faschismus und Nationalsozialismus

Italien war zu dieser Zeit geteilt: Den größten Teil des Nordwestens regierte das Haus Savoyen, der Norden und Osten stand unter der Kontrolle der Österreicher. Die Franzosen unterstützten das Papsttum, dessen Territo-

Arbeiter eines Autowerkes bei Palermo protestieren gegen die drohende Schließung ihrer Fabrik

rium sich über weite Teile Mittelitaliens erstreckte, auf Sizilien und in Süditalien herrschten die Bourbonen.

Geschickte diplomatische Bemühungen seitens des Hauses Savoyen, die die Einigungskampagne anführten, brachten ihnen die Unterstützung Englands und Frankreichs. Mit Hilfe der französischen Armee konnten die Österreicher 1859 aus Italien vertrieben werden.

Frustriert über die Langsamkeit, mit der die Savoyer die Einigung vorantrieben, trommelte ein Jahr später Giuseppe Garibaldi (1807–82), ein charismatischer Soldat, seine eigenen Truppen zusammen, den so genannten »Zug der Tausend«. Am 11. Mai 1860 landete Garibaldi in Marsala an der Westküste Siziliens. Vier Tage später besiegte seine kleine Truppe 15 000 Soldaten der Bourbonen. Bis Ende Juli war Messina eingenommen und Sizilien von der Herrschaft der Spanier befreit – zum ersten Mal seit 1282. Während Garibaldi vom Süden her gen Norden vorrückte, führten Aufstände schließlich zur Ausrufung des Königreichs Italien am 14. März 1861.

Die weit weg im Norden arbeitende Regierung erwies sich schnell als unfähig – und war wohl auch nicht willens –, sich Siziliens wirtschaftlicher Probleme anzunehmen. Unruhen wurden nicht nur durch Repressionen seitens der Regierung, sondern auch von Grundbesitzern, die Banden oder zwielichtige Hintermänner zur Durchsetzung ihrer Ziele anheuerten, niedergeschlagen. Sie waren erste Vorläufer der Mafia. Die meisten Sizilianer litten in dieser Zeit große Not. Rund 1,5 Millionen gingen zwischen 1880 und 1914 nach Amerika, Australien und in andere Länder in Übersee.

Noch 50 bis 60 Jahre nach der Einigung Italiens lag Sizilien in einer Art Dornröschenschlaf – geschlagen und verarmt, nicht nur durch den Stillstand, sondern auch durch den politischen Einfluss der Mafia.

Nach der Machtergreifung Mussolinis 1922 waren es – ausgerechnet die Faschisten, die der Mafia fast den Garaus gemacht hätten, dank der brutalen, ungesetzlichen, aber erfolgreichen Methoden, derer sich Mussolinis Polizeichef Cesare Mori 1930 bediente. Im Verlauf des Zweiten Weltkriegs waren es die Engländer und Amerikaner als Befreier, die wiederum die Macht der Mafia stärkten und konsolidierten: Die strategisch günstige Position Siziliens veranlasste die Alliierten 1943, Sizilien als Brücke im Süden zu nutzen. Während der »Operation Husky« landeten britische und amerikanische Streitkräfte an der Südostküste der Insel und befreiten Sizilien. Ihr Fortkommen zu Lande wurde durch einige Amerikaner ermöglicht, die Kontakte zur Insel hielten: Lucky Luciano und andere US-amerikanische Mafia-Bosse. Während die Alliierten auf dem Vormarsch waren, ersetzten sie in vielen Ortschaften die faschistischen Bürgermeister und Beamten durch Männer, die man ihnen seitens der Mafia »empfohlen« hatte.

Bei Kriegsende war Sizilien von der Republik Italien enttäuscht und spielte eine Weile mit dem Gedanken, sich abzuspalten – vor allem unter dem legendären Banditen Salvatore Giuliano (1922–50).

Um die Lage auf der Insel zu beruhigen, verlieh die italienische Regierung Sizilien weitgehende Autonomie und erlaubte die Einrichtung eigener Regionalparlamente. Doch alte, reaktionäre Kräfte – oft in geheimer Absprache mit der Mafia – erstickten jegliche Reformen. Erneut sahen viele Sizilianer in der Emigration die einzige Chance auf ein besseres Leben: Eine Million Menschen verließen zwischen 1951 und 1971 die Insel, um in Deutschland, der Schweiz und Norditalien zu arbeiten.

Landreformen wurden langsam durchgesetzt, kamen jedoch Jahrhunderte zu spät, denn in den 1970er und 1980er Jahren war die Zahl der Menschen, die von der Landwirtschaft abhängig war, rapide zurückgegangen.

Die Einstellung gegenüber der Mafia, und zwar auf Seiten der Sizilianer wie auch der Zentralregierung, änderte sich 1982 dramatisch mit der Ermordung von General della Chiesa. Weitere spektakuläre Tote auf dem Konto der Mafia waren 1992 die Kriminalbeamten Giovanni Falcone und Paolo Borsellino.

Bis heute ist die Mafiafrage ungelöst – ebenso wie das Problem der Armut, der Fluch der Arbeitslosigkeit, der maroden Infrastruktur und des Verwaltungssystems. ■

Kunst und Kultur

DIE DREI HÖHEPUNKTE DER SIZILIANISCHEN KUNST UND ARCHITEKTUR – die Tempel der Griechen, die herrliche Dekorationskunst der Araber und Normannen sowie der grandiose Barock – wurden durch die außerordentliche Geschichte Siziliens und die langen Perioden, in denen die Insel vom italienischen Festland und damit von anderen stilbildenden Kunstrichtungen abgeschnitten war, erst ermöglicht.

Die ersten bekannten Kunstwerke aus Sizilien sind gravierte und bemalte Figuren aus dem 9. Jahrhundert v. Chr., die in der Grotta Genovese, einer Höhle auf der Ägadischen Insel Levanzo (siehe S. 80f) gefunden wurden. An die 5000 Jahre gingen ins Land, bis die nächsten bedeutenden Kunstwerke geschaffen wurden: gravierte Töpferwaren der Stentinello (einer Kultur der Jungsteinzeit), die in verschiedenen Gebieten über die ganze Insel verstreut entdeckt wurden. Die dekorativen Motive der Töpferwaren lassen auf den Einfluss von Händlern und Siedlern aus dem entfernten Zypern, Syrien, Anatolien, Ägypten, Nordafrika und der Ägäis schließen.

Die interkulturellen Einflüsse, denen die Insel ausgesetzt war, kamen in der Kunst und Architektur der Griechen am offensichtlichsten zum Ausdruck. Erste Zeugnisse sind Festungen und Wehranlagen aus dem 6. Jahrhundert v. Chr. in Kolonien wie Syrakus. Bedeutender waren jedoch die Tempel der sizilianischen Griechen – heute finden sich auf Sizilien mehr griechische Tempel als in Griechenland selbst! Die herrlichsten Beispiele stehen in Segesta, Selinunt und Agrigent, sie zählen zu den am besten erhaltenen Tempeln der gesamten hellenistischen Welt.

Die meisten Tempel sind im dorischen Stil des Parthenon in Athen gehalten, dessen sachliche, aber erhabene Form ihren Ursprung auf der südgriechischen Halbinsel Peloponnes hat. Er zeichnet sich durch seine monolithischen, sich nach oben leicht verjüngenden Säulen ohne Basis aus; das Gesims ist relativ schmucklos. Dieser Mangel an dekorativen Elementen und vor allem an skulptierten Reliefs steht in Kontrast zu den schmuckvolleren Tempeln auf dem griechischen Festland.

Ab dem 5. Jahrhundert v. Chr. ähnelten sich die Tempel auf Sizilien dann alle: Sie waren in der Regel von einer Säulenreihe umgeben und wiesen auf der Frontseite sechs Säulen auf.

Eine ähnliche Regelmäßigkeit zeichnet die Theater dieser Epoche aus, die das zweite bedeutende architektonische Erbe der Griechen darstellen. Wie die Tempel hatten die Theater eine sakrale wie auch eine kulturelle Funktion. Und sie wurden – ebenfalls wie die Tempel – isoliert und auf Anhöhen errichtet.

Theater aus Stein, die oft aus den Felsen in der Umgebung herausgehauen wurden, ersetzten nach dem 4. Jahrhundert v. Chr. die Holzkonstruktionen. Die beeindruckendsten Beispiele sind die Theater von Taormina, Syrakus, Tindari und Segesta. Wie die Tempel weisen auch die Theater eine stilistische Einheitlichkeit auf. Sie bestehen aus der *cavea*, einem halbkreisförmigen Zuschauerraum mit ansteigenden Plätzen, dem *orchester*, einem runden Bereich für den Chor und die Schauspieler, sowie dem *proszenium*, der Vorderbühne, wo Kulissen und Bühnenvorrichtungen Platz fanden.

Kleinere Veränderungen an den griechischen Theatern zählen zu dem geringen Erbe, das die Römer hinterließen. Ihr mangelndes Interesse an der Insel spiegelt sich im Fehlen von Tempelbauten und Bädern wider. Auch wenn sie den Grundstein des Straßensystems auf Sizilien legten, ist das einzig bedeutende römische Zeugnis die Villa Imperiale del Casale (siehe S. 104ff). Zwar handelt es sich dabei um ein isoliertes Beispiel römischer Kunst, doch die schönsten römischen Mosaiken in ganz Europa machen die Villa zu einem besonderen kunsthistorischen Schatz.

Zum spärlichen Erbe römischer Kunst zählen auch die wenigen Reste von Fresken in den Katakomben von Syrakus, die die frühesten Zeugnisse christlicher Kunst auf der Insel darstellen.

Auch von den nächsten Invasoren, den Arabern, fehlen Bauwerke. Ihre beträchtlichen Fertigkeiten auf dem Gebiet der Kunst und Architektur lassen sich nur indirekt durch ihren Einfluss auf die Normannen und deren Nachfolger er-

Die Mosaiken der Cappella Palatina in Palermo vereinigen die Traditionen arabischer, normannischer und byzantinischer Kunst

NA·DANT EXPARTE METUM·COGUN,ET FUNDERE FLETUM
A MICHAEL·GABRIEL QUE SINISTRA·UT MAIESTATI SINT D

Feste

In den Festen auf Sizilien kommen der dramatische Aspekt des sizilianischen Temperaments ebenso wie die vielfältigen heidnischen und christlichen Traditionen der Insel, ihre facettenreiche Geschichte, aber auch ihr abwechslungsreiches Essen zum Ausdruck.

Nehmen wir einmal Noto, eine Kleinstadt im Südosten der Insel, mit seinen Veranstaltungen, die alle Aspekte der sizilianischen Festivaltradition beinhalten: Religion, Heidentum und Kultur. Neben Feierlichkeiten zu Ehren des Schutzheiligen der Stadt gibt es ein Fest mit heidnischen Wurzeln, das den Frühling preist – Infiorita: Zu diesem Anlass werden die Straßen mit Bildern aus Blumen geschmückt. La Notte di Giufa ist eine Nacht, die ganz der Musik und dem traditionellen Geschichtenerzählen gewidmet ist.

In disem Stil feiern fast alle Orte Siziliens ihre Feste. Jede Gemeinde hat ihren Heiligen – und je größer die Stadt, desto prächtiger das Fest zu seinen Ehren. In Palermo ist das Festival U fistinu« der heiligen Rosalia geweiht und dauert sechs Tage.

Religiöse Feste finden ihren Höhepunkt am Karfreitag, wenn in vielen Städten feierliche Prozessionen nach uralter Tradition durchgeführt werden. Bekannt sind diejenigen in Trapani, Marsala und Enna, wo Büßer mit Hauben den gekreuzigten Christus und die Addolorata (Schmerzensmutter) durch die Straßen tragen.

Eine besondere Tradition wird in Piazza Armerina gepflegt, wenn die Stadt mit dem Palio dei Normanni die Befreiung von den Normannen feiert, während Gangi die heidnische Tradition der Sagra della Spiga zu Ehren der Göttin Demeter (Ceres) aufrechterhält. Leckereien aus heimischer Herstellung sind immer eine Quelle der Freude und dürfen auch beim kleinsten Fest nicht fehlen. ■

Links: Dorfbewohner in traditioneller Tracht bei der Festa Mediovale von Randazzo. Unten: Die Processione della Vara in Randazzo. Oben: Bei der Festa della Infiorita bedecken Mosaiken aus Blumen die Straßen

schließen. Als ideenreiche Baumeister führten sie Moscheen, Gärten und Paläste ein. Doch es waren ihr Einfallsreichtum und ihre Phantasie, die ihr eigentliches Erbe, die Dekorationskunst, prägen sollten: Sie verwendeten bunte Keramik, erfanden die Hufeisenbögen, schufen raffinierte Arabesken, herrlich geschnitzte und bemalte Holzdecken und exquisite, filigrane Stuckarbeiten *(mukarnas)*.

Die Normannen zeigten sich zwar ihren muslimischen Untertanen gegenüber überaus tolerant, doch nahmen sie an den arabischen Gebäuden Anpassungen und Veränderungen vor, die sich zu einer neuen Stilrichtung, einer arabisch-normannischen Stilmischung, entwickelte – der Beginn einer zweiten künstlerischen Blütezeit auf der Insel. Der Dekorationskunst der Araber fügten die Normannen ihre romanischen Formen hinzu, vor allem Rundbögen, gemeißelte Kapitelle und Kreuzgänge, die sie von den französischen Kirchen in Burgund und der Provence kopierten. Mit der Verwendung von griechisch und byzantinisch beeinflussten Mosaiken ergänzten sie ein drittes Element.

Das Ergebnis dieser neu entstandenen Stilmischung waren einige der schönsten Gebäude europaweit. Meistens handelte es sich um Sakralbauten, unter denen sicher die Capella Palatina in Palermo und die Kathedralen von Cefalù und Monreale zweifelsohne herausragen: Hier erreichten die Dekorationskunst und vor allem die Mosaiken ihren künstlerischen Höhepunkt.

Die politische Instabilität, die auf den Niedergang der Normannen folgte, erwies sich für Kunst und Architektur als Fluch. Die gotische Kunst, die die aufstrebenden Stadtstaaten Mittel- und Norditaliens prägte, blieb fast ohne Einfluss auf Sizilien. Zu den Ausnahmen zählen Syrakus, Catania und Enna, wo die Gotik Einzug hielt, als Mitte des 13. Jahrhunderts die Burgen der Stadt wieder befestigt wurden. Diese gotischen Neuerungen fanden auch in Palermo leichten Niederschlag: Hier verband der so genannte Chiaramonte-Stil klassische gotische Mittelpfostenfenster mit arabisch-normannischen Elementen, um so eine ganz eigene Ausprägung der Gotik zu schaffen.

Mitte des 15. Jahrhunderts führte die Konsolidierung der aragonesischen Herrschaft auf Sizilien zu einem Stillstand des blühenden gotischen Stils, der in Norditalien zur gleichen Zeit seinen Höhepunkt erreichte. Die spanischen Vizekönige und ihre Architekten wandten ihren Blick verständlicherweise Richtung Spanien, wo

Links: Dorische Säulen tragen einen der acht Tempel von Selinunt. Rechts: Die mit Mosaiken besetzten Säulen im Kreuzgang von Monreale sind Zeugen normannischer Kunst

ein sachlicherer gotischer Stil vorherrschte – typisch dafür sind das Hauptportal der Kathedrale von Palermo und der Palazzo Corvaja in Taormina. Hauptvertreter dieser sizilianischen Stilrichtung war Matteo Carnelivari (aktiv gegen Ende des 15. Jhs.), der für den Palazzo Abatellis und den Palazzo Ajutamicristo in Palermo verantwortlich zeichnete.

Die spanische Überheblichkeit und die zunehmende Isolierung Siziliens von den Strömungen auf dem italienischen Festland hatte

und Syrakus sowie sein Meisterwerk – *Die Verkündigung* (1476) – in der Galleria Regionale in Palermo.

Unter den sizilianischen Bildhauern der Renaissance konnten nur zwei Künstler in Italien reüssieren. Der erste war Francesco Laurana (1439–1503), der fünf Jahre auf Sizilien (1466–71) verbrachte. Er arbeitete an der Capella Mastrantonino der Kirche San Francesco in Palermo mit und vollendete auf Sizilien seine Büste von Eleonora von Aragón (Galleria Regionale in Palermo).

Links: Torre dell'Orologio und Orion-Brunnen in Messina. Rechts: Einer der Paläste im barocken Zentrum von Palermo

auch zur Folge, dass Sizilien so gut wie keine großen Künstler vergleichbar denen von Florenz Mitte des 15. Jahrhunderts hervorbrachte. Die künstlerische Stagnation sollte hundert Jahre andauern, so dass auch die italienische Renaissance fast völlig an Sizilien vorbeiging. Antonello da Messina (1430–79), dem einzigen bedeutenden sizilianischen Renaissance-Maler der Insel, sind die wenigen Werke dieser Zeit auf Sizilien zu verdanken. Doch auch er musste Sizilien verlassen, um seine Karriere voranzutreiben.

Von den Flamen übernahm er das Malen mit Ölfarben, damals eine relativ neue Technik. Von seinen zurückhaltenden Gemälden mit subtiler Farbgebung sind in Sizilien nur vier erhalten: je eines in den Galerien von Messina, Cefalù

Der zweite war Domenico Gagini (um 1430–92), ein Bildhauer aus der Lombardei, der eine ganze Dynastie gründete, zu der auch sein Sohn, der 1478 in Palermo geborene Antonello, zählte. Die Nachfahren Gaginis lebten anerkannt und wohlhabend bis Mitte des 17. Jahrhunderts auf der Insel.

Hatte die Renaissance Sizilien übergangen, so stellte der Barock im 17. und 18. Jahrhundert die dritte kulturelle Blütezeit der Insel dar. Der überbordende, theatralische Stil kam der Liebe der Sizilianer zu Dekorativem entgegen. Damit einher ging das Faible der Sizilianer für bunte Farben, edlen Marmor, reichlich Vergoldung und andere effektvolle Ornamente.

Typisch für den Barock: Reicher Dekor an der Kirche San Ippolito in Palermo
Unten: *Die Verkündigung* war das letzte Gemälde von Antonello da Messina

Fördernd erwies sich auch die Tatsache, dass Sizilien zur Zeit des Barock immer noch unter spanischer Herrschaft stand und dieser in Spanien sehr geschätzt wurde. Das katastrophale Erdbeben von 1669, das einen Großteil Südostsiziliens zerstörte, machte die Anlage neuer Städte wie Noto, Ragusa und Scicli notwendig, nun konnten die Architekten ihren barocken Ambitionen ausschweifend frönen.

Der bedeutendste Baumeister dieser Zeit war der in Messina geborene Filippo Juvarra (1676/78–1736). Er verließ seine Heimat 1700, um in Rom, Madrid und Turin berühmt zu werden. Von denen, die blieben, waren fast alle Geistliche, und die meisten hatten ihre Ausbildung in Rom, dem damaligen Zentrum des Barock, absolviert. Doch ungeachtet dieser Ausbildung, zeigen viele ihrer Werke eine typisch sizilianische Note. Während in Italien die Künstler in Geometrie und dem komplexen Zusammenspiel von Licht und Schatten schwelgten, zeigte sich die sizilianische Variante eher überladen und beschäftigte sich mit Details und phantastischen Dekorationselementen. Zu den frühen Vertretern zählt Paolo Amato (1633–1714), der für San Salvatore in Palermo verantwortlich zeichnet. Sie war die erste

Kirche Siziliens, die auf einem geschwungenen Grundriss beruhte. Ein weiterer Künstler war Giacomo Amato (1643–1732), der in seiner Heimatstadt zahlreiche Paläste und Kirchen baute. Berühmt waren Giovanni Battista Vaccarini (1702–70), der Catania im 18. Jahrhundert praktisch neu gestaltete, sowie Rosario Gagliardi (um 1700–70), der bedeutendste unter den Baumeistern, die die »neuen« Städte im Südosten nach dem Erdbeben von 1669 konzipierten.

Unter den sizilianischen Kunsthandwerkern, die die Paläste und Kirchen ausgestalteten, erwies sich Giacomo Serpotta (1656–1732) als einer der herausragendsten Künstler: Seine Stuckarbeiten schmücken die Kapellen von Santa Cita, San Domenico und San Lorenzo in Palermo.

In der Folgezeit erreichten Kunst und Architektur kaum wieder diese Blüte, sieht man einmal von den Einflüssen des Neoklassizismus und Jugendstils, die im 19. und ausgehenden 20. Jahrhundert florierten, ab.

Zu den modernen Künstlern mit sizilianischen Wurzeln zählen der Maler Renato Guttuso (1912–87), dessen energiegeladene, expressionistische Gemälde nicht nur in Italien berühmt wurden, sowie der in Catania geborene Bildhauer Emilio Greco (1913–95) mit Bronzen und anderen Werken.

LITERATUR

Siziliens literarischer Ruhm beruhte anfangs auf der Beschreibung und Reflexion der Insel in verschiedenen Büchern. So spielen viele Episoden von Homers *Odyssee* auf Sizilien; die Insel gab auch den Schauplatz für den utopischen Staat ab, den der griechische Schriftsteller und Philosoph Plato (um 427–347 v. Chr.) in seinem Werk *Republik* propagierte.

Später lockte der Reichtum der griechischen Kolonien andere griechische Schriftsteller an, vor allem den Dichter Pindar (522–443 v. Chr.) und den großen Dramatiker Aischylos (525–456 v. Chr.), die beide in Syrakus arbeiteten. Aus Sizilien selbst stammt Theokrit (um 300–260 v. Chr.), der für seine pastorale Dichtung geschätzt wird.

Im Mittelalter wurde die reine Variante des Sizilianischen ohne umgangssprachliche Wendungen zu einer der wichtigsten Literatursprachen Europas. Das Genre erlebte im 13. Jahrhundert unter Kaiser Friedrich II. seine Blütezeit, als an seinem Hof die bedeutendsten Vertreter der Sizilianischen Poesieschule weilten. Zu den bekanntesten Dichtern zählte Giacomo da Lentini (um 1210–60), dem oft die Erfindung des Sonetts zugeschrieben wird und der in der Tradition der provenzalischen Troubadoure stand.

Bis heute hat die sizilianische Literatur nie ihren Gefallen am Bodenständigen verloren. Viele bedeutende sizilianische Schriftsteller ließen sich in ihren Werken nicht davon abhalten,

Der griechische Dramatiker Aischylos lebte im 5. Jahrhundert v. Chr. in Syrakus

Plackerei und Komplexität des sizilianischen Lebens darzustellen. Für den dafür notwendigen starken Realitätssinn stehen die Gedichte von Mario Rapisardi (1844–1912) und die theoretischen Schriften von Luigi Capuana (1839–1922). Ähnlich arbeitete auch Giovanni Verga (1830–1922), der erste bedeutende Schriftsteller Siziliens, der auch international einflussreich wurde. In Romanen wie *Die Malavoglia* (1881) erkundete er das »echte« Sizilien und porträtierte das Leben der einfachen Sizilianer in seiner charakteristisch düsteren Prosa.

Realismus beeinflusste auch das Frühwerk von Luigi Pirandello (1867–1946), dessen experimentelle Theaterstücke mit ihrem verblüffendem Spiel mit Form und Inhalt ihm 1934 den Nobelpreis für Literatur einbrachten.

Literaturnobelpreisträger Luigi Pirandello am 5. Oktober 1935 an Bord der S.S. *Conte Di Savoia*

In seinem bekannten Drama *Sechs Personen suchen einen Autor* (1921) beschäftigte er sich mit dem Thema Einsamkeit und der Rolle des Individuums in einer entfremdeten Gesellschaft.

Pirandellos Werk steht in Gegensatz zum einzigen lyrisch anmutenden Meisterwerk von Giuseppe Tomasi di Lampedusa (1896–1957), einem Adeligen, dessen Roman *Der Leopard* erst im Jahre 1958 posthum veröffentlicht wurde. Es handelt sich dabei um eine detaillierte Studie der gewaltigen gesellschaftlichen Veränderungen im Sizilien des 19. Jahrhunderts. Heute ist Lampedusa einer der wenigen sizilianischen Schriftsteller, dessen Werk in viele Sprachen übersetzt wurde, eine Ehre, die auch Elio Vittorini (1908–1966) als unerschütterlichem Antifaschisten zuteil wurde. Am bekanntesten sind wohl seine *Gespräche in Sizilien* (1937).

Vittorini setzte die Affinität der sizilianischen Literatur zum Realismus fort und ließ auch den Dialekt der Insel in seine Sprache einfließen. Ebenso hielt es der viel übersetzte Leonardo Sciascia (1921–89), der sich in seinen Romanen wie *Der Tag der Eule* (1961) der Topoi des Kriminalromans bediente, um der Komplexität der Mafia und des Lebens auf Sizilien nachzugehen. Ähnliche politische und soziale Themen beschäftigten auch Salvatore Quasimodo (1901–68); er wurde 1959 mit dem Nobelpreis für Literatur ausgezeichnet.

Die Hauptströmungen der sizilianischen Literatur kommen weiter in den Werken von Andrea Camilleri (geb. 1925) zum Tragen, dessen Krimis in Italien und im Ausland berühmt sind. Sie sind nicht nur überaus realistisch, sondern machen eindrucksvoll und gekonnt Gebrauch vom sizilianischen Dialekt und seinen Redewendungen.

FILM

Sizilien ist der Traum eines jeden Filmproduzenten. Die komplexe und oft widersprüchliche Natur der Insel schafft ideale Voraussetzungen für Interpretationen und Erkundungen mit Hilfe des Mediums Film. Die Menschen sind großzügig und gastfreundlich, doch auch stolz, leidenschaftlich und undurchschaubar. Die umwerfende Landschaft und die historischen Städte und Dörfer bieten eine Fülle unterschiedlicher Schauplätze. Und die Mafia ist ebenfalls ein dankbares Thema, einfach wie geschaffen für die Filmleinwand. Kein Wunder also, dass die Insel einige der besten Filmregisseure der Welt angelockt hat.

Viele sehr gute frühe Filme, die auf Sizilien spielten oder von der Insel inspiriert wurden, basieren auf bedeutenden literarischen Vorlagen. Der italienische Filmregisseur Luchino Visconti ließ sich beispielsweise von Vergas Meisterwerk *Die Malavoglia* zu seinem 1948 gedrehten Film *Die Erde bebt* inspirieren, der Geschichte eines verarmten Fischerdorfes bei Catania. Visconti nutzte ein weiteres Meisterwerk, *Der Leopard* von Giuseppe Tomasi di Lampedusa, für sein gleichnamiges Filmepos (1963) mit Burt Lancaster, Alain Delon und Claudia Cardinale.

Die Landschaft Siziliens inspirierte Roberto Rossellini zu *Stromboli*. Der Film (1950) mit Rossellinis Geliebter Ingrid Bergman in der Hauptrolle handelt von einer Litauerin, die auf der Flucht ist und eine Affäre mit einem Fischer von Stromboli hat. Die Liparischen Inseln sind auch Schauplatz des Films *Chaos* (1984) der Brüder Taviani; er basiert auf einigen traurigen und bitter-süßen Erinnerungen Luigi Pirandellos.

Einen poetischeren Eindruck der Liparischen Inseln vermittelt Michael Radfords er-

Burt Lancaster und Claudia Cardinale in der Verfilmung von Lampedusas großem Roman *Der Leopard*

Roberto Rossellini (links) und Ingrid Bergman während der Aufnahmen zum Film *Stromboli* auf der gleichnamigen Insel

greifender Film *Der Postmann* (1994); er spielt in den 1950er Jahren auf Salina. Massimo Troisi mimt einen Briefträger, der dem im Exil lebenden chilenischen Dichter Pablo Neruda die Post bringt. Neruda vermittelt ihm die Liebe zur Dichtung, die ihm wiederum die Liebe eines Mädchens einbringt, aber auch ein steigendes politisches Bewusstsein (was schließlich seinen Tod zur Folge hat). Der Film bekam mehrere Oscar-Nominierungen und war im Ausland ein Riesenerfolg, der an Giuseppe Tornatores *Cinema Paradiso* (1988) anknüpfte – ein herrlich nostalgischer, komischer und überschwänglicher Film über die ersten Tage des Tonfilms auf Sizilien.

Filme über die Mafia und ihre Verbrechen haben eine lange Tradition, allen voran *Salvatore Giuliano* (1961) des großen italienischen Filmregisseurs Franco Rosi; er ist einer von mehreren Filmemachern, die die subtilen Kriminalromane Leonardo Sciascias auf die Leinwand brachten. Der Film *Die Macht und ihr Preis* aus dem Jahr 1976 zählt zu den besten seiner Gattung.

Mit der Zeit wurden Mafia-Filme in Italien dann allerdings unpopulärer, denn sie vermittelten ein dramatisches und einseitiges Bild von Sizilien. Einem Italo-Amerikaner gelang es dann schließlich, das Genre neu zu definieren: Francis Ford Coppola, dessen Trilogie *Der Pate* (1972–90) zum Teil auf Sizilien spielt.

In jüngster Zeit haben auch italienische Filme neue Ansätze aufgegriffen, allen voran Tullio Giordanas *Hundert Schritte* (2000), die Geschichte eines Journalisten, der von der Mafia ermordet wird. Der Film gewann beim Filmfestival von Venedig 2000 den Preis für das beste Drehbuch. ■

Palermos Reiz liegt in seinen vielfältigen künstlerischen, kulturellen und historischen Wurzeln. Die farbenfrohe Stadt bietet eine gute Einführung in die faszinierende Geschichte, aber auch die aktuellen Probleme der Insel.

Palermo

Skulpturen an der Fassade der Kathedrale von Palermo

Auf dem Weg zur Kirche La Martorana (auch Santa Maria dell'Ammiraglio genannt)

Palermo

DIE STADT IST NICHT NACH JEDERMANNS GESCHMACK, DENN VERKEHR, Armut und die Verfallserscheinungen barocker Pracht sind nichts für empfindliche Naturen. Dennoch ist Palermo eine der lebendigsten Städte Italiens, die noch heute den Stempel ihrer einstigen arabischen, normannischen und spanischen Herrscher trägt. Monumente aus glanzvolleren Epochen finden sich zwischen Wohnblocks und Gassen und kämpfen um Raum in einer Stadt, in der arabische Basare, ein geschäftiger Hafen, zwielichtige Kaschemmen und Durchgangsstraßen einen Kontrast zwischen Gegenwart und Vergangenheit bilden.

Palermos einzigartige Lage übte seit jeher eine große Anziehungskraft aus: ein Naturhafen, ein Ring aus Bergen und zwischen ihnen die weite Mulde der Conca d'Oro. Die »Goldmuschel«, einst ein fruchtbares Hinterland mit Palmen, Zitrushainen und Weinbergen, ist heute unter den Wohnblocks der 720 000 Einwohner fast vollständig verschwunden.

Die ersten Bewohner der Region waren vermutlich jene prähistorischen Menschen, die in Höhlen auf dem 606 Meter hohen Monte Pellegrino im Norden ihre Felszeichnungen hinterließen. Etwa ab dem 8. Jahrhundert v. Chr. diente die Stadt den Phöniziern und Karthagern als Hafen und Handelsposten. Die in Nordafrika ansässigen Karthager hielten sich hier bis zur Eroberung der Stadt durch die Römer 254 v. Chr. auf. Unter arabischer Herrschaft – von 831 bis 1072 – begann das Goldene Zeitalter Palermos, das im 12. Jahrhundert unter den Normannen seinen Höhepunkt erreichte. Unter ihrer Herrschaft wurde Palermo zur kultiviertesten Stadt Europas.

Den Normannen verdankt Palermo seine großartigsten Bauwerke – die Kathedrale von Monreale und die Cappella Palatina im Palazzo dei Normanni –, doch ist der Nachklang der arabischen Herrschaft auch heute noch in den verwinkelten Gassen, geschäftigen Märkten (vor allem Vuccirìa), der Liebe zu auffallendem Schmuckwerk und der exotischen und farbenprächtigen Atmosphäre der Stadt spürbar. Gleiches gilt auch für spätere Epochen, und so ist die Zunahme an kultureller Vielfalt über die Jahrhunderte hinweg eines der auffallendsten und reizvollsten Merkmale Palermos.

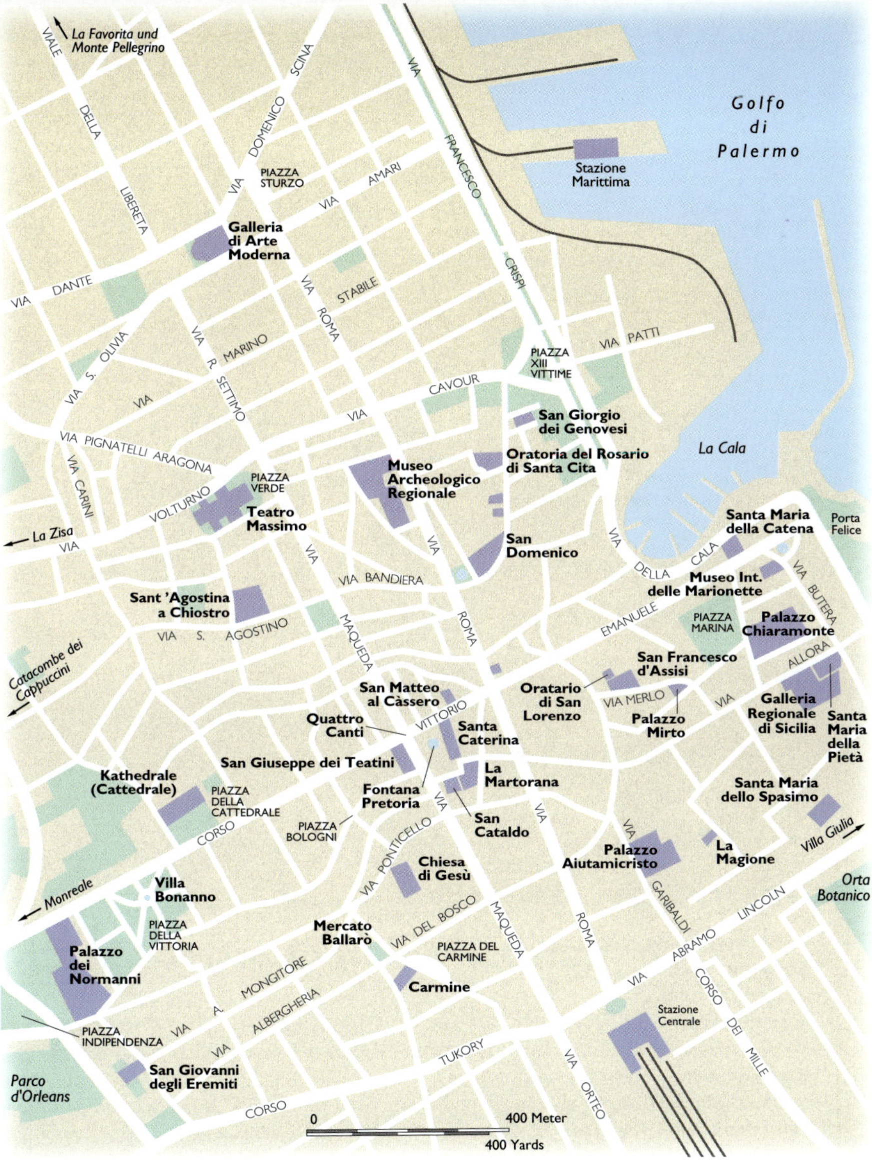

In der Stadt finden sich Kirchen aus der Renaissance und dem Barock: La Martorana, San Giuseppe dei Teatini und die Kapellen von San Domenico und Santa Cita. Dazu die Museen: die Galleria Regionale und das Museo Archeologico, die beide Kunst und Artefakte vieler Jahrhunderte in ihren Mauern bergen.

Doch ungeachtet all dieser Pracht, hat Palermo zweifellos Schaden gelitten: Der Verkehr ist ein Fluch, der Lärm unerträglich, die Armut allgegenwärtig, und hässliche moderne Bauten sind eine Verunstaltung des Stadtbildes. Aber der Schaden ist reparabel, denn in den letzten Jahren haben ehrliche Verwaltungsbeamte damit begonnen, das historische Zentrum mit Hilfe von staatlichen und EU-Geldern zu sanieren. ■

Besucherinformation Palermo

Karte S. 43 und hintere Umschlagklappe

Piazza Castelnuovo 34–35

091 58 38 47 oder 091 60 58 11

Der Corso Vittorio Emanuele II und die Straßen rund um den Quattro Canti bilden das lebendige Zentrum der Altstadt von Palermo

Rund um den Quattro Canti

PALERMOS SCHÖNSTER PLATZ QUATTRO CANTI (»VIER Ecken«) lag nicht immer im Herzen Palermos. Das einstige Zentrum der antiken und der arabisch-normannischen Stadt wurde von den Flüsschen Kemonya und Papireto (heute eine Straße) begrenzt und lag westlich der Kreuzung auf dem Gelände der heutigen Kathedrale. Seine Hauptdurchgangsstraße war bekannt als Càssaro, abgeleitet vom römischen *castrum* oder dem arabischen *kasr* (römisch und arabisch für Burg). Als die Stadt wuchs und die Flüsschen versandeten, wurde die Càssaro – heute die westliche Hälfte des Corso Vittorio Emanuele II – 1565 nach Osten weitergeführt. Die Via Maqueda wurde 1600 angelegt und besiegelte endgültig die Verlagerung des Zentrums nach Osten.

Quattro Canti

Karte S. 43

Via Maqueda und I Corso

Der **Quattro Canti** selbst entstand zwischen 1608 und 1620. Anfangs hieß er Piazza Vigliena, benannt nach dem Herzog von Vigliena, dem spanischen Vizekönig, der den Platz und seine vier **barocken Paläste** in Auftrag gab.

Die Fassade jedes dieser Paläste ist dreigeteilt und mit jeweils einer zentralen Statue und je einem Typ

antiker Säulen – dorisch, ionisch und korinthisch – geschmückt. Die Fontänen und Statuen im unteren Bereich jedes Palastes symbolisieren die vier Jahreszeiten. Die vier zentralen Statuen zeigen die vier spanischen Könige von Sizilien (siehe S. 26); die oberen Statuen stellen die vier Schutzheiligen (Christina, Ninfa, Oliva und Agatha) der alten Stadtviertel dar, die dem Quattro Canti den Namen gaben – Kalsa (Südosten), Amalfitania (Nordosten), Sincaldi (Nordwesten) und Albergheria (Südwesten).

Früher war der Quattro Canti ein bekannter Treffpunkt der Stadt, aber wegen des starken Verkehrs finden Fußgänger heute nur noch auf der südlich gelegenen **Piazza Pretoria** ein ruhiges Plätzchen. Hier zieht vor allem die **Fontana Pretoria** (1554–55) alle Blicke auf sich. Der Nacktheit der männlichen und weiblichen Brunnenfiguren verdankt der Platz auch seinen volkstümlichen Namen Piazza della Vergogna: Platz der Schande. Es wird behauptet, Nonnen wären über dieses Werk so empört gewesen, dass sie den männlichen Figuren die Nasen abbrachen; und nur ihre Züchtigkeit soll sie daran gehindert haben, auch die anstößigen Körperteile zu entfernen. Der Brunnen wurde vom Florentiner Camillo Camilliani, der zwischen 1550 und 1586 arbeitete, geschaffen und ursprünglich vom spanischen Vizekönig Don Pedro de Toledo für seine Villa in der Toskana in Auftrag gegeben. Später verkaufte sein Sohn das Werk an die Stadt Palermo, wo der Brunnen 1573 aufgestellt wurde.

Die schönen Gebäude rund um den Platz unterstreichen noch den Effekt des Springbrunnens, vor allem Fassade und Kuppel der üppig ausgestatteten, aber selten geöffneten Dominikaner-Kirche **Santa Caterina** (1566–95) und der **Palazzo Pretoria** *(Tel. 091 740 11 11, gelegentlich Sa vorm. geöffnet)*, der nach den schmückenden Adlern *(aquile)* an der Fassade auch Palazzo delle Aquile genannt wird.

Der 1463 entstandene, aber später stark umgebaute Palast war lange der Sitz des Stadtrates und wird noch heute als Rathaus (*municipio*) genutzt. Die Fassade schmückt eine Statue (1661) der heiligen Rosalia (1132–66), einer Nichte des Normannenkönigs Wilhelm I. Sie wurde zur Schutzpatronin der Stadt, da der Sage nach eine Prozession ihrer 1624 gefundenen Gebeine die Stadt vor einer Pestepidemie gerettet haben soll. Plaketten an der Fassade erinnern an zahlreiche mit diesem Platz verknüpfte Ereignisse, darunter Besuche von Papst Johannes II. und Giuseppe Garibaldi.

Die 800 Jahre alten Mosaiken in der Kirche La Martorana gehören zu den ältesten und schönsten von ganz Palermo

In der Nähe des Platzes, auf der anderen Seite der Via Maqueda, steht **San Giuseppe dei Teatini** *(geschl. 12–17 Uhr)*, eine äußerlich schlichte Kirche (1612–45) mit einem reich geschmückten barocken Innenraum. Nördlich des Platzes, am Corso, findet sich die wesentlich bescheidenere und nur gelegentlich geöffnete Kirche **San Matteo** *(Tel. 091 33 48 33)*, gleichfalls aus der Mitte des 17. Jahrhunderts.

Von größerem Interesse sind die Kirchen auf der südlich an die Piazza Pretoria angrenzenden Piazza Bellini: San Cataldo und **La Martorana**

(Tel. 091 616 16 92, So nachm., Mo–Sa 13–15.30 Uhr geschl.), der nach der Kathedrale beeindruckendste Sakralbau der Stadt.

Das herrliche Bauwerk, mit dessen Einrichtung 1143 begonnen wurde, wird auch Santa Maria dell'-Ammiraglio (Heilige Maria des Admirals) genannt: Sein syrischer Begründer, Giorgios Antiochenos, wurde vom Normannenkönig Roger II. zum »Beherrscher der Meere« ernannt, was auf Arabisch *amir al-bahr* heißt und von dem sich das Wort »Admiral« ableitet. Der schlichtere Name der Kirche stammt von einem längst verschwundenen, 1146 von Eloisa de Marturanu gegründeten Kloster, dessen Nonnen die Kirche 1433 als Geschenk erhielten.

Viele Umbauten zerstörten einen Gutteil des ursprünglichen normannischen Baus und seiner Dekoration. Glücklicherweise ließen die Nonnen die prachtvollen Kuppelmosaiken (Mitte 12. Jh.), die Nebengewölbe sowie die rechte und linke Apsis unangetastet. An der Westtür sollten Sie beiderseits der Stufen nach zwei Mosaiken in barocken Rahmen Ausschau halten; das eine zeigt den knienden Antiochenos bei der Schenkung der Kirche an die Jungfrau Maria, das andere die Krönung von Roger II. (beschriftet *Rogerios Rex*) durch Christus. Letzteres ist zugleich das einzig bekannte Porträt des Königs auf Sizilien.

Direkt daneben steht **San Cataldo** *(Tel. 091 872 80 47, nachm. geschl.)* mit ihren unverwechselbaren roten Kuppeln. Obwohl es hier keine Mosaiken gibt, ist die Kirche doch ein beeindruckendes normannisches Bauwerk. Sie wurde von Maio di Bari, dem Kanzler Wilhelms I., gegründet, blieb aber bis zu dessen Tod 1160 weitgehend schmucklos. Die Säulen im Inneren stammen von einem älteren Gebäude; vom ursprünglichen Bau blieb der Marmorfußboden erhalten.

Gehen Sie von San Cataldo aus auf der Via Marqueda nach Süden. Über einige Stufen führt die Via Ponticello auf einen Platz, auf dem die **Chiesa del Gesù** *(So, Mo–Sa 11.30–17 Uhr geschl.)* steht. Sie war die erste Kirche, die die Jesuiten nach ihrer Ankunft auf Sizilien zwischen 1564 und 1636 erbauen ließen. Es ist ihr Meisterwerk auf der Insel mit der für die Jesuiten typischen übertriebenen Prachtentfaltung, die dem alleinigen Zweck diente, nach der Reformation mögliche Zweifler am rechten Glauben zu beeindrucken.

Von der Kirche aus führt die Via Ponticello weiter zur Piazza Bellarò, der nördlichen Begrenzung des **Mercato Ballarò**, eines prächtigen Marktes *(So geschl.)*, der die Straßen und Gassen bis zur Piazza del Carmine ausfüllt. Er liegt am Rande von **Albergheria**, einem der ärmsten Stadtviertel Palermos, das sich nie ganz von den Bombenschäden des Jahres 1943 erholt hat. Dennoch verströmen die winzigen Gassen, die verfallenen Paläste und die alten Häuser eine beeindruckende Atmosphäre.

Die hoch aufragende, mit Fliesen gedeckte Kuppel der **Chiesa del Carmine** *(Piazza del Carmine, Tel. 091 651 20 18, Sa, So und nachm. geschl.)* steht wie ein Fremdkörper inmitten des Marktes. In ihrem Innern sind zwei prunkvoll verzierte Altäre in den Querschiffen sehenswert.

Von der Kirche aus gehen Sie den gleichen Weg zurück in Richtung auf die **Piazza Bologni**, einen großen, an den Corso angrenzenden barocken Platz. Er ist ein guter Ausgangspunkt für die Besichtigung der Kathedrale und des Palazzo dei Normanni. ■

Barocke Skulpturen wie dieser fein gearbeitete Engel aus Stein schmücken die Kirche San Giuseppe dei Teatini

Kathedrale
www.cattedrale.palermo.it
Karte S. 43
Piazza della Cattedrale, unweit des Corso Vittorio Emanuele II
091 33 43 76
Schatzkammer und Krypta: So geschl.
Schatzkammer und Krypta: €

Der Westen Palermos

DER WESTEN PALERMOS WAR EINST DAS HERZ DER STADT. Fast drei Jahrtausende lang befanden sich auf diesem hoch gelegenen Areal die Festungen und Paläste der Herrscher Siziliens. Hier stehen die über einer früheren Moschee erbaute Kathedrale und der majestätische Palazzo dei Normanni, dessen kleine Cappella Palatina die prachtvollste Hinterlassenschaft der Normannen in Palermo ist.

Wäre im Laufe der Jahrhunderte an der **Kathedrale** *(Cattedrale)* nicht so viel verändert worden, wäre sie eine der schönsten Kirchen Italiens. An ihrer Stelle stand einst eine byzantinische Kirche und später im 9. Jahrhundert eine Moschee. Die Kirchengründung 1185 geht auf Walter of the Mill, den englischen Erzbischof von Palermo, zurück. König Heinrich II. hatte Walter als Erzieher von Wilhelm II. nach Sizilien geschickt, da eine Heirat zwischen dem künftigen Normannenkönig und Joan Plantagenet, der englischen Schwester von Richard I. (Richard Löwenherz), geplant war. Auf Sizilien angekommen, mischte sich der Erzieher schon bald in die sizilianische Politik ein und erlangte das Amt des Erzbischofs. Die Gründung der Kathedrale war Walters Reaktion auf den Bau des Doms von Monreale vor den Toren der Stadt

Alt und neu: Palermos Kathedrale aus dem 12. Jahrhundert mit ihren maurischen Elementen dient hier als Kulisse für ein Kunstwerk aus jüngster Zeit

(siehe Seite 64ff) durch einen seiner früheren Schüler.

Die Kathedrale Palermos hätte einem direkten Vergleich mit Monreale wohl kaum standgehalten. Vom ursprünglichen Bauwerk ist dennoch so viel erhalten, dass man erkennen kann, dass ihre Steinmetzarbeiten und Mosaiken (im 15. Jh. entfernt) erstklassig gewesen sein müssen. Der Verlust vieler Details aus der Bauzeit geht vor allem zu Lasten von Ferdinando Fuga, einem Architekten des 18. Jahrhunderts, den man beauftragt hatte, die Kathedrale mit barocken und klassizistischen Elementen zu »verschönern«. Fuga ließ die Holzdecke und etliche Wände herausreißen und einen Großteil des Innenraums weiß tünchen. Sein schlimmstes Vergehen aber ist die Hinzufügung der völlig unpassenden Kuppel (1781–1801).

Außen lassen nur noch die schönen, vom Islam beeinflussten Steinmetzarbeiten am Ostende der Kirche erahnen, wie der Sakralbau einst ausgesehen haben könnte. Mit dem Bau der **Vorhalle** im Stil der katalanischen Gotik an der Südseite *(Piazza della Cattedrale)* wurde um 1426 begonnen. Sehenswert sind das herrliche Portal (1426–32), die frühen Malereien (1296) über den drei Hauptbögen und die Säule mit einem Korantext links neben dem Portal, ein Relikt der früheren Moschee.

Die **Kapelle** an der Südwestecke der Kathedrale enthält sechs **Grabmäler** normannischer und aragonesischer Könige, darunter das des Normannenkönigs Roger II. (gest. 1154; im Hintergrund links). Er

Der Palazzo dei Normanni wurde am Ort einer alten römischen Festung errichtet

wurde entgegen seinem Wunsch aus der Kathedrale von Cefalù hierher überführt. Auch seine Tochter Konstanze (gest. 1198, im Hintergrund rechts), die Gemahlin von

Cappella Palatina

Karte S. 43

Palazzo dei Normanni, Piazza Indipendenza

091 705 60 01

Sa nachm., So geschl.

Heinrich VI. (König von Sizilien), liegt hier begraben. Ihre Krone wurde aus ihrem Grab entfernt und ist jetzt in der **Schatzkammer** der Kathedrale (Eingang am Ende des Südschiffs rechts) zu sehen. Interessant ist die **Krypta**, in die man vom nördlichen Querschiff aus gelangt: Hier befindet sich zwischen 23 Grabmälern auch das von Walter of the Mill, dem Gründer der Kathedrale (Nummer 16).

PALAZZO DEI NORMANNI

Der westlich der Kathedrale stehende Palazzo dei Normanni (Normannenpalast) wurde auf dem höchsten Punkt der Altstadt erbaut. Man vermutet, dass dieser Ort seit phönizischer Zeit von den Herrschern Siziliens für eine Festung oder einen Palast genutzt wurde. Seit 1947 ist der Palast Sitz des sizilianischen Regionalparlaments (Assemblea Regionale Siciliana). Der erste historisch belegte Bau an dieser Stelle war eine arabische Burg, die aus Sicherheitsgründen 938 aufgegeben wurde; damals wurde die Residenz des Emirs in das Kalsa-Viertel im Südosten verlegt. Später wurde die Burg von den Normannen erneut besetzt und zum prächtigsten Hof im damaligen Europa ausgebaut.

Seither wurde viel hinzugefügt, insbesondere die lange Fassade (1616), ein Vermächtnis der spanischen Herrschaft – vom einstigen arabisch-normannischen Bau ist nur noch sehr wenig erhalten. Dazu zählen der **Torre Pisana** an der Nordwestecke (der einzig erhaltene von einst vier Türmen) und die **Cappella Palatina**, eine einzigartige Verschmelzung arabischer, normannischer, byzantinischer und sizilianischer Kunst und Architektur. Rechnen Sie mit Wartezeiten.

Die Cappella Palatina war ursprünglich die Privatkapelle von Roger II. und wurde von 1130 bis 1140 erbaut. Anfangs dürfte sie für sich allein gestanden haben, wurde aber im Laufe der Zeit in den ständig wachsenden Palast integriert. Der Innenraum besteht aus einem durch zehn Granitsäulen dreigeteilten Unterschiff und einer erhöhten Kanzel und Apsis am Ostende. Dort befinden sich die älteren Mosaiken, die Prunkstücke der überwältigenden Innenausstattung der Kapelle. Diese Mosaiken, vermutlich das Werk eines byzantinischen Künstlers (um 1140–50), bedecken die Apsis und das Kuppelgewölbe und werden dominiert von der Darstellung des segnenden Christus Pantokrator (Allschöpfer, siehe S. 31). Die späteren Mosaiken im Schiff (ca. 1150–70) zeigen Szenen aus der Schöpfungsgeschichte an der Südwand sowie aus dem Leben der Heiligen Petrus und Paulus in den Seitenschiffen.

Der arabische Einfluss wird am deutlichsten in der prachtvollen Holzdecke. Sie wurde aus Libanonzeder geschnitzt und mit Szenen aus einem idealisierten Alltag dekoriert. Eine Hinterlassenschaft römischer und normannischer Künstler sind der Cosmati-Steinboden (12. Jh.), die Marmorwände und die majestätische Kanzel. Ein noch eindrucksvolleres Werk derselben Künstler ist der große Leuchter, eine spiralförmig angelegte Plastik mit mehr als hundert Figuren und Christus als Krönung. Unten kniet eine Figur im Bischofsgewand, und zwei Reihen von Vögeln (Geier und Störche) tragen drei Gestalten, die die drei Zeitalter des Menschenlebens symbolisieren.

Nur wenige Bereiche des Palastes sind der Öffentlichkeit zugänglich, in erster Linie die Sala di Re Ruggero *(Palazzo dei Normanni, Piazza Indipendenza; Tel. 091 705 11 11; So, Di–Do und nachm. geschl.)* sowie der Salon von König Roger, der im Verlauf einer halbstündigen Führung besichtigt werden kann. Er ist in vielerlei Hinsicht mit der Cappella Palatina vergleichbar, denn auch hier gibt es Mosaiken (1140) mit Jagdszenen in einer typisch sizilianischen Landschaft und Symboltieren: Der Löwe steht für das Herrschertum, den Pfau machte sein angeblich unverwesliches Fleisch zu einem Symbol der Unsterblichkeit.

SAN GIOVANNI DEGLI EREMITI

Die pittoresken roten Kuppeln machen die säkularisierte Kirche (1132–48) zu einem der auffälligsten Wahrzeichen der Stadt. Die südlich des Palazzo dei Normanni stehende Kirche ist Palermos romantischster Bau aus der Normannenzeit, weniger wegen seines kahlen Innenraums, sondern vielmehr wegen seiner maurischen Kuppeln, seinem schönen Kreuzgang und dem kleinen Garten mit Palmen, Bougainvilleen, Jasmin und Orangenbäumen. Die Kirche wurde auf Befehl Rogers II. erbaut und steht mit ziemlicher Sicherheit am Ort einer früheren Moschee, von der ein Teil vermutlich in der schlichten Halle rechts von ihr erhalten geblieben ist.

Lohnenswert ist auch der Besuch der **Villa Bonanno** nordöstlich der Kirche. Der große öffentliche Park, in den man von der Piazza della Vittoria aus gelangt, ist ein idealer Ort zum Entspannen. ■

Die Kuppeln von San Giovanni degli Eremiti können einen arabischen Einfluss nicht verleugnen

San Giovanni degli Eremiti

Karte S. 43
Via de Benedettini
091 651 50 19
So nachm. geschl.
€€

Die Mafia

Das Wort »Mafia« wurde vom britischen Konsul auf Sizilien erstmals 1866 erwähnt, als dieser seinen Vorgesetzten berichtete, dass »*maffie*-gewählte Juntas sich an den Verdiensten der Arbeiter bereichern, mit Gesetzesbrechern verkehren und Übeltäter unter ihre Fittiche nehmen«. Sowohl das Wort als auch die Organisation, von der der Konsul sprach, haben eine lange Geschichte. Die sprachliche Wurzel dürfte das arabische Wort *mu'afàh* sein, das viele Bedeutungen hat: Schutz, Können, Schönheit, Begabung und Sicherheit.

Die Wurzeln der Organisation selbst sind weniger leicht nachzuvollziehen. Viele Wissenschaftler glauben, dass ihre Anfänge bis ins 12. Jahrhundert zurückreichen, als Geheimgesellschaften gegründet wurden, die sich der Macht des Heiligen Römischen Reiches widersetzten. Andere verweisen auf die Bourbonen, die ehemalige Räuber als Polizisten im schwer zugänglichen Landesinnern einsetzten; diese ließen sich dafür bezahlen, bei den Taten ihrer einstigen Kollegen beide Augen zuzudrücken. Viele verweisen auch auf den Aufstieg der so genannten *gabellotti*, die als Mieteintreiber arbeiteten (oder sich als Vermittler zwischen Bauern und Grundbesitzern verdingten), und die schnell reich wurden, indem sie Bauern einschüchterten. Die *gabellotti* einten gemeinsame Ziele und Verhaltensregeln, ein eigener Ehrenkodex und eine halb formelle Organisation.

Allen Erklärungsversuchen für die Entstehung der Mafia ist eines gemeinsam: Die jahrhundertealte Kluft zwischen den Sizilianern und ihrer Obrigkeit, eine Kluft, die durch die lange Reihe ausbeuterischer Herrscher noch vertieft wurde, hat wesentlich zur Entstehung der Mafia beigetragen. Niemand empfand diese Kluft stärker als die landlosen Bauern, die gezwungen waren, auf den *latifondi*, den Ländereien der Insel, zu arbeiten. Dieses ausbeuterische System lässt sich bis in die Römerzeit zurückverfolgen und hatte bis lange nach 1945 Bestand. Wo konventionelle Gerechtigkeit und Autorität entweder fehlten oder verachtet wurden, war es nur eine Frage der Zeit, bis die Lücke von einheimischen Schiedsmännern gefüllt wurde: den so genannten *amici* (Freunden) oder *uomini d'onore* (Ehrenmännern).

Der Reiseschriftsteller Patrick Brydone fasst in seinem Buch *A Tour through Sicily and Malta* die Situation im Jahre 1733 zusammen: »Diese *banditti* sind die Ehrenwertesten der Insel und haben die höchsten und romantischsten Vorstellungen von dem, was sie ihren Ehrenstandpunkt nennen ... untereinander und all jenen Personen, die in ihn eingeweiht sind, halten sie unverbrüchliche Treue. Die Stadtväter sind oft ge-

Paolo Borsellino, einer der Protagonisten im Kampf gegen die Mafia, wurde hier 1992 durch eine Autobombe getötet

zwungen, sie zu beschützen, und bezahlen sie sogar, denn es ist bekannt, dass sie äußerst entschlossen und skrupellos sind und so rachsüchtig, dass sie jeden Menschen umbringen, der ihnen Anlass zur Verärgerung gegeben hat.« Auch zwei Jahrhunderte später ist diese Beschreibung aktuell.

Vielen ist nicht bekannt, dass Italien schon einmal kurz davor war, dem Treiben der Mafia ein Ende zu bereiten: Unter Mussolini bediente sich der legendäre Polizeichef Cesare Mori im Kampf gegen die Mafia brutaler und illegaler Methoden – wäre nicht der Zweite Weltkrieg ausgebrochen, hätte er sie vielleicht sogar vollständig vernichtet. Ironischerweise war es die Intervention der Amerikaner, die seine Ziele schließlich vereitelte. Bei der Vorbereitung der Invasion auf Sizilien 1943 hatten die Alliierten nur eine Informations- und Logistikquelle – die Mafia –, mit der sie über italienische, in Amerika lebende Gangster Kontakt aufnahmen.

Nachdem die Alliierten die Insel erobert hatten, stärkten sie die Stellung der Mafia, indem sie wichtige Posten in der neuen Militärregierung mit hochrangigen Mafia-Mitgliedern besetzten. Der Boom der Nachkriegszeit, bei dem im Bauwesen riesige Vermögen gemacht wurden, stärkte die Mafia ebenfalls. Das so verdiente Geld wurde gewaschen und anschließend in legitime Geschäfte gesteckt oder aber in den Drogenhandel geleitet, der die Machenschaften der Mafia am nachhaltigsten veränderte. Trotz gelegentlicher juristischer Erfolge ist die Zerschlagung der Mafia heute höchst unwahrscheinlich. ■

Der Osten Palermos

ZUM OSTTEIL PALERMOS, DER SICH VOM QUATTRO CANTI bis zum Hafen erstreckt, gehört die Kalsa, das alte arabische und mittelalterliche Herz der Stadt. Es wurde 1943 von den Alliierten beschädigt und war seit jeher ein Armenviertel, wird aber jetzt restauriert. Hier stehen nicht nur zahlreiche kunsthistorisch interessante Paläste und Kirchen, sondern auch die Galleria Regionale.

Ausgangspunkt einer Besichtigungstour durch die Oststadt ist der Quattro Canti. Von dort aus gehen Sie auf dem Corso Vittorio Emanuele II in Richtung Osten bis zur Via Roma, einer relativ modernen Straße, die erst 1922 angelegt wurde.

Biegen Sie nach rechts in die Via Paternostro ein, um zur Kirche **San Francesco d'Assisi** *(Piazza di San Francesco, Tel. 091 58 23 70)* zu gelangen, einem Bau aus dem 13. Jahrhundert, der im Laufe der Zeit stark verändert wurde. Sehenswert sind von außen das gotische Hauptportal und die Fensterrose und innen die Cappella Mastrantonio (vierte an der Südseite links). Ihr reich geschnitztes Gewölbe wurde 1468 von Francesco Laurana (1430–1502) geschaffen und war das erste große Renaissance-Kunstwerk auf Sizilien.

Beachten Sie auch die acht Statuen im Mittelschiff, die von Giacomo Serpotta (1656–1732) stammen, der auch für die hervorragenden Stuckarbeiten am **Oratorio di San Lorenzo** *(Eingang Via dell'Immacolatella 5)* links neben der Kirche verantwortlich zeichnet. Die Szenen aus dem Leben der Heiligen Laurentius und Franz von Assisi sind das Meisterwerk des Künstlers.

Von der Piazza di San Francesco gelangen Sie über die Via Merlo zu dem im 17. Jahrhundert erbauten **Palazzo Mirto** *(Via Merlo 2, Tel. 091 616 75 41, So nachm. geschl.)*, der bis zu seiner Schenkung an die Stadt 1982 der Sitz der Familie Lanzi-Filangeri war. Die gut erhaltenen Innenräume mit ihren schönen Möbeln und Antiquitäten vermitteln einen guten Eindruck davon, wie eine fürstliche Residenz jener Zeit ausgesehen haben könnte.

Danach erweitert sich die Via Merlo in die große **Piazza Marina**, die bis zu ihrer Verlandung ein Teil des alten Hafens war. Die belebteste Stelle ist der zentrale Girardino Garibaldi mit prachtvollen Banyanbäumen. Ganz in der Nähe lagen früher zwei Gefängnisse, darunter eines der spanischen Inquisition: Hier fanden Verbrennungen auf dem Scheiterhaufen und andere öffentliche Hinrichtungen statt.

An der Ostseite der Piazza steht der **Palazzo Chiaramonte**, der 1307 für die im 14. Jahrhundert besonders prunkliebende Familie Chiaramonte gebaut wurde. Später erwarben die spanischen Vizekönige den Palast und übergaben ihn der Inquisition. Von 1782 – der Abschaffung der Inquisition auf Sizilien – bis 1972 beherbergte er die Gerichte der Stadt, heute finden dort gelegentlich Ausstellungen statt. Besonders sehenswert sind die Fenster im Untergeschoss, deren Ausschmückung so unverwechselbar ist, dass Chiaramonte namengebend für eine eigene Stilrichtung wurde, die man an vielen Gebäuden der Stadt wiederfinden kann.

Nicht weit vom Palast entfernt, steht eines der reizvollsten Museen der Stadt, das **Museo Internazionale delle Marionette** *(Piazzetta Niscemi 5, Tel. 091 32 80 60,*

Das Museo Internazionale delle Marionette besitzt eine der weltweit größten Puppensammlungen; dazu zählt auch dieser Ritter

Gäste der Antica Foccaceria an der Piazza di San Francesco genießen ein Abendessen unter freiem Himmel im Herzen der Altstadt

So geschl.). Hier sind rund 3000 Marionetten aus ganz Sizilien ausgestellt. Das Puppentheater war jahrhundertelang bis zu seinem Niedergang in den 1960er Jahren ein wichtiger Bestandteil der sizilianischen Kultur. Heute erleben die alten Stücke und ihre höfischen Charaktere eine Art Wiedergeburt. Neben Dokumenten von Theateraufführungen sind hier auch Marionetten aus aller Welt ausgestellt.

Nördlich des Museums und der Piazza Marina findet man in La Cala die Reste des alten arabischen und normannischen Hafens, der sich einst bis weit in die Stadt hinein erstreckte. An ihrer Südseite, am Corso, steht **Santa Maria della Catena** *(Tel. 091 32 65 97, Aug., Sa, So, Mo–Fr nachm. geschl.)*, eine gut restaurierte Kirche (16. Jh.). Ihren Namen – Heilige Maria der Kette – verdankt sie wahrscheinlich der Kette *(catena)*, die einst von dieser Stelle aus allnächtlich über den Hafen gespannt wurde.

Am Ende des Corso gelangen Sie durch die Porta Felice (1582) zur modernen **Uferpromenade**. Früher war sie eine der schönsten Flaniermeilen Italiens, und auch heute ist das Areal immer noch ein beliebter, wenn auch nicht sonderlich reizvoller Treffpunkt.

Wenn Sie durch die Porta Felice zurückkehren, sehen Sie auf der linken Seite des Corso die **Passeggiata delle Cattive** (Promenade der Niederträchtigen). Sie ist einer der letzten Überreste der alten arabischen Mauer, die einst die Kalsa umgab. Benannt ist sie nach den alten Weibern, die missbilligend auf das Treiben der jungen Paare unter ihnen herabschauten.

Biegen Sie vom Corso nach links auf die Via Butera ab, wo linker Hand der beeindruckende Palazzo Branciforti aus dem 17. Jahrhundert sowie daneben das Trinacria stehen. Letzteres war von 1844 bis 1911 Palermos elegantestes Hotel. Kurz dahinter kreuzt die Via Butera die

Via Alloro, seit jeher die Hauptstraße der Kalsa; ihre einst prächtigen Paläste haben stark unter den Jahren der Vernachlässigung gelitten.

Das gilt nicht für den Palazzo Abatellis (1484–95), in dem die **Galleria Regionale di Sicilia** *(Via Alloro 4, Tel. 091 623 00 11, Sa–Mo nachm. geschl.)* untergebracht ist. Eines der überragendsten Werke in dieser bedeutenden Gemälde- und Skulpturengalerie ist der *Triumph des Todes* (um 1449) eines unbekannten Meisters. Sehenswert sind auch die Büste der Eleonora von Aragón von Francesco Laurana (15. Jh.) und die Säle mit den Gemälden, die die Entwicklung der sizilianischen Kunst seit byzantinischer Zeit dokumentieren. Hier finden sich mehrere Arbeiten von Antonello da Messina, dem berühmtesten Renaissancemaler Siziliens, darunter *Die Verkündigung* (1476), die als sein Meisterwerk gilt.

Bevor Sie die Umgebung des Museums verlassen, werfen Sie noch einen Blick auf die Kirchen, die östlich und westlich davon an der Via Alloro stehen und die sich beide durch schöne Fassaden und reich geschmückte Innenräume auszeichnen: Links liegt **Santa Maria della Pietà** *(Tel. 091 616 52 66, Sa und So nachm. geschl.)* aus dem 17. Jahrhundert und rechts **La Gancia** *(Tel. 091 616 52 21, So nachm. geschl.)* aus dem 15. Jahrhundert. Wenn Sie hinter La Gancia links abbiegen, gelangen Sie über die Via Vetriera zur Piazza dello Spasimo, benannt nach der nahe gelegenen Kirche **Santa Maria dello Spasimo** (1509), einem der wenigen Bauten im Stil der sizilianischen Gotik. Heute ist die säkularisierte Kirche ein bedeutendes Kulturzentrum und ein Symbol für die erfolgreichen Restaurierungsarbeiten in der Kalsa.

Das Gleiche gilt für die etwas weiter südlich gelegene **Villa Giulia** *(Via Lincoln)*. Direkt daneben liegt der 1795 eröffnete Botanische Garten, der **Orto Botanico** *(Via Lincoln 2b, Tel. 091 623 82 41, Sa und So nachm. geschl.)*.

Biegen Sie anschließend rechts auf die Via dello Spasimo ab: **La Magione** *(Piazza Magione)* ist eine restaurierte Kirche im Stil der arabisch-normannischen Romanik (gegründet 1151). Von dort aus führt die Via Magione weiter zum Palazzo Aiutamicristo (1490) und zur Via Garibaldi, benannt nach dem Revolutionär, der während seiner Kampagne zur Einigung Italiens 1860 durch diese Straße zog. ■

Die ehemalige Kirche Santa Maria dello Spasimo wurde mittlerweile in ein Kulturzentrum umgewandelt

Frischen Fisch, Fleisch, Gemüse und andere Lebensmittel bietet der Mercato Vuccirìa

Zu Fuß durch den Norden Palermos

DER NORDEN PALERMOS BESTEHT IM WESENTLICHEN AUS ZWEI VIERTELN: dem Capo, einem der ärmsten und schäbigsten Areale der Altstadt, und der Vuccirìa, deren Mittelpunkt ein Markt ist. Letzterer befindet sich in der Nähe des bedeutendsten historischen Museums der Stadt sowie zweier Kapellen mit barocker Ausschmückung.

Beginnen Sie Ihren Rundgang durch die Nordstadt am Quattro Canti auf dem Corso Vittorio Emanuele II. Nach ein paar hundert Metern sehen Sie links die kleine Kirche **San Matteo al Càssero** ❶ *(Tel. 091 33 48 33, So nachm. geschl.)* mit Statuen von Giacomo Serpotta (17. Jh.), die Ihnen einen Vorgeschmack auf weitere Arbeiten dieses Meisters der Gipsskulptur liefern, die Sie später auf Ihrem Rundgang sehen werden. Nachdem Sie nach links in die Via Roma abgebogen sind, gelangen Sie zur Kirche **San Antonio** ❷, die nach einem Erdbeben im Jahre 1823 wiederaufgebaut wurde und auf dem höchsten Punkt im Ostteil der Altstadt steht.

Viele verdiente Persönlichkeiten der Stadt wurden in der Chiesa de San Domenico beigesetzt

Stufen neben der Kirche und die Straßen nördlich und südlich davon führen zum **Mercato Vuccirìa** ❸, dem wichtigsten Markt Palermos *(So und Mo–Sa nachm. geschl.)*. Er ist weniger ein Fest für die Sinne als eine Attacke auf Sie, denn die engen Gassen sind überfüllt mit Ständen, die alles nur Erdenkliche feilbieten – von Strängen von Hirn, Kaldaunen und Schwertfischen über lebende Kraken bis hin zu gefälschten Designertaschen, geschmuggelten Zigaretten und billigen Haushaltsartikeln.

Am Nordrand des Marktes, nicht weit von der Via Roma entfernt, steht die Klosterkirche **San Domenico** ❹ *(Piazza San Domenico, Tel. 091 32 95 88, Mo–Fr nachm. geschl.)*, die 1640 in ihrer heutigen Form wieder aufgebaut wurde. Vom ursprünglichen Bau aus dem 14. Jahrhundert ist nur noch der Kreuzgang erhalten. Im Innern befinden sich die Grabmäler zahlreicher berühmter Einwohner, aber interessanter als die Kirche ist die kleine Kapelle hinter ihr – das **Oratorio del Rosario di San Domenico** ❺ aus dem 16. Jahrhundert *(Via Bambinai 2, Sa nachm., So geschl.)*.

Diese Kapelle ist mit bemerkenswerten Arbeiten im Barock-Stil ausgeschmückt, insbesondere mit den hervorragenden Gipsplastiken von Giacomo Serpotta, der 1656 in Palermo geboren wurde und den größten Teil seines Lebens einem Material widmete, das im Vergleich zu Farbe oder Marmor wenig Spielraum und nur

- Siehe Karte unten
- Quattro Canti
- 1,6 km
- 4 Stunden
- Teatro Massimo oder Capo

UNBEDINGT ANSEHEN

- Mercato Vuccirìa
- Rosenkranzkapellen von San Domenico und Santa Cita
- Museo Archeologico Regionale

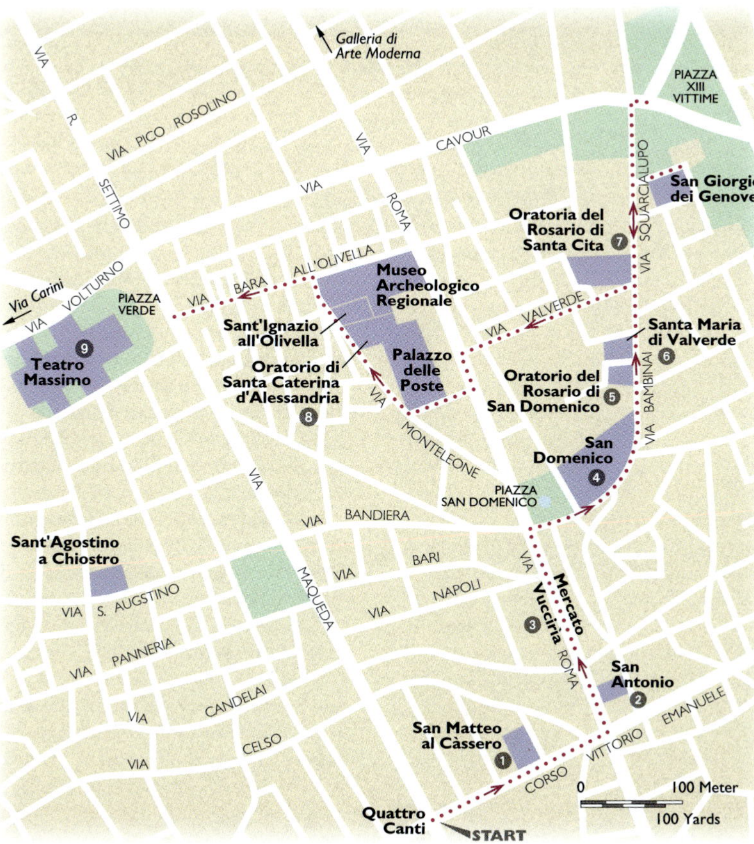

Das prächtig restaurierte Teatro Massimo aus dem 19. Jahrhundert steht wie ein Symbol für den neuen kulturellen Aufschwung Palermos

geringe Möglichkeit zu künstlerischem Ruhm bot. Die Kapelle war sein letztes Werk (1720) und zugleich eines seiner lebendigsten und überschwänglichsten. Als Modelle für die vielen allegorischen Figuren dienten Damen der höchsten Gesellschaft Palermos. Den Hauptaltar schmückt ein Gemälde von Anthonis van Dyck, die *Rosenkranzmadonna* (1628), die der Künstler in Genua vollendete, nachdem ihn eine Pestepidemie zur Flucht aus Palermo gezwungen hatte.

Wenn Sie auf der Via Bambinai nach Norden weitergehen, gelangen Sie zu einer weiteren Barockkirche aus dem 17. Jahrhundert, **Santa Maria di Valverde** 6 *(Tel. 091 33 27 79, Sa nachm., So geschl.)*. Ein paar Schritte weiter stoßen Sie auf **Santa Cita** (oder Zita), die zwischen 1586 und 1603 wiederaufgebaut, aber 1943 von Bomben schwer beschädigt wurde. Das Sehenswerteste an Santa Cita ist ihre Kapelle, das **Oratorio del Rosario di Santa Cita** 7 *(Via Squarcialupo, Tel. 091 33 27 79, Fr–Sa nachm., So geschl.)*, die man durch die Kirche betritt.

Auch hier bestechen die Arbeiten von Serpotta, der zwischen 1686 und 1718 eine Fülle von Engeln, verschiedenen anderen Figuren und Cherubim schuf, für die ihm Straßenkinder Modell standen. Die Hauptattraktion ist eine Darstellung der Schlacht von Lepanto (1571), in der eine christliche Flotte diejenige der Osmanen besiegt. Während der Schlacht flehten die Christen die Madonna vom Rosenkranz um Beistand an. Stuckreliefs in anderen Teilen der Kapelle zeigen Darstellungen der 15 Mysterien des Rosenkranzes: An der Südwand (rechts) befinden sich die so genannten »Schmerzlichen Mysterien« wie Kalvarienberg, Dornenkrönung und Geißelung Christi und an der linken Wand die »Freudigen Mysterien«, darunter Auferstehung und Himmelfahrt von Christus und Maria.

Nördlich und östlich von Santa Cita liegt ein 1943 schwer beschädigtes Stadtviertel, eine trostlose Gegend, die man am besten meidet. Doch die wenigen Schritten in die Via Squarcialupo sollten Sie gehen, um einen Blick auf **San Giorgio dei Genovesi** (1581) zu

Das Museo Archeologico Regionale bewahrt Exponate aus griechischer und römischer Zeit, die aus ganz Sizilien zusammengetragen wurden

werfen, eine säkularisierte Kirche, die einst für die in Palermo ansässigen Genueser Kaufleute gebaut wurde. Auch die dahinter liegende **Piazza XIII Vittime**, ein Platz mit Denkmälern für die 13 Nationalisten, die 1860 während des Kampfes um die Einigung Italiens von den Bourbonen erschossen wurden, lohnt eine Stippvisite. Hier befindet sich auch ein Schrein (1989) für die Opfer der Mafia.

Kehren Sie zur Kirche Santa Cita zurück, und biegen Sie nach rechts in die Via Valverde ab, auf der Sie zur Via Roma und zum Hauptpostamt der Stadt gelangen, einem Monumentalbau aus der Zeit des Faschismus (1933). Auf der dahinter verlaufenden kleinen Via Monteleone steht rechts (Nr. 50) das **Oratorio di Santa Caterina d'Alessandria** ⑧ *(Tel. 091 872 80 47, Do mittags geöffnet)* mit Gipsarbeiten (1719–26) von Giacomo Serpottas Sohn und Lehrling Procopio. Ein weiterer prächtiger Barockbau ist die daneben stehende Kirche **Sant'Ignazio all'Olivella** *(Tel. 091 58 68 67, So nachm. geschl.)*, die 1598 am angeblichen Geburtsort der heiligen Rosalia erbaut wurde.

Hauptanziehungspunkt der Nordstadt ist das **Museo Archeologico Regionale** *(Piazza Olivella/Via Bara all'Olivella 24, Tel. 091 611 68 05, So nachm., Mo geschl.)* mit Exponaten zur Geschichte und Archäologie Westsiziliens. Es dokumentiert fast alle historischen Epochen Siziliens – mit Ausstellungsstücken aus der Steinzeit, der phönizischen, griechischen, römischen, arabischen und normannischen Epoche. Besonders sehenswert sind die Metopen (Reliefplatten) der Tempel in Selinunt, 12 000 Votivtafeln für Demeter Malophoros (Selinunt), eine schöne Sammlung griechischer Vasen und sieben römische Bronzen.

Beenden Sie Ihren Rundgang durch die Nordstadt, indem Sie vom Museum auf der Via Bara nach Westen gehen und einen Blick auf das **Teatro Massimo** ⑨ (1875–97) werfen, das drittgrößte Opernhaus Europas. Wenn Sie danach noch Zeit und Lust haben, besuchen Sie das Zentrum des **Capo**, Palermos heruntergekommenstes und unerfreulichstes Viertel, vor allem aber den **Markt** in der Via Carini und ihren umliegenden Straßen. ■

Convento dei Cappucini
Karte S. 43
Via Pindemonte, Piazza Cappucini
091 21 21 17
€

Catacombe dei Cappucini

ZU DEN EINDRÜCKLICHSTEN ERINNERUNGEN EINES SIZIlienbesuches zählt sicherlich die Besichtigung des Convento dei Cappucini, der auf alle Besucher eine gruselige Faszination ausübt. Im Kapuzinerkloster befinden sich die Leichname von rund 8000 Menschen, angezogen in der typischen Kleidung ihrer Zeit.

Ein makabres Symbol der Vergänglichkeit: In den Catacombe dei Cappucini tragen die mumifizierten Leichen von Mönchen, Priestern und anderen Bürgern noch heute ihre Kleidung zur Schau

Am Eingang zum Kapuzinerkloster am Rande von Palermo weist kaum etwas auf das hin, was Sie im Inneren erwartet. Ein langer, weiß getünchter Gang führt in die Tiefe, und ein schwacher Geruch nach Feuchtigkeit und Fäulnis dringt den Besuchern in die Nase. Die nachfolgende Szene könnte aus einem Horrorfilm oder aus einem Gemälde von Hieronymus Bosch stammen: In von Spinnweben überzogenen Gängen reihen sich herabhängende Köpfe, zu Grimassen verzerrte Gesichter, erstarrte Schreie und das Lächeln von Skeletten aneinander. Männer, Frauen und Kinder, gekleidet wie am Tage ihres Todes oder in Gewändern, die sie für das Leben danach ausgewählt hatten, stehen angekettet an den Wänden. Schädel und zersplitterte Knochen durchbohren geschrumpfte, gelbe Haut. Zu manchen ist die Zeit freundlich gewesen. Einige wirken einfach theatralisch, andere – in Pantoffeln und Zylindern – fast komisch. Aber die meisten sehen doch aus wie Verkörperungen von Gevatter Tod.

Dieser bizarre Katalog des Todes ist einzigartig. Andere Katakomben sind lediglich gewaltige Ansammlungen von Schädeln und Knochen; nur hier wurde der Versuch unternommen, das vergängliche Fleisch unsterblich zu machen. Anfangs war der zweifelhafte Versuch, den Tod zu betrügen, den Kapuzinermönchen des Klosters vorbehalten. Der erste Tote wurde hier um 1599 verwahrt. Im Laufe der Zeit wurde jedoch auch reichen Förderern des Klosters dieses Privileg zugestanden, bis sich schließlich jeder, der über genügend Geld verfügte, einen Platz kaufen konnte. Das Geschäft florierte, bis es 1881 verboten wurde.

Zum Konservieren der Leichen bediente man sich verschiedener Methoden. Während einer Pestepidemie wurden sie in Arsenbäder gelegt oder mit einer Schutzschicht umgeben. Bei anderen Toten entfernten Ärzte alles bis auf Haut, Haare und Nägel. Die gebräuchlichste Methode war jedoch schlichtes Austrocknen. Dazu wurden die Toten in spezielle Terrakotta-Urnen oder in geschlossene Zellen im Kalktuff der Umgebung gelegt. Acht Monate nach dem Eingraben oder Austrocknen wurden die Leichen in Essig gelegt, in der Sonne getrocknet und dann zu den bereits vorhandenen in die Katakomben gebracht. Einst hatten alle Leichname Glasaugen; diese wurden jedoch 1944 von amerikanischen Soldaten als Souvenirs mitgenommen.

Die »Kollektion« ist in Gruppen unterteilt: Männer, Frauen, Priester und so genannte Standespersonen, Letztere in offenen und mit seitlichen Fenstern versehenen Särgen. Auch Jungfrauen haben ihren eigenen Ort, ebenso Kardinäle und Erzbischöfe. Tatsächlich sind es gerade die Kleidungsstücke, die den tiefsten Eindruck hinterlassen: Knochen, die sich durch Glacéhandschuhe, durch fast zu Staub zerfallene Seidenstoffe, die Sonntagskleidung der Städter oder das Sackleinen der Bauern bohren.

Aber nichts hinterlässt einen stärkeren Eindruck als der Leichnam der zweijährigen Rosalia Lombardo, die 1920 starb und deren nussbraunes Haar und honigfarbene Haut fast vollständig erhalten sind. ■

Die Lebenden und die Toten: Besucher von heute betrachten die aufgereihten Leichen (oben), die nach Geschlecht, Rang und Beruf getrennt aufbewahrt werden

Besucher-information

- ✉ Piazza Vittorio Emanuele II
- ☎ 091 656 45 01

Monreale

- Karte S. 43
- ✉ Piazza Vittorio Emanuele II
- ☎ Kathedrale: 091 640 44 13. Kloster: 091 640 44 03
- $ € (nur Turm, Schatzkammer, Kreuzgang)
- Kathedrale: tägl. geöffnet; Kloster: So nachm. geschl.

Monreale

DIE KATHEDRALE VON MONREALE ZÄHLT ZU DEN HERRlichsten Europas, denn sie vereint die Traditionen der arabischen, normannischen und byzantinischen Kunst und Architektur. Leider steht sie rund 13 Kilometer südöstlich des Zentrums von Palermo in wenig ansprechender Umgebung. Scheuen Sie nicht den Umweg: Die Kathedrale und ihre Mosaiken sind Siziliens größter Schatz.

Monreale verdankt seine Errichtung dem Normannenkönig Wilhelm II. (1153–89). Bereits seine Vorgänger hatten Sizilien mit prächtigen religiösen Bauwerken beschenkt. Wilhelm war entschlossen, es ihnen gleichzutun. Die Entscheidung zum Kirchbau fiel, so behauptete er, nach einer Traumvision im Jahre 1174. Im Traum offenbarte ihm die Jungfrau Maria den Ort, an dem sein Vater Wilhelm I. (1120–66) einen großen Schatz versteckt haben sollte, der auf dem Monte Reale (Königsberg) läge, einem Jagdrevier der Könige in den Hügeln oberhalb von Palermo. Diesen sollte er zum Bau einer prachtvollen Kirche verwenden.

Der Errichtung eines solchen Baus lagen jedoch nicht nur religiö-

se, sondern auch politische Motive zu Grunde: Walter of the Mill, Palermos englischer Erzbischof, war ein politischer Gegner Wilhelms II. Der Erzbischof verfügte über beträchtliche weltliche und kirchliche Macht, der König hingegen war dem Papsttum freundlich gesonnen – einer Institution, der die auf Unabhängigkeit bedachten Adeligen kaum Sympathien entgegenbrachten.

Mit dem Bau der Kathedrale von Monreale verfolgte Wilhelm deshalb zwei konkrete Ziele: Das imposante Bauwerk sollte Wilhelms weltliche Macht festigen und das Prestige von Walter of the Mill untergraben. Zum anderen gedachte Wilhelm die fertige Kirche den Benediktinern zu schenken und ein neues Erzbistum

Die herrlichen Mosaiken (links) und Schnitzereien (oben) in der Kathedrale von Monreale stellen einen Höhepunkt der arabisch-normannischen Kunst dar

zu gründen. Der Benediktinerabt würde automatisch Erzbischof des neuen mit Palermo konkurrierenden Erzbistums. Walter reagierte auf die Baupläne mit der Förderung seines eigenen Lieblingsprojektes, der Erweiterung der Kathedrale von Palermo, konnte aber mit Wilhelms gewaltigem finanziellen Aufwand nicht mithalten. Auch gegen das neue Erzbistum konnte er wenig ausrichten, zumal Papst Alexander III. Monreale seinen ausdrücklichen Segen erteilte und damit Walters Macht weiter untergrub.

Wo genau Wilhelm das Geld hernahm, um eine so prächtige Kirche zu errichten, gehört zu den vielen Geheimnissen von Monreale. Im Gegensatz zu anderen Projekten ähnlichen Ausmaßes – zum Beispiel der 350 Jahre dauernde Bau der Kathedrale von Orvieto – vergingen bei der sizilianischen Kathedrale zwischen der Vision und der Weihe nur etwas mehr als zehn Jahre. Für ein derartiges Tempo müssen kaum vorstellbare Mengen an Arbeitern und Handwerkern erforderlich gewesen sein, von den beträchtlichen Summen für den kostbaren Marmor und andere Baumaterialien ganz zu schweigen – allein für die Mosaiken wurden 2200 Kilogramm Gold verarbeitet.

Kunsthistorisch war die schnelle Errichtung des Baus von unschätzbarem Wert, da hier Architektur und

Die 228 verzierten Säulenpaare im Kreuzgang von Monreale stellen eine einzigartige Mischung aus klassischen, heidnischen und religiösen Einflüssen dar

Ausstattung zu einer seltenen Einheit verschmolzen, die bei einer längeren Entstehungszeit nicht zu Stande gekommen wäre. Typisch für die meisten Großbauten des Mittelalters ist eine Mischung aus romanischen, gotischen und anderen Stilelementen, die den sich ändernden architektonischen Geschmack einer Jahrzehnte oder sogar Jahrhunderte dauernden Bauzeit spiegeln.

Was in Monreale errichtet wurde, war nicht nur Europas schönstes normannisches Bauwerk und die gelungenste Synthese europäischer und arabischer Stilelemente, sondern auch die flächenmäßig größte Ausstattung eines Sakralbaus mit Mosaiken im ganzen christlichen Europa.

Am Äußeren der Kathedrale deutet kaum etwas auf die Pracht im Inneren hin. Die beiden Westtürme an der Piazza Guglielmo II rahmen einen geschmacklosen Vorbau ein, der im 18. Jahrhundert hinzugefügt wurde, aber das schöne Portal und die herrliche **Bronzetür** (1186) heben diesen Eindruck wieder auf. Die Tür ist das Werk von Bonanno da Pisa, der als Architekt maßgeblich am Bau des Schiefen Turms von Pisa beteiligt war. Die Tür ist in 46 Felder mit Szenen aus dem Alten und Neuen Testament unterteilt. Ihre romanische Schlichtheit steht in auffälligem Kontrast zum byzantinisch beeinflussten Stil der Tür (1179) von Barisano da Trani an der Nordseite der Kathedrale (Piazza Vittorio Emanuele II).

Im Inneren ist die Kathedrale ein Wunderwerk mit funkelndem Blattgold, wertvollen Gemälden, vielfarbigem Marmor und atemberaubenden Mosaiken. Wenn Sie in der Cappella Palatina (siehe Seite 50f) waren, die von Wilhelms Großvater Roger II. in Auftrag gegeben wurde, wird Ihnen die Ähnlichkeit auffallen, wenn auch hier in einem wesentlich größeren Maßstab. Die Bögen des Mittelschiffs ruhen auf 18 schlanken Säulen, die bis auf eine alle aus Granit bestehen. Die 18. Säule besteht aus Cipollino-(»Zwiebel«-)Marmor und war wahrscheinlich als Symbol für das Amt des Erzbischofs gedacht. Die Säulen stammen ganz offensichtlich von einem früheren heidnischen Tempel, aber die Gelehrten sind sich nicht einig, von welchem, da der Granit aus Nordeuropa stammt.

Die **Mosaiken**, eine der größten künstlerischen Leistungen Europas, übertreffen sogar die von Ravenna und dem Markusdom in Venedig. Sie bedecken eine Fläche von rund 6000 Quadratmetern und wurden, in Zusammenarbeit griechischer, byzantinischer und sizilianischer Handwerker, vermutlich um 1182 vollendet. Einige der Mosaiken, vor allem die im Mittelschiff und an den Außenwänden, sind wahrscheinlich etwas später, erst nach dem Tod Wilhelms, entstanden. Sie sind naturalistischer und weniger statisch, was darauf hindeutet, dass sie das Werk venezianischer Künstler sind, die vom Papst in den Süden entsandt wurden.

Die Mosaiken im Mittelschiff stellen Szenen aus dem Alten und dem Neuen Testament dar; sie beginnen mit der Schöpfungsgeschichte in der oberen Reihe am hinteren Ende des Schiffes auf der rechten Seite und verlaufen dann im Uhrzeigersinn durch die ganze Kirche. Die Mosaiken in der Vierung und im Querschiff zeigen Szenen von der Geburt und der Passion Christi, und die Apsis wird von der majestätischen Halbfigur des Christus Pantokrator beherrscht.

Im rechten Querschiff befinden sich die Grabmäler von Wilhelm I. und Wilhelm II., während an der entgegengesetzten Seite die letzten Ruhestätten von Margarete, der Gemahlin von Wilhelm I., und den beiden Söhnen Roger und Heinrich zu finden sind. Rechts von ihnen verweist eine Inschrift auf Ludwig den Heiligen. Der Leichnam des französischen Königs wurde im Verlauf seiner Überführung nach Paris 1270 hier aufgebahrt, nachdem er bei einem Kreuzzug in Tunis gestorben war; sein Herz liegt hier begraben.

In der Nähe der Grabmäler befindet sich der Eingang zur **Schatzkammer** mit zahlreichen kostbaren Reliquien. Eine reizvolle Alternative ist die Ersteigung des Kirchendaches (180 Stufen), denn oben bietet sich Ihnen ein herrlicher Blick auf die Kathedrale, den Kreuzgang, Palermo und die Stadt Monreale. Der Eingang befindet sich in der unteren rechten (südwestlichen) Ecke der Kathedrale.

Der **Kreuzgang** lohnt schon für sich allein genommen einen Besuch in Monreale. Einst Teil der alten Benediktinerabtei, ist er ein weiterer Höhepunkt arabisch-normannischer Kunst. Seine unzähligen Bögen werden von 228 Doppelsäulen mit Kapitellen getragen, von denen sich nur wenige gleichen. Der größte Teil der herrlichen romanischen Kapitelle (12. Jh.) wurde von burgundischen und provenzalischen Steinmetzen geschaffen. Ihre Themenvielfalt ist überwältigend – hier finden sich christliche und heidnische Motive ebenso wie solche aus der antiken Mythologie.

Besuchen Sie auch den **Klostergarten**, dessen Eingang sich an der Südostecke der Piazza Guglielmo II befindet. Er ist ein reizvoller Ort mit vielen alten Pflanzen, darunter mehreren majestätischen Banyanbäume. ■

Kinder vor einer Statue Wilhelms II.; sie zeigt, wie der Herrscher seine Kathedrale Gott zum Geschenk macht

Anfahrt

Am leichtesten erreichen Sie Monreale von Palermo aus im Rahmen einer geführten Tour (Auskunft Besucherinformation), per Taxi (unter Umständen gestaltet sich die Organisation der Rückfahrt schwierig), mit dem Bus 389 (Abfahrt alle 20–30 Min. von der Piazza Indipendenza) oder mit dem Auto, wobei Sie auf einem der unteren Plätze parken und eine Treppe hinaufsteigen müssen.

Weitere Sehenswürdigkeiten

LA FAVORITA

Diesen Park, der 1799 am Fuße des Monte Pellegrino (siehe unten) angelegt wurde, sollten Sie tagsüber besuchen. Highlight des Parks ist das **Museo Etnografico Siciliano Pitrè** *(Via Duca degli Abruzzi 1, Tel. 091 740 48 93, Fr geschl.)*, das größte ethnografische Museum Siziliens und ein Muss für jeden, der sich für Volkskunde interessiert. Neben vielen Objekten aus dem Alltagsleben finden Sie hier auch die herrlich bemalten Karren, für die das ländliche Sizilien berühmt war.

Hintere Umschlagklappe

LA ZISA

La Zisa *(Piazza Zisa 1, Tel. 091 652 02 69, So nachm. geschl., €)* ist unter den wenigen erhalten gebliebenen weltlichen Gebäuden im arabisch-normannischen Stil das schönste. Der im 12. Jahrhundert am Stadtrand von Palermo erbaute Palast wurde hervorragend restauriert. Nördlich davon steht die **Villa Whitaker Malfitano** *(Via Dante 167, Tel. 091 681 61 33, So, Mo–Sa nachm. geschl.)*, die 1887 von einem englischen Weinhändler erbaut wurde. In den Räumen steht erstklassiges Mobiliar, im Park und im Garten wachsen seltene Bäume und Sträucher.

Hintere Umschlagklappe

MONDELLO

Palermos Seebad mit seinem zwei Kilometer langen Sandstrand liegt elf Kilometer nordwestlich des Stadtzentrums zwischen dem Monte Pellegrino und der Landzunge von Capo Gallo. Im Sommer versammeln sich regelmäßig viele Menschen am Kai, wo der morgendliche Fang von Fischen und Meeresfrüchten verkauft wird. Wenn Sie um die Landzunge herum nach Westen fahren, gelangen Sie zu ruhigeren Orten: Sferracavallo, Isola delle Femmine und Terrasini am Golfo di Carini.

Hintere Umschlagklappe Nr. 806 und 833, Abfahrt an der Piazza Sturzo oder Viale delle Libertà

MONTE PELLEGRINO

Der 606 Meter hohe Berg nordwestlich von Palermo ist ein beliebtes Ausflugsziel. Fahren Sie auf der Via Pietro Bonanno zum Santuario di Santa Rosalia *(Tel. 091 54 03 26)*, einer Kapelle aus dem 17. Jahrhundert. Sie wurde über der Höhle erbaut, in der man Gebeine entdeckte, die für diejenigen der heiligen Rosalia gehalten wurden. Von hier aus führen eine Straße und steile Pfade hinauf zum Gipfel des Berges.

Hintere Umschlagklappe ■

Der Strand von Mondello im Schutze des Monte Pellegrino

Die Region südlich und westlich von Palermo zählt zu den kulturell und landschaftlich abwechslungsreichsten Siziliens; sie ist ein buntes Kaleidoskop aus rauen, wunderschönen Inseln, herrlichen Küsten und historischen Städten.

Der Westen Siziliens

Thunfischdosen von der Insel Favignana; Fischerei ist dort seit Jahrhunderten ein wichtiger Erwerbszweig

Der Westen Siziliens

WÄHREND DER OSTEN SIZILIENS HISTORISCH DEM ANTIKEN GRIECHENland nahe stand, war der Westen immer stärker Nordafrika und den alten Kulturen der Araber und Karthager zugewandt. Trotz der Randlage und der hier herrschenden Armut lohnt sich ein Besuch: Der Westen begeistert mit faszinierenden mittelalterlichen Dörfern, bemerkenswerten Ruinen, schönen Inseln und herrlichen Küstenlandschaften.

Je weiter man in Italien nach Süden kommt, desto ärmer und härter wird der Alltag seiner Bewohner. Westsizilien, das absolute Randgebiet Italiens, unterbietet die negative Statistik sogar noch. Erst in jüngster Zeit wurde die abgelegene Region durch die Inbetriebnahme der Autobahn A29 besser an das restliche Sizilien und damit auch an Italien angeschlossen.

Teile dieser Region stehen im Ruf, das Kernland der Mafia zu sein, und auch wenn sich die Zeiten geändert haben, so klingt doch bei Namen wie Prizzi und Corleone ein übler Nachgeschmack mit. Wer hier auf seiner Reise Station macht, wird allerdings kaum Hinweise auf irgendwelche Mafia-Aktivitäten bemerken. Ganz im Gegenteil: Man erlebt eine Region mit einer wechselvollen Geschichte und vielen interessanten Sehenswürdigkeiten.

Die an der Westküste gelegene Provinzhauptstadt Trapani liegt näher zum tunesischen denn zum italienischen Festland, was der Landschaft ein typisch afrikanisches Flair verleiht. Es gibt vereinzelte weiß getünchte Dörfer, deren Namen arabische Wurzeln aufweisen, das sommerliche Licht ist von ungeheurer Intensität, und es locken Festivals und alte Bräuche, die an die alten Kulturen erinnern.

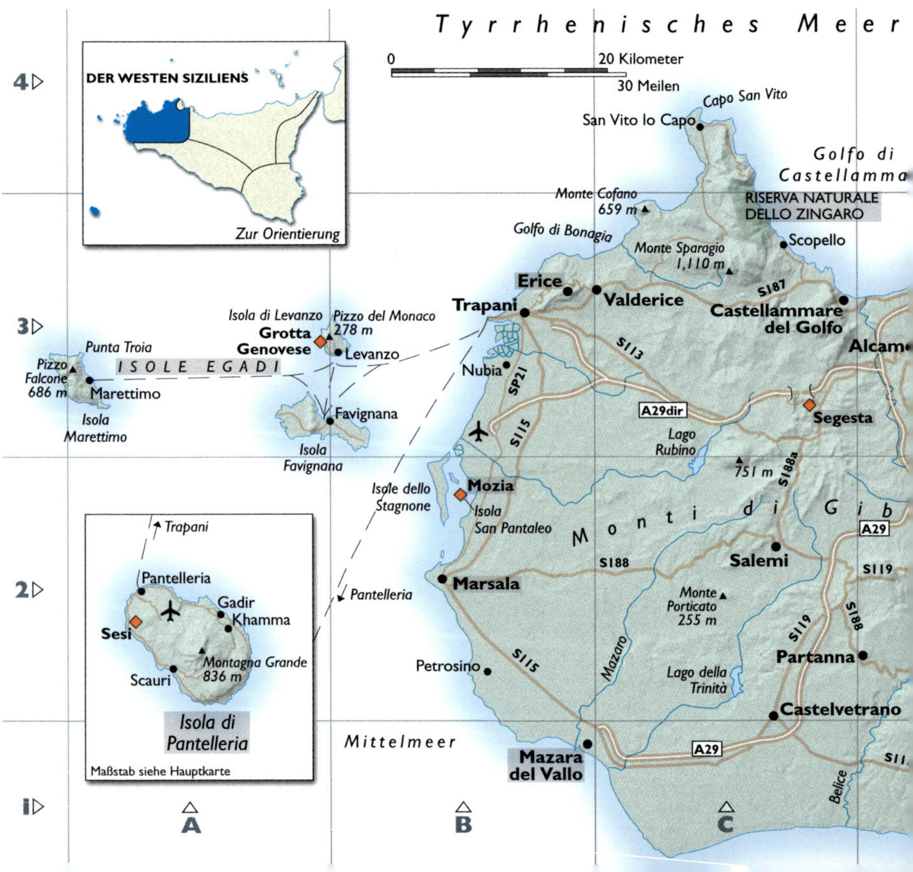

Die majestätische Silhouette des Monte Cofano beherrscht das Bild der Küste bei San Vito lo Capo

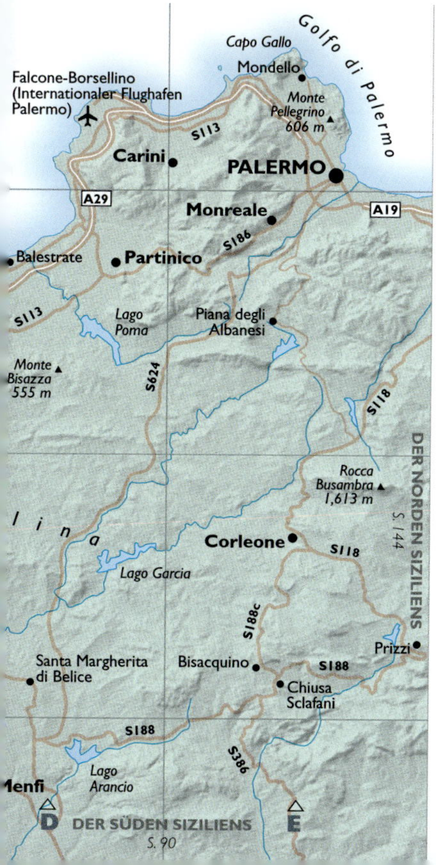

Ehemalige Karthagersiedlungen wie Mozia und die arabischen Städte Marsala und Mazara del Vallo erinnern an die engen Verbindungen zu Nordafrika. Doch lebten im Westen auch alte Völker unbekannter Herkunft, unter ihnen die Elymer, die für die Tempel in Segesta verantwortlich zeichnen. Die heilige Zitadelle von Erice, einem der schönsten mittelalterlichen Dörfer der Insel, war einst der bedeutendste Tempel der Göttin der Liebe.

Die Vielfalt des Westens unterstreichen auch seine unterschiedlichen Landschaften, die von grünen Olivenhainen, Weingärten und fruchtbaren Ebenen im Hinterland bis hin zu den Salzmarschen von Trapani, den Stränden von San Vito lo Capo und der unvergleichlichen Küste der Riserva Naturale dello Zingaro reichen. Nicht minder beeindruckend sind die Landschaften der zerklüfteten, bergigen Ägadischen Inseln (Isole Egadi) und der fremd anmutenden Isola di Pantelleria, ein winziges vulkanisches Eiland auf halbem Weg nach Afrika.

Speisen und Getränke sind in dieser Region ebenfalls hervorragend. Es gibt leckeren Fisch und Meeresfrüchte und arabisch beeinflusste Gerichte wie Couscous, dazu berühmte Weine wie den Marsala sowie die ausgefallenen Dessertweine von der Insel Pantelleria. ■

Effektvoll arrangierte Scheinwerfer bringen den Stein des unvollendeten Tempels von Segesta förmlich zum Leuchten

Segesta

SEGESTA IST DER FASZINIERENDSTE GRIECHISCHE TEMPEL Siziliens. Er ist der größte und der am besten erhaltene unter den Tempeln, von kaum vorstellbarer Perfektion und Harmonie. Seinen ganz besonderen Reiz verdankt er jedoch seiner Lage: Er ragt in majestätischer Abgeschiedenheit aus einer idyllischen Landschaft heraus.

Tempio di Segesta

- Karte S. 70–71 C3
- 2 km östlich der A29dir
- 0924 95 23 56
- 9 Uhr bis 1 Stunde vor Sonnenuntergang
- €€

Das antike Egesta war die Hauptstadt der Elymer, die auch Erice (siehe Seite 74ff) gründeten. Einige Wissenschaftler glauben, dass das geheimnisvolle Volk aus Spanien oder Ligurien an der italienischen Westküste stammt; andere vertreten die Auffassung, es sei aus Anatolien eingewandert. Die Elymer selbst behaupteten – einigen späteren griechischen Historikern zufolge –, vor dem Fall Trojas geflüchtet zu sein.

Die Stätte war vermutlich schon im 12. Jahrhundert v. Chr. besiedelt, wurde aber nach der Ankunft der Griechen auf Sizilien rasch hellenisiert. Ab etwa 580 v. Chr. lagen ihre Bewohner in fast ständigem Streit mit der griechischen Kolonie Selinus (Selinunt, siehe Seite 92ff). Segesta wollte 426 v. Chr. eine Verbündete Athens werden. Nach dem Sieg von Syrakus über die Athener (420 v. Chr.) musste es als Verbündete unter den negativen Auswirkungen dieser

Das antike griechische Theater von Segesta verschmilzt zu einer Einheit mit der Landschaft

Niederlage leiden. Unter dem Schutz der Karthager erlebte die Stadt einen erneuten Aufschwung, um dann allerdings im Ersten Punischen Krieg (264–241 v. Chr.) die Soldaten der karthagischen Garnisonen zu massakrieren. Anschließend erklärte Selinunt als erste Stadt Siziliens seine Allianz mit dem Römischen Reich.

Was man von da an über die Geschichte der Stadt weiß, ist bruchstückhaft. Und auch über den dorischen **Tempel** ist wenig bekannt. Umgeben von Bergen, thront der Monolith mit seinen 36 Säulen auf einem niedrigen Hügel unweit einer Schlucht. In diese sollen die Truppen von Syrakus nach ihrem Sieg (307 v. Chr.) angeblich 8000 Bewohner der Kolonie gestoßen haben. Verstreut über die weite Landschaft rund um den Tempel, liegen *bagli*, die traditionell bewehrten Bauernhöfe der Region.

Der Tempel datiert etwa aus der Zeit von 426–416 v. Chr., wurde aber offensichtlich nie vollendet. Eine Theorie vermutet, dass der Tempel Teil des Täuschungsmanövers war, mit dem die Athener als Verbündete gewonnen werden sollten: Schnell und billig gebaut, ließ man ihn unvollendet, nachdem die Griechen als Verbündete erfolgreich gewonnen waren. Für den Wahrheitsgehalt dieser Geschichte spricht, dass alte Inschriften fehlen.

Am Eingang finden Sie einen Parkplatz, einen Kiosk, der Eintrittskarten verkauft, und ein Lokal. Die Eintrittskarte ist auch für das **Theater** gültig, das zweite bedeutende Relikt des antiken Egesta, zwei Kilometer entfernt und zu Fuß in 20 Minuten zu erreichen. *(Im Sommer fährt alle 30 Minuten ein Shuttlebus dorthin; Fahrkarten gibt es im Lokal.)*

Die Aussicht vom Theater aus ist wunderschön. Auch weitere Ruinen von Bauwerken verschiedenster Epochen wurden oder werden freigelegt. Das Theater stammt vermutlich aus der Mitte des 3. Jahrhunderts v. Chr., als die Stadt unter römische Herrschaft gelangte. Es hat einen Durchmesser von 63 Metern und bietet 3200 Zuschauern Platz. Im Sommer gibt es hier Veranstaltungen *(Tel. 0924 95 00 12, Kasse 0924 95 01 44, www.calatafimisegesta.com).* ■

Riserva Naturale dello Zingaro

VIEL VON DER EINST SO BEEINDRUCKENDEN KÜSTE SIZIliens ging durch den Bau von Industrieanlagen, durch Straßen und allgemeine Bautätigkeit verloren, doch das steigert umso mehr den Wert des Zingaro-Naturparks, der einige unberührte Strandabschnitte, Buchten und Berge mit schöner Flora und Fauna schützt.

Ruinen ehemaliger Thunfisch-Konservenfabriken säumen die Küste des Schutzgebietes Zingaro

Riserva Naturale dello Zingaro
Karte S. 70–71 C3
Besucher-information
www.riservazingaro.it
Via Segesta 137, Castellammare del Golfo
0924 351 08
€

Die Riserva Naturale dello Zingaro war das erste Naturschutzgebiet Siziliens. Ihre Gründung verdankt sie den erfolgreichen Protesten von Naturschützern im Jahr 1981, die sich gegen den Bau einer Küstenstraße zwischen Scopello und San Vito lo Capo wehrten. Viele behaupten, dass die Mafia die vielen verschwiegenen Buchten zum Schmuggel von Drogen und Ähnlichem nutzt und dass der Naturpark nur durch die stillschweigende Billigung der Mafia überhaupt möglich geworden ist. Wie dem auch sei: Der Zingaro-Naturpark wurde zu einer Art Katalysator für 25 weitere Parks und Naturschutzgebiete auf Sizilien.

Die Riserva Naturale dello Zingaro umfasst eine Fläche von 1650 Hektar; der am stärksten frequentierte Eingang liegt an der unterhalb von **Scopello** im Süden endenden Küstenstraße. Der zweite Eingang befindet sich am Ende der Straße von **San Vito lo Capo**. Beide Dörfer – Scopello und San Vito – sind für sich genommen schon lohnenswerte Ausflugsziele, dies gilt vor allem für San Vito, einen Ferienort mit schönen Stränden und einer weitläufigen, malerischen Bucht.

Ein Parkplatz und eine Besucherinformation *(Tel. 0924 350 93, Öffnungszeiten variieren zwischen Sept. und Mai, www.riservazingaro.it)* befinden sich in der Nähe des Eingangs von Scopello. Die meisten Einheimischen besuchen den Park wegen seiner Strände, alternativ bietet der Park aber auch ein gutes Wanderwegenetz. Autos sind im Park verboten, die Besucher konzentrieren sich deshalb meist auf den ersten Strand (**Punta della Capreria**), so dass die nachfolgenden Strände **Cala della Disa**, **Berretta**, **Marinella** und **Torre dell'Uzzo** meist recht ruhig sind.

Der Frühling (April bis Anfang Juni) ist die beste Zeit zum Wandern. Im Park wachsen 670 verschiedene Arten von Pflanzen, Bäumen und Büschen, darunter die Zwergfächerpalme, die einzige in Europa heimische Palmenart. Seit Jahrhunderten werden aus ihren Wedeln Körbe geflochten. Früher nutzten die Einheimischen die Olivenbäume, Johannisbrotbäume und Manna-Eschen – Letztere wegen des nahrhaften süßen Safts. Das dicke, fedrige Gras *(disa)* wurde zu Schnüren verarbeitet, oder man wickelte Makkaroni um die holzigen Stängel, um den Nudeln ihre typische Form zu geben.

Die zerklüftete Küste, die Felsen, die Höhlen und die dichte Vegetation bieten einer Vielzahl von Vögeln Unterschlupf. Unter den seltenen Raubvögeln sind die Wanderfalken, Habichtsadler und Gänsegeier zu nennen, aber auch Seevögel wie Gelb- und Schwarzschnabel-Sturmtaucher sowie der kleinste Seevogel Europas, der Sturmvogel, nisten hier.

Das Naturschutzgebiet Zingaro kann man erwandern, aber auch zu Pferd erkunden

Wanderwege findet der Besucher in allen Schwierigkeitsgraden. Die am Kiosk erhältliche Karte ist zwar relativ schlecht, aber die Wege sind leicht zu finden, vor allem der viel begangene Küstenpfad.

Ein attraktiver Rundweg verläuft zunächst auf dem Küstenpfad und führt dann durch das Hinterland über Borgo Cusenza, Contrada Sughero und Pizzo del Corvo zurück zum Ausgangspunkt. Der Rundweg ist insgesamt 16 Kilometer lang, überwindet 604 Höhenmeter und dauert rund fünf Stunden.

Man sollte auf alle Wanderungen ausreichend zu essen und Wasser mitnehmen und bedenken, dass die Wege kaum Schatten bieten. ■

In dichten Nebel gehüllt, liegt das Dorf Erice zu Füßen des Castello di Venere

Erice

ERICE ZÄHLT ZU DEN STIMMUNGSVOLLSTEN DÖRFERN Siziliens. Die Siedlung liegt in herrlicher Lage auf einem Berg, vom Ort genießt man einen Blick bis zum Ätna und südwärts nach Tunesien. Erice mit seinen mythisch-heiligen Wurzeln erinnert eher an die Toskana denn an Sizilien und wirkt stärker heidnisch als christlich.

Erice ist seit jeher ein heiliger Ort, aus dem einer der wichtigsten Kulte der Antike stammt. Selbst heute umweht die kopfsteingepflasterten Straßen eine Aura des Geheimnisvollen. Der italienische Schriftsteller Carlo Levi (1902–75) verglich das Bergdorf einmal mit dem mittelalterlichen Assisi, einem weiteren jahrhundertealten heiligen Ort. Erice, so schrieb er, sei »das Assisi des Südens, voller

Kirchen, Klöster, stiller Straßen und einer außergewöhnlichen Häufung an mythologischen Erinnerungen«.

Erice hat jedoch erheblich ältere Wurzeln als Assisi. Einer der Gründe dafür ist seine Lage in einer praktisch uneinnehmbaren Höhe von 751 Metern oberhalb der Westküste Siziliens – eine Lage, die sich sowohl für den Bau einer Festung wie auch als potenzieller Sitz eines Kulttempels anbietet. Der Kult, um den es hier ging, diente der Göttin der Liebe und der Fruchtbarkeit: Astarte bei den Phöniziern, Aphrodite bei den Griechen und Venus bei den Römern. Ihr Tempel im antiken Eryx (Erice) wurde im westlichen Mittelmeerraum während der gesamten Antike verehrt.

Der griechische Schriftsteller Vergil erwähnt den Tempel in seiner *Äneis*. Ein anderer Mythos besagt, dass Herkules die Stadt bei seiner Rückkehr nach Griechenland eingenommen haben soll. Und ein weiterer Mythos will wissen, dass Dädalus hier gelandet sei.

Erice

Karte S. 70–71 B2–B3

Besucher-information

Viale Conte Pepoli 11

0923 86 93 88

Die Chiesa Matrice, eine der zehn Kirchen von Erice

Zu den ersten Bewohnern der Stätte zählten die Elymer, ein Volk aus dem 15. bis 8. Jahrhundert v. Chr., das sich auch in Segesta (siehe S. 70f) niederließ. Sie führten den Fruchtbarkeitskult vielleicht als Erste ein, der dann in der Folgezeit von den Phöniziern, Karthagern, Griechen und Römern übernommen und modifiziert wurde. Alle verehrten die Göttin und zollten ihrem sagenhaft reichen Tempelschatzhaus Tribut – einem Tempel, der so sakrosankt war, dass er von den Invasoren mehrere Jahrhunderte lang nicht entweiht wurde.

Der Kult erreichte unter den Römern seinen Höhepunkt, die für die Göttin sogar in Rom mehrere Tempel errichteten; doch auch in den folgenden Jahrhunderten respektierten die Eindringlinge den Tempel von Erice als besonderes Heiligtum.

Heute ist Erice ein netter Ort, der sich trotz des Massentourismus seinen Reiz bewahren konnte. Die Zahl der Einheimischen nimmt ab, aber im Sommer sind die Straßen bevölkert. Doch das alles tut seinem einzigartigen Charme keinen Abbruch.

Wer außerhalb der Hauptsaison nach Erice fährt, sollte dies an einem klaren Tag tun, denn zu den Hauptattraktionen Erices zählt unzweifelhaft sein unvergleichliches Panorama. Es zeigt sich von seiner schönsten Seite, wenn man sich von Trapani oder Valderice dem Dorf nähert: Der Blick reicht bis zu den Ägadischen Inseln im Westen und dem Monte Cofano und dem Cap San Vito im Nordosten Siziliens. Parken Sie Ihren Wagen auf dem Parkplatz vor der **Porta Trapani**, dem südwestlichen Haupteingang zum Dorf. Denken Sie wegen des Kopfsteinpflasters und der Steigungen an bequeme Schuhe, außerdem an einen Pullover, denn abends kann es frisch werden, und oft bläst ein kräftiger Wind.

Erice hat nur wenige echte Sehenswürdigkeiten zu bieten, aber ein Rundgang durch den Ort mit seinem Labyrinth aus schmalen Gassen *(vanelle)* bleibt ein unvergessliches Erlebnis.

Auf manchen Besucher wirken die Fassaden der Häuser, hinter denen sich geheimnisvolle Innenhöfe, kunstvolle Balkone und andere barocke oder mittelalterliche

Stilelemente verbergen, abweisend. Viele der Steine wurden immer wieder verwendet, und so lassen zahlreiche Gebäude alte Zeiten auferstehen, als ihre Steine noch in den Mauern der Elymer und Karthager oder denen der Tempel der Römer und Griechen steckten.

Mit der Besichtigung beginnt man am besten an der **Porta Trapani**, dem Stadttor aus dem 14. Jahrhundert, das normannischen Ursprungs ist und auf der alten Wehranlage der Elymer errichtet wurde. Von hier führt die Via Vittorio Emanuele II zur Piazza Umberto I, dem Hauptplatz. Unterwegs kommt man an der Hauptkirche von Erice vorbei, der **Chiesa Matrice** aus dem 14. Jahrhundert; sie ist auch unter dem Namen Santa Maria della Assunta bekannt. Der frei stehende Glockenturm ist älter als die Kirche und wurde um 1315 als Wachturm der Aragonesen errichtet. Der hübsche Vorbau der Kirche (1426) ist gotisch, was im vorwiegend barocken Sizilien ungewöhnlich ist, der »gotische« Innenraum jedoch nur dieser nachempfunden; er wurde 1852 vollendet.

An der Piazza Umberto I finden sich Cafés. Hier steht auch das **Municipio**, das Rathaus (Westseite), in dem das **Museo Cordici** *(Tel. 0923 86 00 48, geschl. Sa, So, Di–Do nachm.)* untergebracht ist. Zu sehen sind einige archäologische Stücke, ein Sammelsurium von Gemälden und Skulpturen unterschiedlicher Epochen sowie ein Relief, *Die Verkündigung* (1525) des sizilianischen Bildhauers Antonello Gagini.

Zur Sammlung gehören auch Münzen, auf denen Tauben dargestellt sind. Sie sind das alte Symbol von Erice, denn weiße Tauben waren früher der Venus heilig. Früher wurden einmal im Jahr Hunderte von Tauben aus dem Schwestertempel Sicca Veneria in El Kef (Tunesien) freigelassen. Tauben sollen die Göttin auch begleitet haben, wenn sie im Winter nach Süden umzog; ihre Rückkehr nach Sizilien bedeutete dann den Beginn des Frühlings.

Weitere Sehenswürdigkeiten sind die **Piazza San Domenico** mit ihrer Kirche und den Bäckereien. Zu ihren Spezialitäten zählen die *dolci ericini*: Kuchen mit süßen Mandeln und Marzipan sowie Konfekt. Einst wurden sie von den Novizinnen des Klosters hergestellt, doch dieses wurde 1975 geschlossen. Das Geschäft von Maria Grammatico ist der richtige Ort, um sich an den Leckereien schadlos zu halten *(Via Vittorio Emanuele II 14, Tel. 0923 86 93 90)*. Das schönste Panorama in Erice genießt man vom **Giardino del Balio** (1870), dem Stadtgarten im Südosten. Von hier führt eine Rampe am Castello Pepoli (Privatbesitz), einem normannischen Bergfried, vorbei zum **Castello di Venere**, einer Burg aus dem 12. Jahrhundert, die auf den Resten eines antiken Venus-Tempels errichtet wurde, der ihr auch den Namen – Venere – verlieh. ■

Blick vom hoch gelegenen Erice zur Küste

Ägadische Inseln

Zwei Welten: Der Haupthafen von Favignana (unten) und die karge Westküste der Insel (rechts)

DIE ISOLE EGADI – FAVIGNANA, LEVANZO UND MARETTIMO – liegen vor der Küste Siziliens. Da nur Favignana nennenswerte touristische Einrichtungen bietet, werden die beiden wunderschönen Nachbarinseln selten besucht und erscheinen noch unberührt.

Ägadische Inseln

Karte S. 70–71 A3–A4

Besucher-information

www.egadi.com

www.isoladimarettimo.it

Piazza Matrice, Favignana

0923 92 25 85 oder 0923 92 16 47

Anreise:

Täglich verkehren Fähren und Tragflügelboote von Trapani zu den drei Inseln (Preise und Abfahrtszeiten siehe Besucherinformation).

Die **Isola Favignana** ist mit 20,7 Quadratkilometern die größte der Ägadischen Inseln und auch die am dichtesten besiedelte. Sie liegt 17 Kilometer südwestlich der Hafenstadt Trapani, von der Fähren zu den Inseln ablegen. Früher war neben dem Thunfischfang der Tuffabbau das wichtigste wirtschaftliche Standbein der Insel.

Die alte Thunfisch-Konservenfabrik sieht man als Erstes, wenn man mit dem Schiff in die Inselhauptstadt Favignana einfährt, dann den **Palazzo Florio** (1876), der von der Weindynastie Marsala Florio errichtet wurde. Sie kaufte die Ägadischen Inseln der Familie Pallavicini aus Genua ab, die wiederum die Inseln 1637 von den Spaniern zur Begleichung einer Schuldzahlung erworben hatte.

In Favignana gibt es relativ wenig zu sehen und zu unternehmen, sieht man einmal von einigen schönen Stränden ab, vor allem bei **Cala Burrone**, **Cala Azzurra**, **Cala Rossa**, **Cala Rotonda** und **Cala Grande**. Alternativ kann man sich überall ein Fahrrad ausleihen oder mit den Fischern Rundfahrten um die Insel unternehmen.

Levanzo ist mit 5,2 Quadratkilometern Fläche erheblich kleiner als Favignana, doch übt die herbe Schönheit der felsigen Landschaft einen ganz eigentümlichen Reiz aus. Obwohl Levanzo durch eine Straße in zwei Hälften geteilt wird und nur einen winzigen Ort aufweist, lohnen die vielen Wanderwege entlang der Küste und quer über die Insel.

La Mattanza

La *Mattanza* ist ein jahrhunderte alter Brauch, bei dem gemeinsam Jagd auf Thunfische gemacht wird, die gen Süden ziehen, um im Meer rund um Sizilien zu laichen. Früher war die Mattanza für den wirtschaftlichen Fortbestand vieler Dörfer von existenzieller Bedeutung, heute hat sich der Brauch nur noch in Favignana erhalten, wo er Gefahr läuft, zu einem grausamen Spektakel für Touristen zu verkommen.

Thunfische leben einen Großteil des Jahres im offenen Atlantik, doch bei Frühlingsbeginn ziehen sie durch das Mittelmeer zu ihren warmen Laichgründen unweit von Sizilien. Seit der Zeit der Phönizier und möglicherweise bereits in der Bronzezeit warteten die Fischer dort auf sie. Doch erst im 9. Jahrhundert brachten die Araber den Sizilianern bei, wie man Fische von bis zu 600 Kilogramm Gewicht angelt. Die Araber erklärten ihnen, dass ein Thunfisch kaum vor dem Laichen anbeißt, und brachten den Sizilianern das Fischen mit Treibnetzen bei, der bis heute überlieferten Technik der *mattanza.*

Um den Mai, wenn der *favinio* (Wind, der Blumen bringt) zu wehen beginnt, sammeln sich die Thunfische bei Favignana. Dann fahren die Fischer in ihren traditionellen flachen Booten mit 16 Kilometer langen Netzen aufs

Thunfische geraten in ein Treibnetz (oben), werden von den Fischern an die Oberfläche gezogen und dann in einem blutigen Ritual *(mattanza)* getötet (unten)

Meer hinaus. Sie bereiten mehrere Korridore vor und benutzen Gitter, um die Thunfische in eine geschlossene *camera della morte* (Todeskammer) zu treiben. Sobald an die hundert Fische gefangen sind, befiehlt der oberste Fischer seinem 60 Mann starken Team, das 30 Meter tiefe Netz einzuholen. Bei der Arbeit werden rhythmische alte Lieder, *cialoma (scialome)*, gesungen, die aus den Zeiten der Araber stammen (oder sogar noch älter sind). Wenn die panischen Fische an Land kommen, werden sie erschlagen, aufgespießt und an einem Haken befestigt. (Das Wort *mattanza* bedeutet »Schlachterei«.)

Von der kulturellen Bedeutung einmal abgesehen, weist das Ritual viele brutale Elemente auf. Thunfische tauchen, wenn sie in Panik geraten, normalerweise ab. Viele sind bereits benommen oder schwer verletzt durch die Zusammenstöße mit den anderen Tieren, wenn sie bei ihrer *sarabanda della morte*, dem Totentanz, ans Festland gezerrt werden. Dieser Tanz kann bis zu 15 Minuten dauern, der Tod tritt meist langsam ein, wenngleich einige Tiere schnell an einem Herzschlag oder durch Hyperventilation (zu viel Sauerstoff) verenden.

Heute ist nur noch eines der einst 50 Treibnetze *(tonnare)* in Gebrauch. In den besten Tagen der *mattanza* wurden in Favignana 150 000 Tonnen Thunfisch gefangen und weiterverarbeitet; heute sind es zwischen tausend und 1500 Tonnen. Das Ritual wird nur noch ein- oder zweimal im Mai und Juni abgehalten. Die Termine kennen die Besucherinformationen. ■

Der 278 Meter hohe **Pizzo del Monaco** ist die höchste Erhebung der Insel, die kleinen Buchten und Kiesstrände zum Schwimmen und Schnorcheln sind weitere Attraktionen.

Viele Besucher kommen wegen der **Grotta Genovese** mit den bedeutendsten Höhlenmalereien ganz Italiens: Sie sind an die 6000 bis 10 000 Jahre alt und können nur mit einem offiziellen Führer besichtigt werden *(Tel. 0923 92 40 32)*, der Ausflüge zu Fuß, mit Boot, Jeep oder Esel organisiert.

Während Levanzo einige Hotels besitzt, kann die magische **Isola Marettimo** (10,4 Quadratkilometer) gerade einmal mit einer Hand voll Trattorien und ein paar Fremdenzimmern bei Privatleuten aufwarten *(im Sommer reservieren)*. Die rund 300 Einwohner stammen aus Fischer-

Einsame, mit Felsen übersäte Küsten sind typisch für die Ägadischen Inseln; im Hintergrund die Hügel von Trapani

familien; einige organisieren Ausflüge mit dem Boot rund um die Insel.

Hauptattraktion der Insel sind die Berge und das atemberaubende Hinterland. Lange bot die Insel Piraten Unterschlupf. Heute steht die weitgehend unberührte Insel unter Naturschutz. Sie bietet mit ihren rund 515 Pflanzenarten Tausenden von Zug- und Nistvögeln einen Lebensraum.

Das für einen Großteil der Insel verantwortliche Forstpersonal hat viele markierte Wege angelegt. Zu den empfehlenswerten Wanderungen zählen Ausflüge zu den **Case Romane** (alte Römerschanzen), nach **Cala Sarde** und **Cala Nera**, zum Gipfel des **Pizzo Falcone** (686 m) und zu den Ruinen der Festung von Punta Troia. Eine Landkarte erhält man in den Cafés und am Schalter für Fährtickets. ■

Isola di Pantelleria

Isola di Pantelleria
Karte S. 68 A2
Besucherinformation
www.pantelleria.it
Piazza Cavour
0923 91 18 38

ANREISE
Flugzeug: Zweimal täglich Flüge von Trapani (30 Min.) mit Gandalf Air (Tel. 0923 86 40 00, www.gandalfair.it). Im Sommer Flüge von Rom, Venedig, Bologna und Mailand mit Alitalia (Tel. in Frankfurt: 069 69 50 51 32, www.alitalia.com).

Fähren: Täglich ab Trapani (Fahrzeit: 5 Std.). Siremar: Tel. 0923 54 05 15 oder 199 12 31 99 (gratis in Italien), www.gruppotirrenia.it.

Tragflügelboote: Täglich von Trapani (Fahrzeit: 2,5 Std.). Ustica Lines: Tel. 0923 222 00, www.usticalines.it.

PANTELLERIA IST DIE GRÖSSTE UND WESTLICHSTE INSEL vor der Küste Siziliens – ein faszinierender Außenposten mit einer langen, interessanten Geschichte, einer dramatischen Küste, einem fruchtbaren vulkanischen Binnenland und charmanten Dörfern, der immer mehr vor allem gut betuchte Touristen anlockt.

Pantelleria verdankt ihren Wohlstand ihrer dunklen Vulkanerde. Diese zog schon in der Jungsteinzeit die ersten Besucher an; sie errichteten im 18. Jahrhundert v. Chr. Felsgräber *(sesi)*, die es nur auf dieser Insel gibt. Pantelleria profitierte auch von ihrer Lage in nur 84 Kilometer Entfernung zu Tunesien: Händler aus Nordafrika, zum Beispiel die Phönizier, landeten auf der von ihnen als Hiranin (Ort der Vögel) bezeichneten Insel, auf der damals wie heute viele Zugvögel einen Zwischenstopp einlegen.

Die Griechen nannten sie Kossyra (Die Kleine), wenngleich sich ihr gegenwärtiger Name vom arabischen Bint er-riha (Tochter der Winde) ableitet. Während ihrer 400 Jahre währenden Herrschaft über die Insel machten die Araber hier Palmen, Baumwolle, Gemüse und Zitrusfrüchte heimisch. Sie pflanzten auch die Weinstöcke, die zum Schutz vor dem allgegenwärtigen Wind in den typischen, von einer Mauer umgebenen Gärten wuchsen. Auf die Araber gehen möglicherweise auch die *dammusi* zurück, Steinhäuser mit Kuppeldach.

Erheblich später beschrieb Mussolini die Insel einmal als einen »nicht versenkbaren Flugzeugträger«, ein strategischer Vorzug, der die Alliierten veranlasste, die Insel einen Monat lang zu bombardieren, bevor sie dann am 11. Juni 1943 eingenommen wurde. Die wiederaufgebaute Hauptstadt Pantelleria samt ihrem Hafen wirkt deshalb heute als ein eher deprimierender Auftakt zu der ansonsten wunderschönen Insel.

Nach Pantelleria kommen die Besucher nicht, um zu wandern, Vögel zu beobachten, zu schnorcheln, zu tauchen, an der herrlichen Küste entlangzuschippern und ein gutes Essen samt Wein zu genießen. Kleine Bauernhöfe verkaufen Wein, Öl, Feigen, Kapern und andere Produkte der Inseln.

Mit seinen 83 Quadratkilometern hat Pantelleria gerade die richtige Größe, um ohne Auto auszukommen; wer dennoch motorisiert sein will, kann sich ein Auto, ein Moped oder ein Rad ausleihen. Zu den wichtigsten Sehenswürdigkeiten verkehren Busse, ein Netz an **Wanderwegen** erschließt die Insel. Eine schöne Wanderung führt zur **Montagna Grande** (836 m), einem alten Krater, der den höchsten Punkt der Insel markiert. Die beste Reisezeit sind die Monate Mai, Juni, September und Oktober, dann ist das Wasser warm, und man kann sich an den Vögeln und Wildblumen erfreuen.

Die besten megalithischen *sesi* befinden sich unweit der Küstenstraße im Südwesten von Pantelleria, drei Kilometer hinter Mursia (Villaggio Neolithico). Früher standen auf der Insel an die 500 dieser elliptischen Grabhügel, doch wurden viele Steine im Lauf der Jahrhunderte zum Bau der *dammusi* verwendet – die eckigen Steinquader entsprechen exakt denen der 27 verbliebenen *sesi*.

Die Weiler an der Westküste – Scauri und Nikà – und die kargere Südküste (bekannt als Dietro Isola) bieten herrliche Panorama-

blicke. Nicht nur hier gibt es heiße Quellen und Saunagrotten (etwa **Bagno Asciutto**, **Grotta di Sataria**, **Favara Grande** und **Grotta di Nikà**).

Der hübscheste Ort der Insel ist **Gadir** an der Nordostküste. Von hier führt eine Straße durch das Innenland nach Tracino im Süden. Nicht weit entfernt, beeindrucken auch **Kamma** und das Geisterdorf **Mueggen** *(über einen Wanderweg zugänglich)*. Andere lohnende Ziele im Inland sind **Specchio di Venere**, ein warmer Schwefelsee, und das **Valle de Monastero** und **Valle della Ghirlanda** unterhalb von Montagna Grande, zwei schöne grüne Täler. **Sibà** an der Westflanke von Montagna ist ein nettes Dorf mit einigen der ältesten *dammusi* der Insel. ■

Fischer beim Krebsfang an der Felsenküste von Pantelleria, der größten Insel Siziliens

Salzpfannen säumen die Küstenstraße zwischen Trapani und Marsala.

Weitere Sehenswürdigkeiten

MARSALA

Marsala ist bekannt für Dessertwein. Mehrere Produktionsstätten können besichtigt werden, darunter **Florio** *(www.cantineflorio.com)*, **Pellegrino** *(www.carlopellegrino.it)* und **Rallo** *(www.donnafugata.it)*. Sehenswert sind auch die **Kathedrale** (1176), das kleine **Museo degli Arazzi** *(Via Giuseppe Garraffa 57, Tel. 0923 71 29 03, geschl. Mo)* und das **Museo Baglio Anselmi** *(Lungomare Boeo, Tel. 0923 95 25 35, geschl. Mo, Di und Do nachm.)*.
Touristeninformation www.comunemarsala.it
✉ Via XI Maggio 100 ☎ 0923 71 40 97

MAZARA DEL VALLO

Einst war der Ort einer der wichtigsten Außenposten der Araber auf Sizilien; er war die erste sizilianische Siedlung, die erobert wurde, und die letzte, die sich ergab. Heute bietet die Stadt eine von Palmen gesäumte Strandpromenade und eine boomende Fischindustrie (siehe **Piazza dello Scalo**). Einige Straßen der Altstadt haben ein typisch nordafrikanisches Flair. Die **Piazza della Repubblica** bietet ein beeindruckendes Ensemble aus Barock- und anderen Gebäuden, ebenso die **Piazza Plebescito**, wo das **Museo del Satiro** *(Tel. 0923 80 81 11)* zu Hause ist. Oberhalb der Hafenanlagen ragt San Nicolò Regale (1124) auf, eine hübsche kleine romanische Kirche.
68 B1 **Touristeninformation** www.comune.mazara-del-vallo.tp.it
✉ Piazza Santa Veneranda ☎ 0923 94 17 27

MOZIA

Mozia (Moyta) ist der einzige Ort der Karthager, der auf Sizilien erhalten blieb. Er wurde von den Phöniziern im 8. Jahrhundert v. Chr. gegründet und entwickelte sich schnell zu einem bedeutenden Handelszentrum. Nachdem Mozia 397 v. Chr. geschleift worden war, wurde es 1913 von James Whitaker, einem Weinmagnaten aus Marsala und Hobby-Archäologen, wiederentdeckt. Eine Stiftung *(Tel. 091 682 05 22)* ist im Besitz der Insel und verwaltet sie auch.

Was die Stätte neben einem kleinen **Museum** *(Tel. 0923 71 25 98)* so reizvoll macht, ist ihre Lage auf der **Isola San Pantaleo**, die zur **Isole dello Stagnone** gehört: eine Lagune, Salzebenen und ein Naturschutzgebiet zwischen Trapani und Marsala. Von der schmalen SP21 aus, über die man die Fähre zur Insel zu erreicht (Parkplatz und Fahrkarten am Kiosk), sieht man schon die alten Windmühlen und Salzpfannen. Man sollte Zeit für das interessante **Museo del Sale di Nubia** *(Tel. 0923 86 71 42, geschl. So nachm.)* auf dem Festland einplanen, das sich der Salzindustrie widmet und in einem 300 Jahre alten Haus eines Salzarbeiters untergebracht ist.
68 B2 **Besucherinformation** www.apt.trapani.it oder www.trapani-sicilia.it
✉ Piazza Saturno, Trapani ☎ 0923 290 00 ■

Auch wenn der Süden mit seinen verschlafenen Städtchen und Dörfern eine der ruhigsten Ecken der Insel ist, so birgt die Region doch zwei ihrer größten Sehenswürdigkeiten: Agrigents griechische Tempel und die römischen Mosaiken der Villa Imperiale del Casale.

Der Süden Siziliens

Römisches Mosaik aus der Villa Imperiale del Casale

Der Süden Siziliens

DER SÜDEN IST DIE RÄTSELHAFTESTE REGION DIESER AN SICH SCHON RÄTselhaften Insel. Die oft einsame Küste mit leeren Stränden, antiken Stätten und Fischerdörfern steht im Gegensatz zu den Ebenen des Hinterlandes, die allmählich in die Monti Sicani ansteigen. Die Tempel von Agrigent und die Mosaiken der Villa Casale sind Sehenswürdigkeiten von erstem Rang und die schönsten Stätten der Griechen und Römer in Europa.

Die sehr trockene und wenig besiedelte Küste blickt gen Afrika und ist deutlich weniger grün als weite Teile Siziliens. Und doch liegt zwischen Hügeln und Ebenen ein reiches, fruchtbares Ackerland – weshalb sich im 6. Jahrhundert v. Chr. schließlich doch noch die Griechen hier ansiedelten. Heute sind viele der großartigen Städte untergegangen, vor allem Eraclea Minoa, das heute nicht nur wegen seiner teilweise freigelegten Ruinen besucht wird, sondern auch wegen seines herrlichen Strandes und der schönen Lage. Andere Städte wie Selinunt wurden ausgegraben und zeigen heute eindrückliche Monumente ihrer glanzvollen Vergangenheit. Agrigent hingegen ist bis heute eine Großstadt geblieben und darf sich des größten griechischen Theaters außerhalb Griechenlands rühmen.

Im Hinterland weist die Villa Imperiale del Casale die schönsten römischen Mosaiken Europas auf, dazu eine gut erhaltene Ausgrabungsstätte. Die Villa ist bequem über Enna oder Catania zu erreichen.

Statt einer *autostrada* wie an den anderen Küsten Siziliens steht nur die alte Landstraße S115 zur Verfügung, an der sich nur zufällig hin und wieder etwas Interessantes findet: Fischerorte wie Sciacca oder Licata, lange leere Strände und leider auch trostlose Industrieanlagen.

Auf den Straßen durch die Berge kommt man nur langsam voran. Man lernt verträumte – allerdings manchmal auch schäbige – Bergdörfer kennen, erlebt ein schier atemberaubendes Panorama und ein Sizilien, das sich seit hundert Jahren nicht verändert hat. Und schließlich wären da noch die Pelagischen Inseln. ■

Strand bei Selinunt an der Südküste Siziliens

Selinunt

Selinunte
Karte S. 90–91 B4
Besucher-information
Eingang nördlich von Marinella an der Via Caboto (S115d)
0924 46 251
Kartenverkauf: 0924 46 277
€€

MANCHE AUSGRABUNGSSTÄTTE LEIDET UNTER IHRER LAGE in einer »modernen Umgebung«, nicht so Selinunt (Selinunte), das mit Segesta um die schönere Kulisse wetteifert. Die acht Tempelruinen werden im Süden vom Meer begrenzt, die alte Akropolis liegt in einer Landschaft, die von Blumen, Kräutern und wildem Sellerie (griechisch: *selinon*) gesprenkelt ist – Letzterer hat der Kolonie ihren Namen verliehen.

Das antike Selinus wurde vermutlich 651 v. Chr. von Siedlern aus Megara Hyblaea (eine Kolonie nördlich von Syrakus) gegründet. Die Kolonie blühte 200 Jahre lang, machte dann aber das habgierige Segesta auf sich aufmerksam, dessen Territorium in der Nähe lag. Nachdem sich Selinunt mit Syrakus gegen die Karthager aus Nordafrika verbündet hatte, gingen die Bewohner von Segesta 409 v. Chr. mit den Karthagern ein Bündnis ein und sandten ein Heer von über 100 000 Mann in die arglose Stadt Selinunt. Diese fiel innerhalb von neun Tagen; 16 000 Einwohner wurden brutal abgeschlachtet und 5000 als Sklaven verkauft.

Obwohl sie noch 150 weitere Jahre fortbestand, erreichte die Kolonie nicht mehr ihre alte Blüte und wurde schließlich aufgegeben. In der Folgezeit ließen sich kurzfristig byzantinische und im 10. Jahrhundert arabische Siedler zwischen den Ruinen nieder. Heute gehen Wissenschaftler davon aus, dass die fast völlige Zerstörung der Stadt nicht allein auf den Übergriff Segestas zurückzuführen ist, sondern auch eine Folge mehrerer Erdbeben war.

Die Stätte wurde erst im 16. Jahrhundert wiederentdeckt, erste Ausgrabungsarbeiten begannen in den 20er Jahren des 18. Jahrhunderts unter der Leitung von Samuel Angel und William Harris. In den 1950er Jahren nahm man die Grabung wieder auf und arbeitet seither an der Freilegung der Stadt.

Die Ruinen teilen sich in drei Bereiche: die drei Tempel auf der Collina Orientale (Osthügel), die fünf Tempel der alten Akropolis (zentrale Zitadelle) und den heiligen Bereich des Malophoros-Heiligtums (Santuario della Malophoros).
Die acht Tempel wurden mit Buchstaben gekennzeichnet, da die Archäologen nicht wissen, welchen Göttern sie geweiht waren.

Die **Collina Orientale** (östliche Tempelgruppe) erreicht man unweit des Eingangs. Die **Tempel E** (480–460 v. Chr.) und **F** (560–540 v. Chr.) sind am besten erhalten, doch beflügeln die Ruinen des dritten **Tempels G** – es steht nur noch eine einzige Säule – die Phantasie am meisten. Er war einst der zweitgrößte Tempel Siziliens nach dem Tempio di Zeus Olimpico in Agrigent. Mit 17 Säulen Länge (110 m) und acht Säulen Breite (50 m) erreicht er eine Größe, mit der nur der Parthenon in Athen konkurrieren konnte. Jede Säule war 16 Meter hoch mit einem Durchmesser von 3,5 Metern – und bestand aus mehreren hundert Tonnen schweren Schäften.

Von der Collina Orientale gelangt man in zehn Minuten zu Fuß zur **Akropolis** (Acropoli). Unterwegs fährt man am alten, mittlerweile trocken gefallenen Hafen der Kolonie vorbei. Um die Akropolis konzentrierten sich viele wichtige städtische wie auch religiöse Gebäude, dazu ein oder zwei Häuser prominenter Bürger. Die mächtigen Mauern wurden 306 v. Chr. errichtet – zu spät allerdings, um den Karthagern noch Widerstand zu leisten. Der **Tempel C** ist das älteste und am besten erhaltene Monument der Ausgrabungsstätte. Die berühmten Friese im Museo Archeologico von Palermo (siehe S. 61) stammen von diesem Tempel.

Sonnenaufgang in einer der acht griechischen Tempelruinen von Selinunt

Oben: Die Tempel von Selinunt

Unten: Umgestürzte Säulen lassen die Dimensionen erahnen

Nach einem zehnminütigen Spaziergang erreicht man weiter westlich das **Santuario della Malophoros** (575 v. Chr.), ein Heiligtum, das auf einem großen Opferaltar ruht und der Göttin Demeter Malophoros (Hüterin der Granatäpfel) geweiht ist. Um dieses liegt eine bis heute nicht ausgegrabene Nekropolis, die sich mehrere Kilometer weit nach Westen erstreckt. Ebenfalls nicht freigelegt ist die eigentliche alte Stadt nördlich der Akropolis.

Nach der Besichtigung der antiken Stätte sollte man noch den **Sandstrand** besuchen, der sich westlich vom angrenzenden Ferienort **Marinella** erstreckt. Wenn Sie nicht schwimmen gehen wollen, können Sie zumindest an der Via Marco Polo direkt am Strand zu Mittag essen.

CAVE DI CUSA

Ist Selinunt schon hübsch gelegen, dann liegt Cave di Cusa, der Steinbruch, aus dem die Steine für die Stadt gehauen wurden, noch reizvoller. Der rund 20 Kilometer lange Abstecher ist es wert. Oliven- und Orangenhaine umgeben die 1,6 Kilometer langen und 90 Meter breiten Steinbrüche. Nachdem die Segestaner und Karthager Selinunt geplündert hatten, wurden die Arbeiten für immer eingestellt. Noch heute liegen Steinquader, Säulenstümpfe und teilweise bearbeitete Kapitelle herum und erwecken den Eindruck, als ob sie von der Hand eines Riesen umgeworfen worden wären. Nicht minder beeindruckend sind die tiefen Hohlräume, die durch den Abbruch entstanden sind, sowie die Säulenfragmente, die noch Teil der Felswand sind. Sklaven und Ochsen zogen einst die fertigen Säulenschäfte auf mit Eisen verstärkten Holzrädern in das 20 Kilometer entfernte Selinunt. ■

Agrigent

UNTERHALB DER STADT AGRIGENT LIEGT DIE BEDEUtendste archäologische Ausgrabungsstätte Siziliens – das Valle dei Templi (Tal der Tempel), das einst Teil der antiken Stadt Akragas war. Damals zählte diese schöne Stadt zu den wohlhabendsten griechischen Kolonien auf Sizilien. Noch heute ist die einstige Erhabenheit der Tempel – sie sind die schönsten antiken Ruinen außerhalb Griechenlands und Unesco-Weltkulturerbe – erkennbar.

Agrigento

Karte S. 90–91 E2

Besucher-information

www.agrigentoweb.it

Piazzale A. Moro 7

0922 204 54

Syrakus war die mächtigste der griechischen Kolonien auf Sizilien, doch das an die zweite Stelle verwiesene Akragas (auch: Acragus) war erheblich wohlhabender und dekadenter. Die Menschen hier »bauten für die Ewigkeit, lebten jedoch, als ob es kein Morgen gäbe«, so die berühmte Beobachtung Pindars.

Die Stadt wurde um 580 v. Chr. gegründet, hatte 200 000 Einwohner (heute sind es 55 450) und erlebte eine erste Blütezeit bis zur Belagerung und Einnahme durch die Karthager (406 v. Chr.). Eine zweite Blüte erfuhr die Stadt unter den Römern (3. Jh. v. Chr.); sie war das einzige noch blühende Gemeinwesen unter den ehemaligen griechischen Kolonien. Die Wende kam mit den Byzantinern und den ersten christlichen Siedlern, die vermutlich den Ort und viele seiner »heidnischen« Tempel verwüsteten, Erdbeben sorgten für weitere Schäden. Bis zum 8. Jahrhundert war die Stadt nur mehr ein unbedeutendes Dorf.

Heute steht Agrigent exemplarisch für das Dilemma vieler berühmter Destinationen der Insel: Da seine Hauptattraktion, das **Valle dei Templi** (*Piazzale dei Templi, Tel. 0922 261 91, geöffnet tägl. 8.30 Uhr bis Sonnenuntergang, im Sommer gelegentlich bis 23 Uhr; preiswertes Kombiticket für Tempel und Museo Archeologico Regionale*), für jeden Sizilienreisenden ein Muss ist, kann es zu Stoßzeiten unangenehm voll werden.

Ein weiterer Minuspunkt ist die moderne Stadt mit ihren hässlichen Zufahrtsstraßen, die der Pracht der antiken Ruinen doch etwas Abbruch tut.

Wer kann, sollte das herrliche Tempelareal außerhalb der Saison besichtigen – zum Beispiel im Januar oder Februar, wenn die Mandelbäume blühen. Wer in der Hauptsaison reist, dem empfiehlt sich der Besuch am frühen Morgen oder aber am Spätnachmittag, wohlwissend, dass man für die Besichtigung des Areals und des Museums eigentlich mehrere Stunden benötigt, wenn man sich alles in Ruhe und ausführlich ansehen will. Die antike Stadt war früher von einer Wehrmauer umgeben; ein Teil begrenzte auch die Anhöhe im Norden, auf der sich die alte Akropolis befand, und wo heute die Häuser des mittelalterlichen und modernen Agrigent stehen. Zur allgemeinen Verwirrung

Casa Pirandello

Das Haus (*Tel. 0922 51 18 26*), in dem der Nobelpreisträger Luigi Pirandello (1867–1936) (siehe S. 37f) geboren wurde, kann in **Caos**, einer Vorstadt von Agrigent an der Straße S115, besichtigt werden. Gezeigt werden sein Arbeitszimmer, diverse Ausgaben seiner Werke, Fotos, Archivfilme sowie die Gartenanlagen, in denen seine Asche bestattet wurde. ■

ist das Valle dei Templi kein richtiges Tal, sondern ein zweiter, niedrigerer Höhenzug am Südende der Altstadt. Die Griechen versuchten ihre Tempel, wo es möglich war, so zu bauen, dass sie sich vor dem Horizont oder vor dem Meer abzeichneten, bestes Beispiel ist der Parthenon in Athen. Heute gliedert sich diese Anhöhe in zwei Abschnitte: ein offenes Areal im Osten und einen ummauerten Bereich im Westen. Die Via dei Templi führt vom Rand der Neustadt zu einem Parkplatz zwischen den beiden Arealen (Café und Info-Schalter). Unterwegs passiert man das Quartiere Ellenistico-Romano, das ehemalige Wohnviertel der Altstadt, und das Museo Archeologico Regionale, die zweite Hauptattraktion von Agrigent. Es zeigt eine Fülle von Fundstücken aus der antiken Stadt.

Wer Zeit hat, sollte auch durch das moderne Agrigent besuchen: In der **Via Atenea**, der von Geschäften gesäumten Hauptstraße, ist viel los, und auch die Kirchen (**San Lorenzo, Santo Spirito** und die **Kathedrale**) haben Charme.

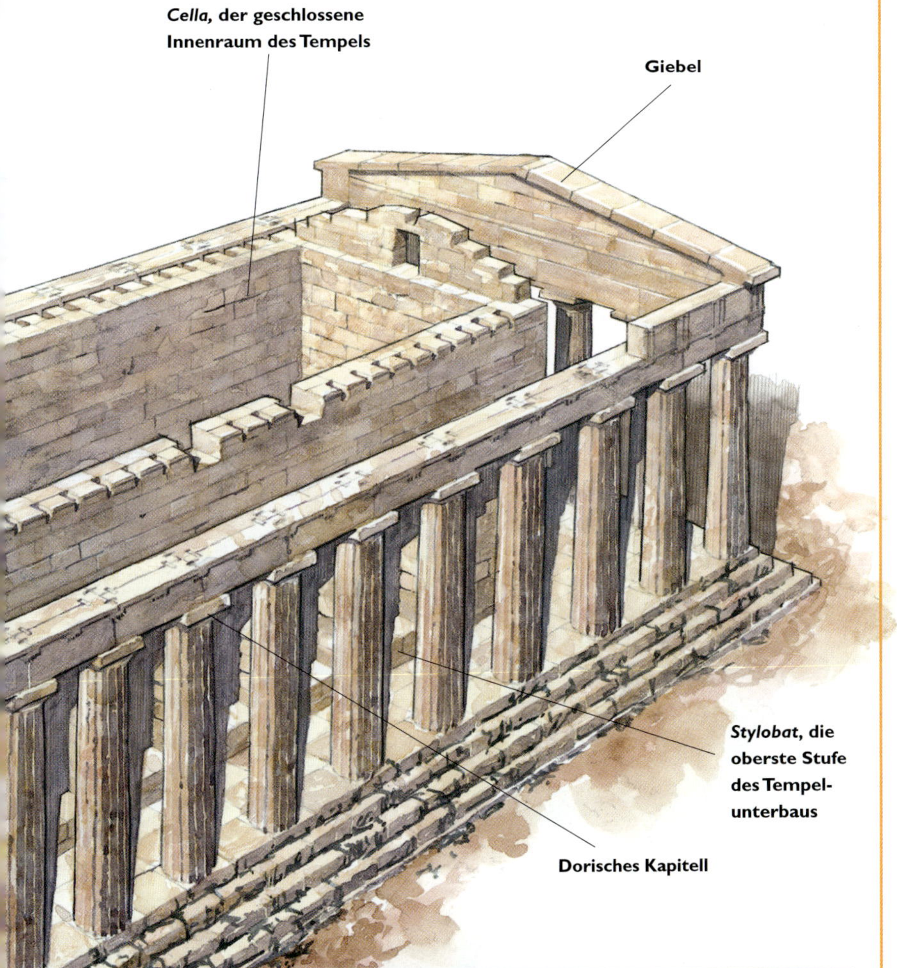

Der Concordia-Tempel von Agrigent

Die moderne und die mittelalterliche Stadt Agrigent bilden eine eigentümliche Kulisse für die Ruinen im Valle dei Templi

ÖSTLICHER TEIL

In diesem Teil des Valle dei Templi stehen die eindrucksvolleren Ruinen – in der schöneren Umgebung. Die Sehenswürdigkeiten befinden sich neben oder unweit der alten Via Sacra, die vom Parkplatz nach Osten verläuft. Man folgt ihr bis zu einer Fußgängerbrücke auf der rechten Seite, die sich über Felsgräber hinweg zum ersten Tempel spannt, dem **Tempio di Ercole** (Herkules-Tempel, um 520 v. Chr.).

Er ist der älteste und zweitgrößte Tempel und wies einst etwa die Maße des Parthenon in Athen auf. Neun der ursprünglich 38 Säulen stehen noch vereinzelt im Durcheinander umgekippter Steine, von denen viele noch Spuren eines Feuers aufweisen, das wohl die Karthager nach der Belagerung im Jahr 406 v. Chr. legten. Der fragile goldene Sandstein dieser und anderer Säulen war einst durch eine Schicht aus poliertem Marmorstuck geschützt, der in leuchtenden Blau- und Rottönen bemalt wurde.

Blickt man gen Süden auf das Tempelareal an der Straße S115, sieht man die leicht pyramidenförmige **Tomba di Terone**, wie das Grabmal des Theron irrtümlich genannt wird. Unter Theron, dem

Tyrannen von Akragas im fünften vorchristlichen Jahrhundert, erlebte die Stadt ihre Blütezeit. In Wirklichkeit handelt es sich bei dem Grab wohl eher um ein römisches Monument, das zum Gedenken an einen römischen Soldaten errichtet wurde, der im Zweiten Punischen Krieg (218–202 v. Chr.) gegen die Karthager ums Leben kam.

Wieder auf der Via Sacra, geht es ostwärts weiter, vorbei an der **Villa Aurea** auf der rechten Seite. Hier befinden sich heute Büros, früher war die Villa die Wohnung des Engländers Alexander Hardcastle (gest. 1933), der für einen Großteil der Ausgrabungen des antiken Akragas verantwortlich zeichnet. Ein Weg neben der Villa führt links zu einer griechisch-römischen Nekropolis und zu Katakomben.

Folgt man weiter der Via Sacra, erblickt man rechter Hand die Hauptattraktion der Ausgrabungsstätte: den **Tempio della Concordia** (Concordia-Tempel, 430 v. Chr.). Er ist der am besten erhaltene griechische Tempel neben dem Theseion in Athen. Wunderschön gelegen und mit seinem Ausblick aufs Meer, verdankt er seinen hervorragenden Erhaltungszustand der Tatsache, dass er im 6. Jahrhundert in eine christliche Kirche verwandelt wurde.

Ein Stück weiter befindet sich links die **Casa Pace**, ein nur gelegentlich geöffnetes Antiquarium, das sich der Geschichte der drei frühen christlichen Kirchen widmet, die hier auf dem Gelände gegründet wurden. Wer zu Fuß gehen möchte, erreicht über eine schmale Straße – sie verläuft von hier 800 Meter durch Olivenhaine gen Norden – San Nicola und das Museo Archeologico (siehe S. 101).

Die Via Sacra führt nun 800 Meter hinauf zu den malerischen, aber sehr verfallenen Ruinen des **Tempio di Giunone Lacinia**. Der Juno- Lacinia- oder Hera-Tempel (um 460 v. Chr.) war der Göttin des Ehestands und der Geburt geweiht. Von den ursprünglich 34 Säulen haben nur 25 die Jahrhunderte überdauert.

WESTLICHER TEIL

Spaziert man vom Parkplatz Richtung Westen, sieht man als Erstes auf der rechten Seite etwas zurückgesetzt den **Altare Sacrificale**, einen großen Altar, auf dem bis zu hundert Ochsen geopfert werden konnten. Danach folgen die Ruinen des **Tempio di Zeus Olimpico** (Tempel des Olympischen Zeus),

Kunstwerke und maßstabsgetreue Modelle im Museo Archeologico von Agrigent

des größten dorischen Tempels der hellenistischen Welt, dessen Maße 113 mal 36 Meter betragen. Er wurde 480 v. Chr. begonnen, wahrscheinlich um den rauschenden Sieg über die Karthager in der Schlacht von Himera zu feiern.

Die mittlerweile umgestürzten Säulen waren über 15 Meter hoch und so dick, dass 20 Erwachsene notwendig waren, um sie zu umspannen. Oberhalb stützten 38 riesige Figuren (*telamone*) die Tragbalken, wodurch der Tempel eine Höhe von über 30 Metern erreichte. Ein solcher telamones wurde in der Anlage selbst rekonstruiert, ein weiterer steht im Museo Archeologico.

Das Durcheinander in dieser Ausgrabungsstätte ist beachtlich: Erdbeben haben die Tempel einstürzen lassen. Obwohl im 18. Jahrhundert viele Steine abtransportiert wurden, um den in der Nähe gelegenen Hafen Porto Empedocle zu bauen, kann sich keiner der Faszination entziehen.

Läuft man weiter Richtung Westen, folgt eine noch verwirrendere Ruinenstätte, die in Verbindung zu vier Tempeln steht, die unter dem Namen **Santuario delle Divinità Ctonie** (Heiligtum der chtonischen Gottheiten) zusammengefasst werden. Sie sind der Göttin Persephone (Kore), der Königin der Unterwelt, und ihrer Mutter Demeter (Ceres), der Göttin des Korns, der Fruchtbarkeit und des Ackerbaus, geweiht. Demeter zählte im Altertum zu den am meisten verehrten Göttinnen Siziliens.

Das bedeutendste Monument ist der **Tempio di Castore e Polluce** (Dioskuren-Tempel), eine Nachbildung, die in den 1830er Jahren aus den Ruinen anderer Tempel und Gebäude erstellt wurde. Anschließend kommt man zum **Giardino della Kolymbetra**, einem künstlichen See, der von gefangenen Karthagern ausgehoben wurde – an seiner Stelle befindet sich heute ein Garten mit Oliven-, Zitrus- und anderen Bäumen. Gleich nördlich davon liegen die spärlichen Ruinen des **Tempio di Efesto** (Vulkan-Tempel), des westlichsten aller Tempel, der an einer imaginären Ost-West-Achse durch das Valle dei Templi erbaut wurde.

MUSEO ARCHEOLOGICO REGIONALE

Das bedeutende Archäologische Museum (*Via dei Templi, Tel. 0922 40 15 65, Kombiticket für Museum und Valle dei Templi*) ist zum Teil in der Kirche und dem Kloster San Nicola untergebracht. Zu den Highlights zählen Fundstücke aus der frühen und späten Bronzezeit, attische Vasen mit roten und schwarzen Figuren (Saal 3) sowie Exponate vom Tempel des Olympischen Zeus (Saal 4). Hierzu gehören einer der *telemones* des Tempels und drei Kolossalköpfe, die die drei »ethnischen Typen« der damaligen Zeit, Afrikaner, Asiate und Europäer, repräsentieren. Zu den Schätzen des Museums gehört auch *Ephebus* (um 480 v. Chr.), die Marmorstatue eines jungen Mannes.

Man sollte ein oder zwei Stunden für die Besichtigung des Museums sowie für die Reste von Häusern und anderer Ruinen im **Quartiere Ellenistico-Romano** (hellenistisch-römisches Viertel) auf der anderen Straßenseite einplanen. Früher nahmen diese Wohnhäuser ein Gitternetz von Straßen ein, das sich über den gesamten Hügel zwischen der Anhöhe mit den Tempeln und dem heutigen Agrigent erstreckte.

Als Nächstes lohnt der Besuch von **San Biagio**. Hier ist weniger die normannische, auf einem griechischen Tempel errichtete Kirche von Interesse, als vielmehr der geheimnisvolle **Tempio Rupestre di Demetra**. Dieser Höhlenschrein ist wahrscheinlich die älteste heilige Stätte in Agrigent und war ebenfalls Demeter, der Erdgöttin, und Persephone geweiht – und vielleicht auch noch früheren Wassergottheiten. Der Schrein besteht aus feuchten, stimmungsvollen Kammern. ■

Wenige dorische Säulen sind alles, was vom Juno- oder Hera-Tempel (Tempio di Giunone Lacinia) geblieben ist; er war der Göttin der Fruchtbarkeit geweiht

Pelagische Inseln

DIE PELAGISCHEN INSELN (ISOLE PELAGIE) VERDANKEN ihren Namen dem griechischen *pelagia* (Meeresinseln); sie setzen sich aus den drei kleinen Inseln Isola di Lampedusa, Isola di Linosa und der unbewohnten Isola di Lampione zusammen. Sie sind faktisch wie auch gefühlsmäßig stärker mit Nordafrika denn mit Europa verbunden. Ihr glasklares Wasser lockt Taucher an.

Steinige Küsten und kristallklares Wasser – viele Schwimmer suchen genau diese Kombination, die sie in Cala Creta und an anderen Stränden auf Lampedusa vorfinden

Die **Isola di Lampedusa** ist mit 20,7 Quadratkilometern die größte der Inseln. Als Fragment des afrikanischen Kontinentalschelfs liegt das Eiland dem tunesischen Monastir 1,5 Kilometer näher als dem sizilianischen Festland bei Porto Empedocle (205 Kilometer nördlich der Insel gelegen). Die **Isola di Linosa** hingegen gehört zu Europa; der Vulkan dort ist der letzte einer langen Reihe von Vulkanen, zu der auch der Vesuv, der Ätna und die Pontischen Inseln zwischen Rom und Neapel zählen.

Die meisten Touristen besuchen Lampedusa, deren knapp 6000 Einwohner vom Fischfang, von der Schwammsuche und zunehmend

vom Fremdenverkehr leben. Historisch gesehen, war die Insel ein Spielzeug europäischer Herrscher wie Karl II. von Spanien, der 1630 dem sizilianischen Adeligen Giulio di Tomasi den Titel Prinz von Lampedusa verlieh. Ein Nachfahre Giulios, Giuseppe Tomasi di Lampedusa, schrieb einen der bedeutendsten sizilianischen Romane, *Der Leopard* (siehe S. 38).

Jahrhundertelang falsch betriebener Ackerbau und Rodung haben das Landesinnere der Insel veröden lassen – die obere Erdschicht wird fast ständig vom Wind verweht.

Lampedusa ist der Hauptort der Insel und liegt nur ein paar Minuten vom Inselflughafen und vom Fährhafen entfernt. Wer Glück hat, kann in einem *dammuso*, einem traditionellen arabischen Haus mit Kuppeldach, übernachten.

Die schönsten Strände liegen alle an der Südküste; an der Nordküste dominieren spektakuläre Klippen, die sich im Rahmen eines Bootsausflugs von der Stadt aus am besten besichtigen lassen.

Gleich westlich der Stadt befindet sich die **Spiaggia di Guitgia**, ein sanft geschwungener Sandstrand, sowie die weniger überlaufenen Strände bei **Cala Croce**. **La Tabaccara** ist eine weitere herrliche Bucht, allerdings nur per Boot erreichbar. Der schönste Strand überhaupt ist der namenlose, aber den-

noch allseits bekannte Küstenabschnitt gegenüber der kleinen Isola dei Conigli. Sie ist vor allem für ihre hier die Eier ablegenden Karrettschildkröten bekannt.

Schaulustige stören diese Eiablage jedoch immer häufiger. Wer mit dem Boot unterwegs ist, kann Delphinschulen sehen oder im März den Zug der Pottwale beobachten.

Das Gleiche gilt für das eine Stunde mit dem Tragflügelboot entfernte Linosa. Wer im Sommer kommt, wird hier mehr Ruhe als auf Lampedusa oder sonstwo in Italien finden. Neben dem glasklaren Wasser locken drei erloschene Krater und ein paar schwarze Sandstrände, ein Hotel und ein Dorf mit rund hundert Einwohnern. ■

Pelagische Inseln

Karte S. 90–91 B2, B3

Besucherinformation

www.lampedusa.it
www.isoladilampedusa.it
Via Anfossi 8, Lampedusa
0922 97 13 90

In einem Schutzgebiet auf der Isola dei Conigli leben noch die seltenen Karettschildkröten

Anreise

Flugzeug: Täglich Flüge mit Meridiana (Tel. 199 11 13 33, www.meridiana.it) von Palermo nach Lampedusa (1 Std.).
Fähren: Nachtfahrt von Porto Empedocle nach Linosa und Lampedusa (6 bzw. 8 Std.). Infos bei Siremar (Tel. 0922 63 66 83/5 oder 0922 63 67 77, www.siremar.it).
Tragflügelboote: Ab Puerto Empedocle, Informationen bei Ustica Lines (Tel. 0922 97 00 03, www.usticalines.it).

Villa Imperiale del Casale

DIE VILLA IMPERIALE DEL CASALE IST EINE RÖMISCHE Villa in reizvoller Landschaft, die außerhalb des Dorfes Piazza Armerina liegt. Hier blieben die schönsten römischen Mosaiken der Welt erhalten – ein Kaleidoskop an Farben und dramatischen Geschichten, die sich über 50 Räume erstrecken –, ein künstlerisches Wunder, das die Unesco 1997 zum Weltkulturerbe erklärte.

Blick über die Dächer der alten Stadt Piazza Armerina

Besucher-information

✉ Viale Muscarà Generale 1, Piazza Armerina

☎ 0935 68 02 01

Villa Imperiale

Karte S. 90–91 G3

✉ Casale, 5,5 km südwestlich von Piazza Armerina

☎ 0935 68 00 36

$ €€

Mosaiken sind nicht jedermanns Geschmack, doch selbst der größte Skeptiker kann sich nicht der Faszination der Villa Imperiale entziehen.

Die Fahrt zur Villa kann bequem mit der Besichtigung der weit weniger besuchten griechischen Ruinen von **Morgantina** verbunden werden (siehe S. 107). Wer in der Nähe der Villa wohnen will, dem stehen nur einige wenige bescheidene Hotels zur Verfügung. Eine gute Alternative ist Enna (siehe Seite 155f).

Über die frühe Geschichte der Villa ist nur wenig bekannt; Wissenschaftler streiten über das genaue Alter und den ursprünglichen Besitzer. Das gegenwärtige Anwesen datiert aus dem späten 3. oder frühen 4. Jahrhundert, wurde jedoch über einer bescheideneren Behausung aus dem 2. Jahrhundert errichtet.

Die meisten Wissenschaftler glauben, dass die Villa ein Jagdhaus war, denn ein Hauptthema der Mosaiken sind Jagdszenen. Auch die Lage des Hauses spricht für diese Theorie: Heute noch liegt die Villa in einer bewaldeten Landschaft, die früher sicher sehr wildreich gewesen ist.

Die Größe des Hauses gibt Hinweise auf den Besitzer, denn nur zwei Privathäuser dieser Epoche können mit ihr an Größe und Pracht wetteifern: Hadrians Villa bei Tivoli (2. Jh.) in der Nähe von Rom sowie der Palast des Kaisers

Diokletian aus derselben Epoche im kroatischen Split. Nur ein sehr reicher Mann von Stand konnte so ein Gebäude errichtet haben, deshalb geht die Wissenschaft davon aus, dass die Villa Maximilian, dem Mitkaiser Diokletians, gehört haben muss. Maximilian herrschte von 286 bis 305.

Diokletian erkannte schon bald nach seiner Thronbesteigung, dass das Römische Reich zu groß war, um erfolgreich als Einheit regiert werden zu können – eine Erkenntnis, die schließlich zur Teilung in ein West- und ein Ostreich (Byzanz) führte. Hinweise auf diese Spaltung finden sich möglicherweise in der Villa Imperiale, die weitab vom zunehmend unzufriedenen Rom in der Nähe Nordafrikas erbaut wurde. Nordafrika zählte zu den Regionen des sich auflösenden Imperiums, die im Einflussbereich Maximilians lagen.

Das Alter der Villa ist in künstlerischer Hinsicht ebenfalls interessant: Als unter Kaiser Konstantin das Römische Reich das Christentum anerkannte, veränderte sich die verfügbare bzw. erlaubte Bildersprache, die sich nun weitgehend auf religiöse Themen beschränkte.

Zu den Charakteristika der Mosaiken der Villa zählen jedoch gerade ihr ausschweifendes Heidentum und die lebhafte, erzählerische Vielfalt. Es sind alle Ereignisse des täglichen Lebens dargestellt – von Tanz bis hin zur Jagd, Sport und dem Spiel von Kindern. Keine dieser Darstellungen wäre einige Jahre später gebilligt worden, zumindest nicht in diesem Ausmaß. Wenige Mosaiken zuvor oder danach – und kaum etwas in der italienischen Kunst bis zum Erscheinen Giottos im 13. Jahrhundert – zeigen den gleichen intensiven Naturalismus, kombiniert mit Subtilität, Intimität, Sinnlichkeit oder einfach schierer Lebensfreude.

Römisches Bodenmosaik in der Villa Imperiale del Casale

Die Mosaiken waren vermutlich das Werk nordafrikanischer Künstler, viele Arbeiten entstanden vielleicht sogar im Ausland, um dann mit dem Schiff nach Sizilien gebracht zu werden. Römische Mosaiken bedienten sich meist schwarz-weißer Designs im Gegensatz zu den mehrfarbigen Paneelen in der Villa; sie basieren somit vermutlich auf griechischen Gemälden. Gleichzeitig sieht man bei den Mosaiken aber auch einfarbige Hintergründe, die den Schluss nahe legen, dass hier zwei bedeutende Mosaiktraditionen miteinander verschmolzen wurden.

Vieles an christlicher und vorchristlicher Kunst verschwand im so genannten »finsteren« Mittelalter, den rund fünf Jahrhunderten, die mit der Einnahme und Plünderung Roms durch die Westgoten (ab 410) ihren Anfang nahmen. Die Mosaiken der Villa hatten da mehr Glück – zuerst einmal, weil die Villa und ihre kunstvollen Mosaiken von den nachfolgenden Besitzern offensichtlich als Gesamtkunstwerk respektiert wurden, und zweitens, weil die Mosaiken im 12. Jahrhundert von einem Erdrutsch verschüttet wurden und somit vor der Witterung in den nachfolgenden Jahrhunderten geschützt waren. Die Stätte war bis 1761 unbekannt und wurde dann bis Ende der 1950er Jahre fast vollständig ausgegraben. Selbst heute liegen noch viele der Sklaven- und anderen Unterkünfte unter den Eichen- und Haselnusshainen verschüttet.

Die weitläufige Anlage verwirrt den Besucher bei der Ankunft: Allein die Mosaiken nehmen mit ihren 40 verschiedenen Szenen 3500 Quadratmeter ein.

Die Villa setzt sich aus mehreren Bereichen zusammen, wobei jeder dieser Haupttrakte viele kleinere Zimmer und Verbindungstüren, Durchgänge und Höfe hat. Die wichtigsten Bereiche sind: die **Thermae** (Bäder), die links der Straße liegen, wenn man vom modernen Eingang kommt; das **Peristyl**, ein großer, zentraler und mit Säulen eingefasster Innenhof; die **Bedienstetenquartiere** und Küchen (links und nördlich des Peristyls); die **Hauptwohnräume** einschließlich dem Triclinium (großes Speisezimmer) an der Südseite des Peristyls, sowie das **Ambulatorio**, ein Wandelgang, der sich über die ganze Länge an der Ostseite des Peristyls zieht. Dieser stellt mit seinem majestätischen Mosaik *Die große Jagd* den Höhepunkt wie auch das Kernstück der Villa dar: Der durchgehende, 59 Meter lange Teppich aus Stein zeigt Jagdszenen und den Fang wilder Tiere zu Wasser und zu Land.

Detail einer Jagdszene

Die Mosaiken sind detailreich und gestaltet, ein wogendes Farbenmeer voller menschlicher Figuren, Tiger, Elefanten, Strauße, Wildschweine, Panther und Tieren wie dem afrikanischen Löwen, auf den die Römer so lange Jagd machten, bis er ausgestorben war. In der Mitte gleich bei den Treppen ist angeblich Maximilian dargestellt.

Ein oder zwei weitere Räume lohnen neben einer allgemeinen Besichtigung eine etwas genauere Betrachtung: die **Sala della Piccola Caccia** (Saal der kleinen Jagd), in der Szenen einer eintägigen Jagd inklusive eines festlichen Banketts im Freien dargestellt sind.

Der zweite bemerkenswerte Saal ist die **Sala del Circo**, die Szenen aus einem römischen »Zirkus« zeigt – gemeint ist damit ein Kutschenrennen (basierend auf den Rennen des Circus Maximus in Rom). Unbedingt sehenswert sind dort auch die herausragenden Mosaiken des Triclinium, das die **Arbeiten des Herkules** zeigt – eine Paneele, die neben den Jagdmosaiken des Ambulatorio zu den Meisterwerken der Villa zählt.

Ebenso berühmt sind die Scena Erotica – ein relativ wenig ausschweifendes Mosaik, das ein sich küssendes Paar darstellt – sowie die Sala delle Dieci Ragazze (Saal der zehn Mädchen) in der Südostecke des Peristyls. Sie zeigt zehn Mädchen, die Gymnastik treiben und 1700 Jahre vor der Erfindung des Bikinis bereits einen schmucken Zweiteiler tragen.

Und schließlich sollte man auf keinen Fall die »Kindergartenzimmer« verpassen: Das **Vestibolo del Piccolo Circo** zeigt Kinder, die mit kleinen, von Vögeln gezogenen Kutschen Wettrennen fahren; im **Cubicolo dei Fanciulli Cacciatori** sind ebenfalls Kinder dargestellt, die auf der Jagd sind oder gejagt werden – und zwar von Enten und Hasen. ■

Morgantina
Elf Kilometer nordöstlich von Piazza Armerina, in Aidone, bietet das Museo Archeologico (Via Torre Trupia, Tel. 0935 873 07, geschl. Mo) eine gute Einführung in das faszinierende Ausgrabungsgelände von Morgantina fünf Kilometer weiter östlich. Die Stätte besteht aus einer auf einem Hügel stehenden Zitadelle, die einst von den Sikanern und bronzezeitlichen Stämmen bewohnt wurde. Seit 1995 ist ein Team von Archäologen der Universität Princeton mit den Ausgrabungen beschäftigt.

Ein historisches Schauspiel in Piazza Armerina erinnert an den Normannenkönig Roger I.

Weitere Sehenswürdigkeiten

Große Teile von Eracle Minoa sind bisher nicht freigelegt worden.

ERACLEA MINOA

Die ehemalige griechische Kolonie wurde im 6. Jahrhundert v. Chr. von Siedlern aus Selinus gegründet und zählt zu den schönsten antiken Stätten Siziliens. Die Ruinen gruppieren sich um eine Landspitze. Der **Strand** zählt zu den besten an der Südküste. Ebenso schöne Strände finden sich 16 Kilometer östlich bei **Siculiana Marina**. Nur etwa ein Drittel der archäologischen Stätte (*Tel. 0922 84 60 05*) oberhalb von Eracleas Strand wurde bislang ausgegraben; zu sehen sind ein Theater und Spuren von Gräbern, Mosaiken und der Stadtmauer.

90 D3 **Besucherinformation**
Piazzale A. Moro 7, Agrigent
00922 204 54

GELA

Gela bietet heute ein unschönes Bild mit seinem von der Industrie zerstörten Umland. Doch im 5. Jahrhundert v. Chr. war der Ort eine der wichtigsten griechischen Kolonien, die sogar dem mächtigen Syrakus den Rang streitig machte. So lohnt sich der Besuch Gelas vor allem für begeisterte Hellenisten. Die Ruinen von **Capo Soprano** (*Tel. 0933 93 09 75*) westlich der Stadt zählen zu den am besten erhaltenen griechischen Wehranlagen in ganz Europa. Auch das **Museo Archeologico** (*Corso Vittorio Emanuele II, Tel. 0933 91 26 26*) lohnt einen Besuch; es zeigt eine herausragende Sammlung roter und schwarzer Gela-Keramik. Wer das ländliche Sizilien liebt, fährt in das malerische, 19 Kilometer entfernte Dorf **Butera**.

91 G1 **Besucherinformation**
Via Filippo Morello 31–33, Gela
0933 91 15 09

MONTI SICANI

Die Sikaner Berge sind wild und öd, doch wer Zeit hat, der folgt der malerischen Straße ostwärts durch das Gebirge bis nach Agrigent. Starten Sie die 190 Kilometer lange Fahrt in Selinunt, fahren Sie über Menfi nach Sciacca, dort steigt die Straße nach Caltabellotta (siehe unten) an und führt weiter nach Villafranca Sicula. Ein kleines Stück südlich dieser Ortschaft führen schmalere Straßen gen Osten über Bivona auf die S118. Biegt man bei Bivona links ab, erreicht man Santo Stefano und die Straße nach San Giovanni Gemini; sie führt nördlich am Monte Cammarata (1578 m) vorbei, dem höchsten Punkt Siziliens. Weiter geht es gen Osten bis zur S189, um dann in Richtung Süden nach Agrigent oder in Richtung Norden nach Palermo zu fahren.

SCIACCA

Die Kuranlagen von Sciacca (*Via Agatocle 1, Tel. 0925 96 11 11, www.termesciacca.it*) sind seit den Zeiten der Griechen in Betrieb und gelten damit als die ältesten der Welt. Der Name der Stadt leitet sich vermutlich vom arabischen *xacca* ab (aus den Wassern). Als florierendes Fischereizentrum ist der Hafen eher lebhaft als schön. Der Charme konzentriert sich auf die alte **Oberstadt**. Auch die in der Stadt produzierte **Keramik** ist überregional bekannt. Zu den Sehenswürdigkeiten zählt das Werk von **Filippo Bentivegana** (1888–1967), der Tausende von Köpfen aus Holz und Stein in seinem seltsam naiven Stil geschaffen hat. Viele befinden sich in seinem Anwesen westlich der Stadt (*Castello Incantato, Via Ghezzi, Tel. 0925 99 30 44, geschl. Mo*). Ein lohnender Abstecher von Sciacca ist die 19 Kilometer lange malerische Fahrt durch die Berge nach Caltabellotta auf 949 Metern Höhe.

90 C3 **Besucherinformation**
Corso Vittorio Emanuele II 84
0925 211 82 ■

Syrakus, die schönste antike Stadt der Insel, beeindruckt nicht zuletzt durch ihre großartigen Ruinen aus griechischer und römischer Zeit. Ebenfalls im Südosten liegen Noto und Ragusa, zwei bedeutende Städte aus der großen Zeit des sizilianischen Barock im 18. Jahrhundert.

Syrakus und der Südosten

Eine Säule an der Fassade des Doms von Syrakus

Vom Portal von San Giorgio in Modica wirft eine Braut ihren Strauß in die wartende Menge. Die Kirche wurde nach dem verheerenden Erdbeben von 1693 völlig neu errichtet

Syrakus und der Südosten

DER SÜDOSTEN SIZILIENS GEHÖRTE SCHON IMMER ZU DEN FASZINIERENDSten Regionen der Insel. Das wichtigste Zentrum dieses Inselteils ist Syrakus (Siracusa), eine der großartigsten sizilianischen Städte. Das einsame Hinterland wird von Höhenzügen geprägt. Hier finden sich mehrere im 18. Jahrhundert angelegte Städte – allen voran Ragusa, Noto und Modica –, in denen einige der schönsten Barockbauten Europas stehen.

Von der jahrtausendelangen Geschichte Südostsiziliens zeugt die Nekropole Pantalica, eine mächtige Schlucht, in deren Kalksteinwänden schon in prähistorischer Zeit unzählige Grabhöhlen angelegt wurden. Diese sehenswerte Grabanlage verblasst jedoch gegenüber dem eigentlichen historischen Zentrum dieses Landesteils: Syrakus wurde bereits vor fast 3000 Jahren als griechische Kolonie gegründet und galt jahrhundertelang als wichtigste Stadt der hellenischen Welt. Kaum ein Ort auf Sizilien eignet sich so gut für eine Erkundung wie der alte Stadtkern Ortygia (Ortigia), ein faszinierendes Straßenlabyrinth mit Baudenkmälern aus nahezu jeder Epoche.

Zahllose weitere Städte sind ebenfalls griechischen Ursprungs oder sogar noch älter, und es gibt eine ganze Reihe archäologischer Stätten – darunter Megara Hyblaea bei Augusta –, von denen jede Einzelne unter anderen Umständen unbedingt einen Besuch lohnte. Doch unweit von Augusta befindet sich heute eine große petrochemische Anlage – ein Grund, die Küste nördlich von Syrakus eher zu meiden.

Doch auch diese alte Kulturlandschaft blieb von Katastrophen nicht verschont: Am

11. Januar 1693 verwüstete ein gewaltiges Erdbeben ganze Landstriche. Nach Erdbeben waren zerstörte Gebäude bisher immer schnell wieder aufgebaut worden. Dieses Mal war die Zerstörung einiger Orte jedoch so verheerend, dass an bloße Reparaturen nicht zu denken war. Glücklicherweise fiel die Katastrophe in eine Zeit großen Wohlstands und in die Blütezeit des Barock: Aus den Trümmern erstand eine in Europa einmalige neue Architektur. Einige der bedeutendsten Architekten ihrer Zeit nutzten die seltene Gelegenheit, ganze Städte komplett nach den Idealen des Barockstils entwerfen zu können, in denen auch prächtige Kirchen und Paläste nicht fehlen durften.

Die bekannteste unter diesen phantastischen Schöpfungen des Barock ist Noto, aber vielleicht noch faszinierender ist das abgeschiedene Ragusa. Beide Städte liegen in den Ausläufern der Monti Iblei. ■

Syrakus

Syracusa

Karte S. 111 D3

Besucherinformation

www. apt-siracusa.it oder www. siracusa-sicilia.it

Archäologischer Park

Via San Sebastiano 43

0931 67 710

Azienda Autonoma Turismo

Via Maestranza 33, Ortygia

0931 65 201

ÜBER ZWEI JAHRHUNDERTE LANG WAR SYRAKUS (SIRACUSA) die mächtigste Stadt der bekannten Welt. Bedroht wurde diese Vormachtstellung von den Griechen, den Etruskern und den Karthagern, doch Syrakus konnte sie alle in die Knie zwingen, bis es sich schließlich dem Römischen Reich geschlagen geben musste. Heute gehören die Altstadt Ortygia und der Parco Archeologico zum Pflichtprogramm einer jeden Sizilienreise.

Der griechische Geschichtsschreiber Thukydides (ca. 460–400 v. Chr.) berichtet, griechische Emigranten aus Korinth hätten Syrakus im Jahr 733 v. Chr. gegründet. Anlass dafür sei ein Spruch des Orakels von Delphi gewesen, doch auch die natürlichen Häfen, die Quellen, das fruchtbare Hinterland und die sichere Insellage von Ortygia hätten bei der Wahl eine Rolle gespielt. Zuvor hatte der Ort allerdings schon Verbindungen nach Phönizien (der Name Syrakus leitet sich möglicherweise vom phönikischen Wort *suraka*, einer Bezeichnung für ein Feuchtgebiet in der Nähe, ab); außerdem siedelten hier bereits die Sikeler.

Die Barockfassade des Doms von Syrakus erstrahlt im nächtlichen Flutlicht

Innerhalb von nur 250 Jahren war Syrakus nicht nur zur wichtigsten Siedlung Siziliens, sondern zu einer der mächtigsten Städte im gesamten Mittelmeerraum herangewachsen. 480 v. Chr. besiegte Syrakus unter dem Tyrannen Helon das mächtige Karthago in der Schlacht von Himera. 413 v. Chr. vernichtete Syrakus die Streitmacht von Athen, damals die einzige ernst zu nehmende Rivalin hinsichtlich Größe und Schönheit.

Jahrhundertelang blieb die Vormachtstellung von Syrakus auf militärischem, politischem und künstlerischem Gebiet unangefochten. Viele der bedeutendsten Köpfe Griechenlands zog es deshalb hierher: Plato zum Beispiel kam um 397 v. Chr., um Philosophie zu lehren, der in Syrakus geborene Archimedes (287–212 v. Chr.) arbeitete hier als Wissenschaftler und Ingenieur, der Dichter Pindar (522–443 v. Chr.) hatte eine Stellung bei Hofe und der griechische Dramatiker Aischylos (525–456 v. Chr.) hat seinen *Gefesselten Prometheus* möglicherweise in Syrakus geschrieben.

Erst Rom gelang es nach zweijähriger Belagerung, Syrakus einzunehmen (212 v. Chr.). Auch unter römischer Herrschaft behielt Syrakus jedoch ein wenig von seiner früheren Bedeutung; die Stadt wurde zur Kapitale der neuen römischen Provinz Sicilia. Bei der Ausbreitung des Christentums spielte die Stadt eine wichtige Rolle, und im 6. Jahrhundert war Syrakus sogar einmal für kurze Zeit die Hauptstadt des Byzantinischen Reiches.

Heute ist die Stadt ein wunderbares Reiseziel und ein idealer Ausgangsort für Ausflüge in den Südosten Siziliens. Selbst das Klima ist hier besonders angenehm – schon Cicero (106–43 v. Chr.) bemerkte, dass es in Syrakus selbst im Winter keinen Tag ohne Sonne gebe. Er erklärte Syrakus übrigens zur schönsten griechischen Stadt überhaupt.

Besonders schön ist die auf dem Festland gelegene Neustadt leider nicht. Sie grenzt an Ortygia und an den idyllischen Parco Archeologico auf dem Gelände des antiken Neapolis.

ORTYGIA

Die Insel Ortygia, durch zwei Straßen mit dem modernen Syrakus verbunden, ist schon seit 2700 Jahren das eigentliche Herz der Stadt. Lange Zeit prägten allmählich verfallende Bauten und schadhafte Straßen das Bild, doch mittlerweile haben umfangreiche Restaurierungsmaßnahmen die Altstadt erheblich aufgewertet: Neue Hotels, Bars und Restaurants zeugen von der erfolgreichen Sanierung. Hier sollten Sie sich also ein Hotel suchen und die vielen Sehenswürdigkeiten, aber auch die blumengeschmückten Gassen und die baumbestandene Küstenpromenade erkunden.

Über den Ponte Nuovo gelangen Sie zur Piazza Pancali und zum Largo XXV Luglio mit den Resten des **Tempio di Apollo** (ca. 565 v. Chr.), des großen dorischen Apollo-Tempels, den die Griechen hier

Detail der Domfassade aus dem 18. Jahrhundert

errichteten. Auf dem **Antico Mercato** direkt nördlich, im 19. Jahrhundert Marktplatz der Stadt, befindet sich ein Besucherzentrum *(Via Trento 2, Tel. 0931 44 92 01, www.anticomercato.it)*. In den umliegenden Straßen findet regelmäßig ein hübscher Fischmarkt *(geschl. So und nachmittags)* statt. Largo Grazhiella in der Nähe war im 9. und 10. Jahrhundert das Herz der Kasbah, des arabischen Viertels.

Der von eleganten Läden gesäumte Corso Matteotti führt vom Largo XXV Luglio in südöstlicher Richtung zur **Piazza Archimede**, dem Hauptplatz Ortygias im 19. Jahrhundert. Von hier geht es südlich die Via Roma hinunter, dann rechts in die Via Minerva; so gelangen Sie zur **Piazza del Duomo**, dem schönen Domplatz. Den Platz beherrscht der Dom *(Duomo, Tel. 0931 652 01, geschl. 12–16 Uhr)*. Gotteshäuser haben an dieser Stelle schon seit 2500 Jahren gestanden.

Die Ausstattung des antiken Tempels ist längst verschwunden, aber die Säulen und andere Bauteile wurden durch die Umwidmung in eine christliche Kirche im Jahr 640 vor der Zerstörung bewahrt. Die heutige Fassade (1728–54), eine der letzten großen Barockfassaden Italiens, wurde nach dem Erdbeben von 1693 hinzugefügt.

Der barocke Dekor im Inneren wurde bereits 1927 weitgehend entfernt, um die Strukturen des antiken Tempels, vor allem die mächtigen Säulen auf der linken Seite, wieder sichtbar zu machen. Die erste Kapelle im gegenüberliegenden Seitenschiff ist das Baptisterium; sie birgt einen griechischen Taufstein aus dem 5. Jahrhundert v. Chr. (ursprünglich eine Urne), der von Bronzelöwen (13. Jh.) getragen wird. Die letzte Kapelle auf der gleichen Seite, die Cappella del Crocefisso, enthält eine Darstellung des hl. Zosimus, die dem sizilianischen Renaissance-Maler Antonello da Messina zugeschrieben wird.

Wenn Sie den Domplatz auf der Via Picherale in südlicher Richtung verlassen, sehen Sie rechter Hand die Kirche **Santa Lucia**, die der wichtigsten Heiligen der Stadt geweiht ist. Lucia starb hier 304 den Märtyrertod und wurde in den Katakomben beigesetzt. Dargestellt wird sie oft mit einer Schale, auf der zwei Augäpfel liegen: Nachdem ein von ihr verabscheuter heidnischer Verehrer ihr Komplimente wegen ihrer schönen

Augen machte, soll sie sich beide herausgerissen haben. Ihr Festtag wird am 13. Dezember mit feierlichen Prozessionen begangen.

Am Ende der Via Picherale liegt die mit hübschem Papyrus bewachsene **Fonte Aretusa**, eine der berühmtesten Quellen der griechischen Welt. Sie wurde von Pindar, Vergil und vielen anderen Dichtern besungen und soll auch im Orakel erwähnt worden sein, das die Korinther zur Gründung der Kolonie Syrakus ermutigte.

Die Quelle spielt auch in der griechischen Mythologie eine Rolle: Aretusa, eine der Nymphen der jungfräulichen Göttin Artemis, wurde beim Baden im Fluss Alpheus bei Olympia vom Gott dieses Flusses bedrängt. In ihrer Not eilte sie zu Artemis, die sie in eine Quelle verwandelte. Aretusa floh durchs Mittelmeer und tauchte auf Sizilien wieder auf. Die Flucht war jedoch vergeblich, denn Alpheus folgte ihr und vereinigte sein Wasser mit der Aretusa-Quelle ...

Wie dem auch sei, eine so reine Süßwasserquelle direkt am Meer war auf jeden Fall von unschätzbarem Wert; das Wasser der Aretusa-Quelle ermöglichte es Ortygia, allen Kriegen und Belagerungen standzuhalten.

Katakomben

Die Katakomben von Syrakus sind nach denen von Rom die weitläufigsten in Italien. Der Haupteingang befindet sich neben den Ruinen von San Giovanni, westlich vom Museo Archeologico Regionale. Früher waren sie generell öffentlich zugänglich, heute sind sie aus Sicherheitsgründen geschlossen. Erkundigen Sie sich nach den aktuellen Regelungen. ■

Aus diesem Steinbruch gewannen die Griechen einst das Baumaterial für ihre Stadt Syrakus

Das griechische Theater von Syrakus zählt zu den größten Theatern der Antike

Erdbeben und Baumaßnahmen in der Nähe haben der Reinheit der Quelle zwar ein wenig geschadet, aber das Wasser fließt immer noch – und wird seit über 2000 Jahren von Menschen genutzt.

Um die Quelle und auf sich der nördlich anschließenden Uferpromenade **Foro Vittorio Emanuele II** versammeln sich die Einwohner regelmäßig zu ihren abendlichen Spaziergängen, den *passeggiate*. Südlich erhebt sich das **Castello Maniace**, eine Festung aus dem 13. Jahrhundert, benannt nach General George Maniakes, der die Stadt 1038 von den Arabern befreite. Das Kastell ist derzeit nicht zugänglich, soll aber möglicherweise in Zukunft für Besucher geöffnet werden.

Von der Aretusa-Quelle aus führt die Via Capodieci zum **Museo Regionale** *(Palazzo Bellomo, Via Capodieci 14, Tel. 0931 695 11, geschl. Mo und So nachm.)*, dem wichtigsten Museum von Ortygia. Das Museum zeigt eine Mischung aus archäologischen Exponaten und Kunstwerken, darunter eine *Verkündigung* (1474) von Antonello da Messina und eine großartige *Beisetzung der hl. Lucia* von Caravaggio. Außerdem zeigt das Haus eine hübsche Sammlung von Keramik und Kunsthandwerk.

Nach einer Besichtigung der Sehenswürdigkeiten sollten Sie sich noch ein wenig Zeit für einen Spaziergang durch die Straßen von Ortygia nehmen. Zu den schönsten unter ihnen zählen die **Via Roma**, die von Palästen gesäumte **Via Vittorio Veneto**, die **Via Maestranza** und die **Via della Giudecca** im alten jüdischen Viertel. Jede dieser kleinen Gassen hat ihren ganz eigenen Charme.

Parco Archeologico

✉ Viale Augusto–Largo Paradiso

☎ 0931 662 06

$ €€

Anmerkung:
Ein Zwei-Tages-Kombiticket bietet Eintritt zu allen oder jeweils zwei der folgenden Sehenswürdigkeiten: Museo Regionale, Parco Archeologico, Museo Archeologico Regionale.

PARCO ARCHEOLOGICO

Der Archäologische Park liegt nördlich der modernen Neustadt; der Fußweg dorthin ist uninteressant, deshalb sollten Sie ein Taxi oder einen Bus *(Linie 1 von der Piazza della Posta in Ortygia)* nehmen. Der Park umfasst einen Bereich der antiken Stadt, der im dritten vorchristlichen Jahrhundert als Erholungsgebiet angelegt wurde.

Den Eingang erkennen Sie leicht am kleinen Besucherzentrum und an den obligatorischen Souvenirständen. Links erblicken Sie eine erste bedeutsame Ruine, die **Ara di Ierone II** (241–217 v. Chr.). An diesem riesigen Opferaltar konnten bis zu 350 Rinder an einem Tag geschlachtet werden. Solche Altäre waren im griechischen Kulturkreis weit verbreitet, doch dieser zählt mit seinen 200 Metern Länge zu den größten. Die Spanier verwendeten die Steine 1526 zum Ausbau des Hafens, doch die einstige Größe ist noch gut erkennbar.

Sehr viel besser erhalten ist das **Griechische Theater** (Teatro Greco), eines der größten und spektakulärsten griechischen Theater überhaupt. Es wurde im 6. Jahrhundert v. Chr. in den Felsen hineingearbeitet und 300 Jahre später vergrößert; damals bot es 15 000 Personen auf 59 Sitzreihen Platz (heute sind noch 42 davon erhalten). Die Römer nahmen später einige Veränderungen vor, um Gladiatorenkämpfe und sogar Seeschlachten (auf der mit Wasser gefüllten Bühne) zeigen zu können.

Das Theater wird im Mai und Juni regelmäßig für Aufführungen und Konzerte genutzt *(Infos über die Besucherinformation)*. Aufführungen finden auch im **Anfiteatro Romano** *(südlich des Haupteingangs)* statt, dem von den Römern zusätzlich gebauten Amphitheater (3. Jh. v. Chr.). Dieser zweite Bau beweist, wie groß das Bedürfnis jener Zeit nach Zirkus- und Gladiatorendarbietungen war.

Im Westen des Griechischen Theaters liegt die **Latomia del Paradiso**, der größte von rund einem Dutzend Steinbrüchen (Latomien), in denen Kalkstein für den Bedarf der antiken Stadt und für den Export gewonnen wurde. Die meisten dieser Flächen sind heute mit schönen Gärten bedeckt, doch eine gewaltige Höhle, die so genannte **Orecchio di Dionisio** (Ohr des Dionysios), vermittelt noch einen Eindruck von der einstigen Größe. Die Steinbrüche wurden auch als Gefängnisse genutzt; nach dem Sieg über Athen im Jahr 413 v. Chr. kamen hier 8000 Gefangene nach acht Jahren harter Arbeit im Steinbruch ums Leben. Angeblich wurden nur solche freigelassen, die Verse von Euripides rezitieren konnten. Eine weitere Grotte, die **Grotta dei Cordari**, ist nach den Seilmachern *(cordari)* benannt, die hier jahrhundertelang ihrem Handwerk nachgingen.

MUSEO ARCHEOLOGICO REGIONALE

Italien ist eigentlich übersät mit archäologischen Museen, aber wenige sind so eindrucksvoll wie das Museo Archeologico Regionale von Syrakus. Es liegt in den Gärten der Villa Landolina östlich des Parco Archeologico und ist zu Fuß von dort aus in zehn Minuten zu erreichen. Die Sammlung mit wertvollen Funden aus Syrakus und Ostsizilien dokumentiert die griechische und vorgriechische Geschichte der Region und gilt als eine der besten ihrer Art neben denen von London und Athen.

Das Prunkstück unter den Exponaten des Hauses – die sehr sinnlich wirkende *Venus Landolina* aus dem 1. Jahrhundert – ist allerdings kein griechisches Original, sondern die römische Kopie einer griechischen Vorlage. Herausragend sind auch die Begräbnisurnen aus dem 7. Jahrhundert, der Sarkophag der Adelfia (4. Jh.) und die Rekonstruktion des Athene-Tempels (dessen Säulen heute im Dom von Syrakus erhalten sind). Beachtung verdient auch die Statue *Göttin mit Zwillingen* aus dem 6. Jahrhundert v. Chr. ■

Museo Archeologico Regionale

✉ Viale Teocrito 66
☎ 0931 46 40 22 oder 0931 46 40 23
🕒 Mo und So nachm. geschl.
$ €€

Die Tonbüste aus dem 5. oder 4. Jahrhundert v. Chr. gehört heute zu den zahlreichen Schätzen des Museo Archeologico Regionale

Üppig dekorierte Balkone schmücken den barocken Palazzo Nicolaci di Villadorata

Noto

Noto
Karte S. 111 C2
Besucher-information
www.comune.noto.sr.it
Piazza XVI Maggio 12
0931 573779

NOTO IST DIE WOHL SCHÖNSTE BAROCKSTADT SIZILIENS, ja ganz Italiens. Die Stadt wurde bei dem Erdbeben von 1693 vollständig zerstört und komplett neu aufgebaut. Entstanden ist ein Ensemble eleganter Bauten – mit Palästen aus gelbbraunem Stein, reich geschmückten Piazzas und majestätischen Kirchen.

Da Noto auf dem Höhepunkt der Barockzeit neu errichtet wurde, konnten hier viele Architekturideale des 18. Jahrhunderts verwirklicht werden. Die Straßenführungen wurden beispielsweise nach einem strengen Raster angelegt, aber so, dass sich überraschende Ausblicke in die umliegende Landschaft ergeben; an Hügeln wurden Plätze und Treppen mit reizvollen perspektivischen Wirkungen geplant.

Die Stadt besteht aus zwei Teilen: einer vornehmen Unterstadt und einer Stadt für das einfachere Volk. Die meisten Sehenswürdigkeiten befinden sich in der Unterstadt mit ihren drei Hauptplätzen und drei zentralen Straßen.

Hauptstraße ist der **Corso Vittorio Emanuele II**; man betritt den Corso von Osten her durch die **Porta Reale**, ein Tor nach dem Vorbild römischer Triumphbögen. Es folgt die **Piazza Immacolata**; rechts erblickt man Vincenzo Sinatras Kirche **San Francesco all'Immacolata**

(1704–48). Extravaganter wirkt das Kloster **Santissimo Salvatore**; die prächtigen Balkone spiegeln sich quasi in denen von **Santa Chiara** (Rosario Gagliardi; 1730–48) auf der anderen Straßenseite. Das Innere ist schlicht.

Die **Piazza Municipio**, ebenfalls am Corso gelegen, gilt vielen als schönster Platz Siziliens. Rechts erhebt sich der **Dom** (Duomo) von 1776, vermutlich ein Werk Sinatras und Gagliardis. Neben der mit Arkaden versehenen **Stadthalle** (Municipio, Baubeginn 1743) zur Linken fallen der nüchterne Palazzo Vescovile (Bischofspalast) und der Palazzo Landolina, beide aus dem 19. Jahrhundert, ins Auge. An der ersten Kreuzung hinter der Piazza erhebt sich links **San Carlo** (1730), ein weiteres Werk Gagliardis; vom Turm genießt man schöne Ausblicke.

Wenn Sie vom Corso rechts in die Via Corrado Nicolaci abbiegen, erblicken Sie schon bald links den Palazzo Nicolaci di Villadorata *(Tel. 0931 57 40 80, Okt.–April Sa und So geschl.)* mit einer imponierenden Fassade. Er ist im Rahmen von Führungen zugänglich, doch ist die einstige Pracht nur noch im **Salone delle Feste** erhalten.

Kehren Sie nun zum Corso zurück, und begeben Sie sich zur **Piazza XVI Maggio**. Dort imponieren das hübsche kleine **Teatro Comunale** und die Kirche **San Domenico** (1737–56), eines der Hauptwerke Gagliardis.

Vergessen Sie aber auch die etwas schlichtere **Oberstadt** nicht (Gagliardis **Santissimo Crocefisso** an der Piazza Mazzini ist dort einer der wichtigsten Bauten), und erkunden Sie auch die Parallelstraßen des Corso, vor allem die Via Ducezio mit den Kirchen **Carmine** und **Santa Maria dell' Arco** und die Via Cavour mit dem **Palazzo Battaglia** (1735). ■

Von Rosario Gagliardi, einem Baumeister des 18. Jahrhunderts, stammt auch die Kirche San Domenico

Notos Geschichte

Die Geschichte der Stadt besitzt zwei Hauptkapitel: Das erste handelt von der Errichtung einer der schönsten Städte Europas, das zweite von den Bemühungen, sie vor dem Verfall zu bewahren.

Vom alten Noto hinterließ das gewaltige Erdbeben vom 11. Januar 1693 nichts als Trümmer. Drei herausragende Architekten – Rosario Gagliardi, Paolo Labisi und Vincenzo Sinatra – wurden damit beauftragt, zwölf Kilometer vom alten Standort entfernt eine komplett neue Stadt zu erbauen. Als Baumaterial verwendeten sie den hiesigen weichen Kalktuff, der sich ideal für die geschwungenen Linienführungen des Barock eignete. Der zunächst strahlend weiße Stein nahm im Laufe der Zeit eine warme Honigfarbe an. Niemand konnte allerdings die Folgen der Luftverschmutzung späterer Zeiten voraussehen, die der Bausubstanz im 20. Jahrhundert schwer zusetzte. Seit den späten 1980er Jahren finden umfangreiche Restaurierungsarbeiten statt. 1996 hat die Unesco Noto in die Liste des Weltkulturerbes aufgenommen. ■

Der Feigenkaktus liebt die Wärme an den Hängen der Monti Iblei

Rundfahrt durch die Monti Iblei

Die Monti Iblei bestehen aus vulkanischem Kalkstein; einsame Dörfer und bedeutsame archäologische Stätten liegen hier verstreut in einer wilden Berglandschaft.

Verlassen Sie Syrakus auf der Landstraße in Richtung Belvedere; halten Sie aber an den Ruinen des **Castello Eurialo** (1), Teil der griechischen Stadtbefestigung aus dem 4. Jahrhundert v. Chr. Anschließend fahren Sie unter der Autobahnbrücke hindurch, biegen dann nach rechts und nach zwei Kilometern wieder nach links zum Fluss Anapo ab. An der Brücke Ponte Diddino stoßen Sie auf die landschaftlich schön gelegene Straße nach Sortino *(Besucherinformation, Via Pietro Gaetani 146, Tel. 0931 95 33 59).*

In Sortino wählen Sie die Nebenstraße nach Westen in Richtung Buccheri, die sich zum Monte Santa Venere (869 m) hinaufwindet. Nach 15 Kilometern biegen Sie links nach **Ferla** ab; in der Mitte des Dorfes geht es wiederum nach links und durch das Anapo-Tal nach **Pantalica** (2), zur größten Nekropole Siziliens.

Die schwer zugängliche Stätte wurde bereits zwischen dem 13. und dem 8. Jahrhun-

dert v. Chr. von den Sikelern bewohnt. Der Anblick ist noch heute überwältigend: Über 5000 Grotten wurden hier in den Fels gehauen. Ein Netz aus Wanderwegen durchzieht die Gegend bis ins Tal des Anapo hinunter.

Kehren Sie nun über Ferla auf die Straße nach **Buccheri** zurück. Von dort führt die Panoramastraße S124 nordwestlich bis **Vizzini** ③.

Vielleicht sehen Sie sich die Kirchen San Sebastiano, Santa Maria del Gesù und die Chiesa Madre an, bevor Sie in südlicher Richtung nach **Monterosso Almo** weiterfahren. Dort gibt es zwei schöne kleine Kirchen, San Giovanni und Sant'Antonio. Weiter geht es nach Süden bis **Giarratana** ④, ebenfalls ein Dorf mit mehreren Kirchen; dann führt der Weg weiter nach links (Osten) auf Palazzolo Acreide zu.

Nach rund 1,5 Kilometern zweigt eine Nebenstraße links in Richtung Buccheri ab. Die zehn Kilometer lange Höhenstraße (S124) führt fast bis zum Gipfel des 986 Meter hohen **Monte Lauro**, des höchsten Berges weit und breit. Sie können der schönen Aussicht wegen dorthin fahren und dann umkehren, Sie können aber auch direkt nach **Palazzolo Acreide** ⑤ *(Piazza del Popolo 1, Tel. 0931 88 20 00)* weiterfahren. In diesem Dorf stehen zahlreiche schöne Barockbauten, daneben gibt es ein Museum über das ländliche Sizilien, das **Museo di Antonino Uccello** *(Via Machiavelli 19, Tel. 0931 88 14 99, nachmittags geschl.)*. Bekannter ist der Ort jedoch wegen der gut erhaltenen Ruinen von Akrai direkt am südwestlichen Stadtrand. Sie sollten sich das schöne griechische Theater, die Tempelruinen und die Reste des Steinbruchs nicht entgehen lassen.

Wenn Ihre Zeit es zulässt, können Sie einen kleinen Abstecher nach **Buscemi** im Norden unternehmen, wo ein faszinierendes Museum, das **Luoghi del Lavoro Contadino** *(Tel. 0931 87 85 28, www.museobuscemi.org)*, auf Sie wartet. Auf der S124 kehren Sie schließlich über Solarino nach Syrakus zurück. ■

Siehe Karte S. III
Syrakus
175 km, plus 20 km für Abstecher
Ein Tag
Syrakus

UNBEDINGT ANSEHEN

- Pantalica
- Panoramastraße nach Buccheri
- Museo di Antonino Uccello
- Buscemi und Museum

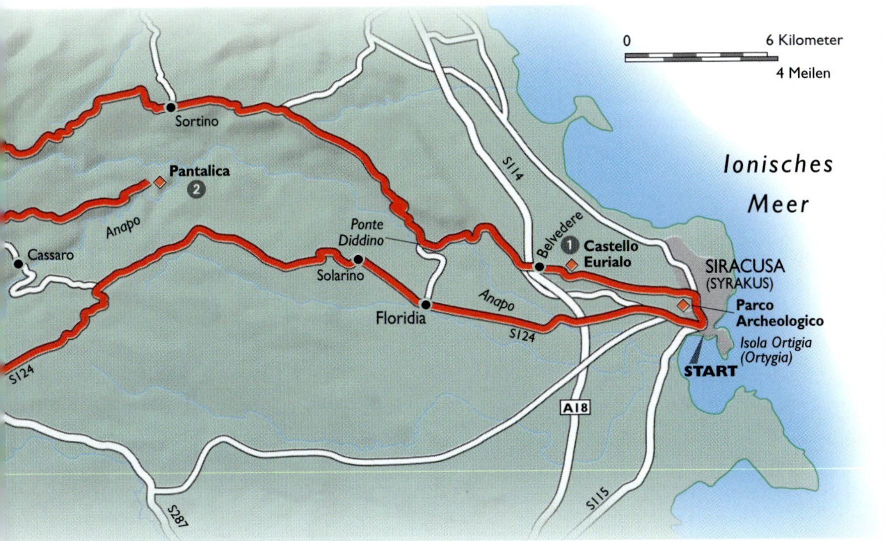

Ragusa

Ragusa
Karte S. 111 B2

Besucher-information
www.ragusaturismo.com
oder www.ragusaonline.com
Via Capitano Bocchieri 33
0932 22 15 11

RAGUSA – DAS SIND EIGENTLICH ZWEI STÄDTE: DIE IM 18. Jahrhundert nach der Erdbebenkatastrophe von 1693 errichtete Neustadt und Ragusa Ibla, die alte Stadt auf einem Hügel. Sie wurde damals getreu dem mittelalterlichen Stadtbild wiederaufgebaut und besitzt heute einige der stimmungsvollsten Viertel auf ganz Sizilien.

Die Ursprünge von **Ragusa Ibla** gehen auf Hybla Heraia, eine der wichtigsten Siedlungen der Sikeler, zurück. Später gründeten die Griechen und dann die Römer hier eine Kolonie. Große Bedeutung kam dem Ort unter den Normannen zu; Graf Roger gab ihn seinem Sohn Roger II. 1091 zum Lehen. Das Erdbeben von 1693 markiert den Beginn eines allmählichen Niedergangs, der bis heute anhält: Handel, Gewerbe und viele Einwohner sind in die Neustadt aus dem 18. Jahrhundert und in die hässlichen modernen Vorstädte abgewandert.

Der Niedergang trägt in Ragusa Ibla jedoch nicht die Züge der Katastrophe, sondern besitzt eher den leicht morbiden Charme des allmählichen Verfalls.

Ragusa Ibla und die Neustadt liegen auf einem Bergvorsprung zwischen zwei Tälern. Ragusa Ibla liegt unterhalb der neuen Stadt, die einfach Ragusa oder Ragusa Superiore genannt wird. Zwischen beiden Stadtteilen verkehren Busse und Taxis; am besten begeben Sie sich jedoch zunächst zum östlichen Rand der Neustadt und gehen dann zu Fuß nach Ragusa Ibla.

Beginnen Sie den Rundgang bei der Kirche **Santa Maria delle Scale** *(Corso Mazzini)*, und folgen Sie dem gewundenen Corso Mazzini hinunter bis nach Ragusa Ibla; schöner ist jedoch der Abstieg über die insgesamt 333 Stufen. Der Blick über die Ausläufer der Berge, die kargen Kalksteinhügel und das Dächermeer der Altstadt ist überwältigend. Beim Abstieg sollten Sie zunächst auf den **Palazzo Nicastro** (1760), das alte Gefängnis der Stadt, achten. Besonders schön ist der Eingangsbereich. Die Kirche links vom Palazzo ist **Santa Maria dell'Itria** *(Eingang am Corso Mazzini)*; berühmt sind ihre Majolikas, die die kleine Kuppel schmücken. Ein kleines Stück unterhalb der Kirche steht rechts der **Palazzo Cosentini**; er besitzt schöne Balkone und Kragsteine, die

mit Masken und Karrikaturen verziert sind.

Von der Piazza della Repubblica biegen Sie entweder in die hübsche **Via del Mercato** ein, oder Sie bummeln einfach durch das Labyrinth aus Gassen, Treppen und kleinen Plätzen.

Wie Sie sich auch entscheiden, früher oder später gelangen Sie auf jeden Fall zur **Piazza del Duomo**, dem Hauptplatz der Stadt mit der Kathedrale **San Giorgio** (1744). Rechts hinter der Kathedrale ist die Besucherinformation im Palazzo La Rocca untergebracht.

Für die Kathedrale zeichnet Rosario Gagliardi (1700–70) verantwortlich, einer der Architekten des barocken Noto (siehe S. 118f); sie gilt als eines der Hauptwerke des sizilianischen Barock. 40 Jahre betrug die Bauzeit, und sehr viel Arbeit wurde in die Ausgestaltung der Fassade investiert; das Innere ist weniger beachtenswert. Ähnlich verhält es sich bei der kleineren Kirche **San Giuseppe** *(Piazza Pola)*, die ebenfalls Gagliardi zugeschrieben wird; Sie finden sie ein wenig unterhalb am Corso XXV Aprile.

Wenn Sie dem Corso weiter hügelabwärts folgen, erreichen Sie bald den **Giardino Ibleo** (1858), einen reizvollen öffentlichen Park im Osten der Stadt. Im und am Park stehen mehrere kleine Kirchen. Attraktiver als die Bauwerke sind hier jedoch wieder einmal die großartigen Ausblicke. ■

Moderne Scheinwerfer tauchen die mittelalterliche Stadt Ragusa Ibla in magisches Licht

Weitere Sehenswürdigkeiten

Eine Barocktreppe führt direkt zum Eingang von San Pietro in der Oberstadt von Modica

CAVA D'ISPICA

Von Modica (unten) aus sollten Sie auf jeden Fall der Cava d'Ispica einen Besuch abstatten. Die zwölf Kilometer lange Schlucht öffnet sich rund 13 Kilometer östlich der Stadt an der Straße nach Rosolino. Sie können die Schlucht mit ihren Grabkammern, griechischen Nekropolen, Höhlenzeichnungen und christlichen Katakomben zu Fuß erkunden.

111 B2 **Besucherinformation**
0932 62 21 50 Im Winter nachmittags geschl.

KÜSTE

Die Küste nördlich von Syrakus hat ihren Reiz leider verloren, im Süden finden Sie jedoch noch viele schöne Abschnitte – egal, ob Sie nun ein modernes Resort wie das bei den Italienern beliebte **Marina di Ragusa** bevorzugen oder eher die Natur wie in der **Riserva Naturale di Vendicari** suchen. An der gesamten südlichen Küste gibt es viele relativ naturbelassene Strände, zum Beispiel in **Camerina**, **Punta Braccetto**, **Punta Secca** und **Donnalucata**.

MODICA

Wegen seiner schönen Altstadt und der Lage im Tal lohnt auch Modica einen Besuch. Die Unterstadt, **Modica Bassa**, besitzt mehrere Barockkirchen; außerdem befindet sich hier das kleine **Museo Civico** *(Via Merce, Tel. 0932 94 50 81, geschl. So)* mit einer archäologischen und einer interessanten ethnologischen Sammlung *(Tel. 0932 757 47, geschl. Mo nachm.)*. In **Modica Alta**, der Oberstadt, stehen in großer Zahl alte Häuser, Kirchen und Paläste. Ober- und Unterstadt sind teilweise über eine großartige Treppenanlage von 1818 – in der Nähe des Corso Umberto I – miteinander verbunden. Der Corso führt zur Kirche **San Giorgio** (1702–38), dem architektonischen Hauptwerk der Stadt.

111 B2 **Besucherinformation**
Corso Umberto I 149 0932 75 33 24

SCICLI

Eine hübsche Straße verbindet Modica mit dem neun Kilometer südlich gelegenen Scicli, dessen barocker Kern auf das Erdbeben von 1693 zurückgeht. Am Hauptplatz, der Piazza Italia, stehen zwei sehenswerte Bauten: der **Duomo Sant' Ignazio** und der **Palazzo Beneventano**. Weitere interessante Gebäude säumen die Via Mormino Penna, darunter **San Giovanni**. Besuchen Sie auf jeden Fall die Ruinen von **San Matteo** im Herzen der mittelalterlichen Altstadt.

111 B1 **Besucherinformation**
Via Castellana 4 0932 93 27 82 ■

Der Osten ist der älteste und faszinierendste Landesteil Siziliens. Unter den malerischen alten Dörfern nimmt der elegante Badeort Taormina einen besonderen Rang ein; das Gleiche gilt für die fast unwirklich anmutende Landschaft rund um Europas höchsten Vulkan, den Ätna.

Der Osten Siziliens

Nur robuste Pflanzen gedeihen an den fruchtbaren Hängen des Ätna

Der Ätna – hier mit aufsteigendem Rauch – ist Europas aktivster Vulkan

Der Osten Siziliens

DIE ORTE IM OSTEN DER INSEL SIND TAUSENDE VON JAHREN ALT – SIE waren schon besiedelt, als die Griechen rund fünf Jahrhunderte vor Christi Geburt dort eintrafen. Einige von ihnen haben seitdem an Bedeutung verloren, andere, wie Taormina, haben sich ihren Charme bewahren können. Doch ob alt oder modern, sie alle liegen im Schatten von Siziliens bedeutendstem Naturwunder, dem Ätna.

Den Ätna (Monte Etna) kann man nicht übersehen: Seine rauchende und oft von Schnee bedeckte Kuppe, die sogar vom Festland zu sehen ist, dominiert die Ionische Küste zwischen Messina und Catania. Im Laufe der Jahrhunderte hat der Vulkan den Menschen, die an seinen Hängen leben, sowohl Vor- als auch Nachteile gebracht. Er bedeutet für sie nicht nur Tod und Vernichtung, sondern liefert ihnen mit seiner vulkanischen Asche und Lava auch eine Lebensgrundlage. Nicht umsonst gilt die Region am Fuße des Ätna als eine der fruchtbarsten Italiens.

In den höheren, kargen Lagen dominieren schwarze Lava, Asche, Bimsstein und andere Zeichen vulkanischer Tätigkeit. Während die an den unteren Hängen liegenden Ortschaften leicht mit dem Auto oder dem Zug zu erreichen sind – Straßen und die Trasse der Circumetnea-Bahn führen fast vollständig um den Vulkan herum –, können die Regionen unterhalb des Gipfels, in Abhängigkeit von der aktuellen Aktivität des Vulkans, nur zu Fuß oder im Rahmen organisierter Touren mit Allradfahrzeugen besichtigt werden. Als Ausgangspunkte dienen dafür die hoch oben gelegenen Orte Piano Provenzana am Nord- und Rifugio Sapienza am Südhang.

Nördlich des Vulkans liegen die Monti Peloritani, die zu Siziliens rauesten und unzugänglichsten Gebirgen zählen. Sie sind nahezu unbewohnt und drängen Bahnlinien und Straßen dicht an die Küste, an der sich zwischen Messina und Catania unzählige Dörfer aneinander reihen, die man ebenso schnell wieder vergisst, wie man sie gesehen hat.

Ganz anders dagegen die verschlafenen Städtchen am Südrand der Monti Peloritani: Savoca, Casalvecchio Siculo und Forza d'Agrò sowie Taormina, einer der bekanntesten und beliebtesten Ferienorte der Insel, der schon seit mehr als hundert Jahren Besucher anlockt. ■

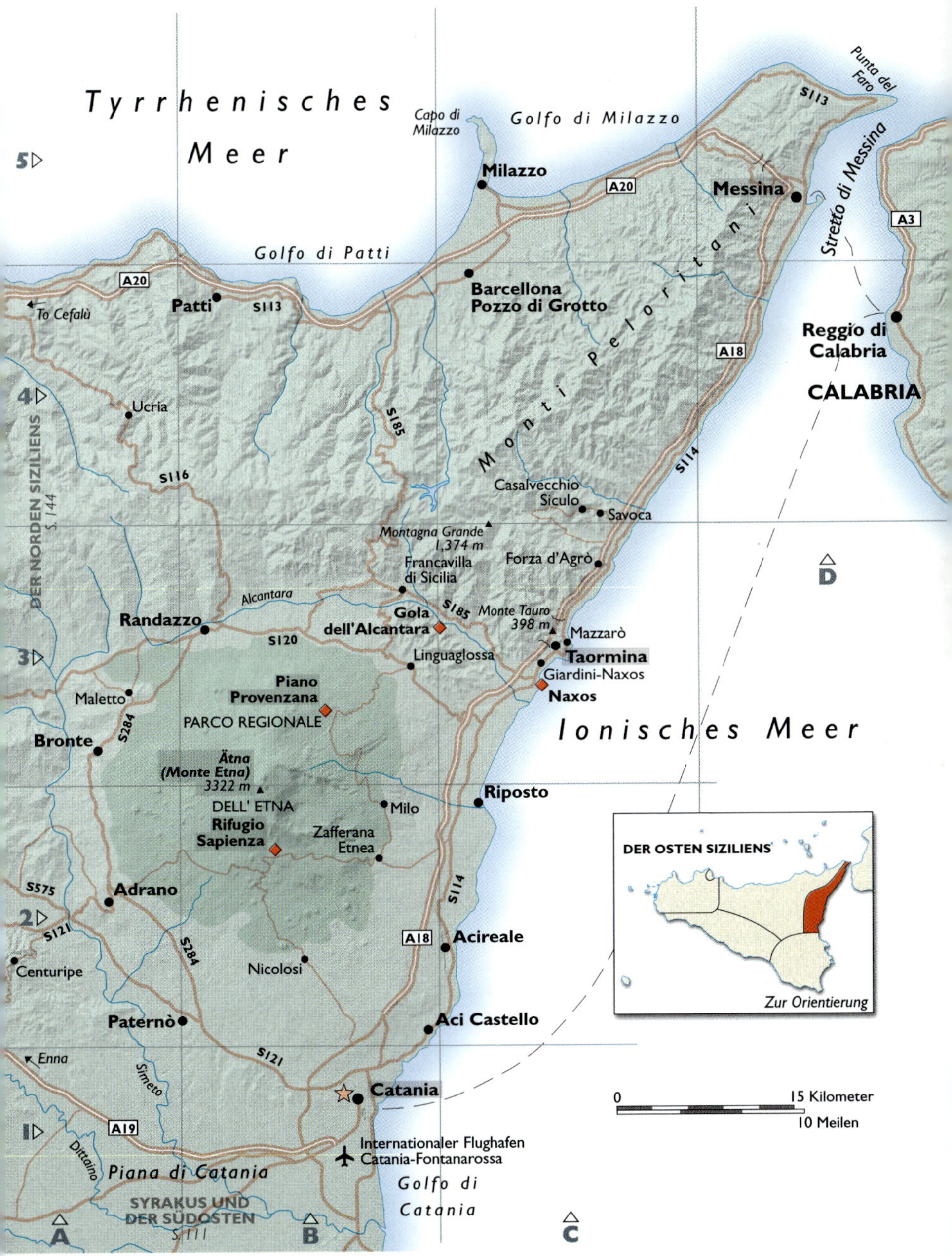
Tyrrhenisches Meer
Capo di Milazzo
Golfo di Milazzo
Punta del Faro
Milazzo
Messina
Stretto di Messina
A20
A3
Golfo di Patti
Patti
S113
To Cefalù
Barcellona Pozzo di Grotto
Reggio di Calabria
CALABRIA
A18
Monti Peloritani
Ucria
S185
S116
S114
DER NORDEN SIZILIENS S. 144
Casalvecchio Siculo
Savoca
Montagna Grande 1,374 m
Francavilla di Sicilia
Forza d'Agrò
Alcantara
Randazzo
Gola dell'Alcantara
Monte Tauro 398 m
Mazzarò
Taormina
Giardini-Naxos
Naxos
S120
Linguaglossa
Maletto
Piano Provenzana
PARCO REGIONALE
Bronte
S284
Ionisches Meer
Ätna (Monte Etna) 3322 m
DELL' ETNA
Riposto
Milo
Rifugio Sapienza
Zafferana Etnea
DER OSTEN SIZILIENS
S575
Adrano
S121
Centuripe
Acireale
Nicolosi
Zur Orientierung
Paternò
Aci Castello
Enna
Simeto
Catania
0
15 Kilometer
10 Meilen
A19
Internationaler Flughafen Catania-Fontanarossa
Dittaino
Piana di Catania
Golfo di Catania
SYRAKUS UND DER SÜDOSTEN S. 111
A
B
C
D
1
2
3
4
5

Ätna

Ätna

Karten S. 127 B3 und S. 133

Besucher-information

Piazza Annunziata, Linguaglossa

095 64 30 94

So nachm. geschl.

Via Vittorio Emanuele II 45, Nicolosi

095 91 44 88

Anmerkung:

Die meisten Besucherzentren helfen bei der Buchung von Ausflügen zum Ätna.

FRÜHE SEEFAHRER HIELTEN DEN VULKAN FÜR DEN HÖCHSten der Welt. Die Araber nannten ihn *Gibel utlamat* – den »Berg der Berge«. Der griechische Dichter Pindar (518–432 v. Chr.) beschrieb ihn als die Säule, die den Himmel trägt. Heute ist der Besuch des höchsten und aktivsten Vulkans in Europa ein Muss für jeden Sizilienreisenden.

Der 3322 Meter hohe Vulkan ist die gewaltigste Erhebung im gesamten Mittelmeerraum, an klaren Tagen ist der Gipfel noch aus 250 Kilometern Entfernung zu sehen. Das Bergmassiv hat insgesamt einen Durchmesser von 32 Kilometern.

Trotz seiner imposanten Erscheinung ist der Ätna geologisch gesehen ein junger Berg. Man nimmt an, dass er vor rund 500 000 Jahren durch eine Eruption auf dem Meeresboden eines nicht mehr existierenden Golfs in der heutigen Ebene von Catania entstanden ist. Im Laufe der Jahrtausende, vor allem aber in den letzten 60 000 Jahren, haben Lava- und Ascheschichten den enormen Berg wachsen lassen, der buchstäblich und auch im

Wanderer folgen an den schwarzen Hängen des Ätna der Fahrspur

übertragenen Sinne einen Großteil Ostsiziliens überschattet.

Die ersten Aufzeichnungen über einen Ausbruch stammen aus dem Jahr 475 v. Chr. Seitdem haben mindestens 250 weitere stattgefunden; 90 davon waren heftige Ausbrüche. Die zum Teil sehr spektakulären Eruptionen ereignen sich alle fünf bis zehn Jahre, die letzte fand 2003 statt. Der schlimmste Ausbruch erschütterte Sizilien 1669 – die Bergflanke riss auf, in deren Folge eine 26 Kilometer lange Schlucht entstand. Die Lava floss 122 Tage lang und zerstörte das Städtchen Catania, die Asche trieb 80 Kilometer weit. Die heiße Lava brauchte unvorstellbare acht Jahre zum Abkühlen.

Heute raucht der Ätna – dessen Name von einem griechischen Wort für »brennen« abstammt – fast ständig; seine unverwechselbare Krone aus Rauch ist auf fast ganz Sizilien zu sehen. Schwarzer Rauch gilt dabei als gutes Omen, weißer Rauch dagegen soll ein Zeichen drohenden Unheils sein.

Typisch für den Ätna sind seine Ausbrüche an den Bergflanken, die zur Bildung von rund 350 Sekundärkratern geführt haben. Für einen Großteil der Aktivität in den letzten Jahren sind jedoch vier Hauptkrater in Gipfelnähe verantwortlich, vor allem der so genannte Bocca Nuova, der »Neue Mund«, der seit den frühen 1990er Jahren der aktivste ist.

Die Bergregion des Ätna ist so groß und vielfältig, dass Sie für einen Besuch mindestens zwei Tage einkalkulieren sollten. Planen Sie einen Tag für den Gipfel selbst ein – wie nahe Sie sich ihm nähern dürfen, hängt von der aktuellen Vulkantätigkeit ab (siehe S. 130). Der Ausflug wird Sie in die öde, an Mondlandschaften erinnernde Gipfelregion führen, in der Bimsstein auf den Lavafeldern liegt und Sand und Asche über die Hügel treiben. Mit etwas Glück lernen Sie nicht nur eine der ungewöhnlichsten Landschaften Europas kennen, sondern können bei klarer Sicht auch eine der spektakulärsten Aussichten über Sizilien genießen.

Den zweiten Tag sollten Sie für die tiefer gelegenen Hänge des Ätna einplanen (siehe S. 132ff). Sie haben dabei die Wahl zwischen der Circumetnea-Eisenbahn oder der parallel dazu verlaufenden Straße. Diese wie auch die Bahnstrecke umrunden den Vulkan fast vollständig. Sie führen durch diverse kleine und oft sehr malerische Dörfer und geben einen guten Einblick in die ländliche Region und die üppige Vegetation zu Füßen des Ätna. Lärchen- und Birkenwälder, Weinberge, Orangenhaine und Mandelplantagen prägen hier das Landschaftsbild.

RUND UM DEN VULKAN

Piano Provenzana
Karten S. 127 B3 und S. 133

Rifugio Sapienza
Karten S. 127 B2 und S. 133

Die Gipfelregion des Ätna kann sowohl von der Nord- als auch von der Südseite aus bestiegen werden: Die Skistation **Piano Provenzana** liegt in rund 1820 Metern Höhe am Nordhang und verfügt über einen Parkplatz und einen Skilift. Das **Rifugio Sapienza** (1909 m) ist eine eher hässliche Kombination aus Bergdorf, Souvenirläden, einem großen Parkplatz und Restaurants am Südhang.

Beide Bergstationen können mit dem Auto angefahren werden. Die 34 Kilometer lange Fahrt von Catania über Nicolosi zum Rifugio führt durch düstere Lavafelder, die etwa gleich lange Route von Taormina über Linguaglossa nach Piano Provenzana anfangs noch durch Kiefernwälder.

Für welche Seite Sie sich auch entscheiden (das Rifugio Sapienza ist der beliebtere Ausgangspunkt) – für Ihren Ausflug zum Vulkan bieten sich Ihnen folgende drei Möglichkeiten: Die erste ist die Fahrt mit dem Auto oder dem Bus zum Rifugio, dort kaufen Sie dann eine Fahrkarte für die Allradfahrzeuge (max. 20 Personen), die Besucher auf rund 2697 Meter Höhe befördern. Von hier aus begleitet Sie ein erfahrener Führer weitere 200 Meter bergauf. Für eine zusätzliche Gebühr (und wenn es die Umstände erlauben) führt er Sie auch in sichere Regionen in der Nähe des Gipfels. Der Zutritt zu den Kraterrändern ist allerdings streng verboten, seitdem bei einem Ausbruch 1979 neun Besucher ums Leben kamen.

Alternativ können Sie einen Tagesausflug von Catania oder von Taormina buchen, der in der Regel die Fahrt zum Rifugio Sapienza, warme Kleidung, Wanderschuhe und gegen Aufpreis die Fahrt mit dem Allradwagen einschließt.

Die dritte Möglichkeit ist, selbst zum Rifugio hinaufzufahren und von dort zu Fuß aufzusteigen – eine eher monotone, etwa acht Stunden dauernde Wanderung (Hin- und Rückweg), bei der Sie den Fahrspuren folgen müssen.

Der Ätna lieferte das Baumaterial für die Kirche Santa Maria in Randazzo: schwarze Lava und gelben Bimsstein

Bedenken Sie bei Ihrer Planung, dass die Sicht am frühen Morgen am besten ist (besonders zu empfehlen ist eine Wanderung bei Sonnenaufgang), denn später am Tag nehmen häufig Wolken die Sicht. An dunstigen Tagen oder bei schlechten Wetterverhältnissen sollten Sie auf die Wanderung ganz verzichten. Vergleichbare Gruppentouren, Wanderungen und Fahrten werden in Piano Provenzana angeboten – wenn auch in geringerem Umfang. Am größten ist das Angebot zwischen Mai und September.

Besonders empfehlenswert sind organisierte Touren, Ihnen bleiben dann das Gedränge und endloses Schlangestehen für die Allradwagen-Ausflüge am Rifugio Sapienza erspart. Die Buchungen erledigen Reisebüros in Taormina oder Catania.

Wenn Sie lieber allein unterwegs sind (und mehr Zeit haben wollen, sich die oberen Hänge in Ruhe anzusehen), bleibt Ihnen die Anreise mit dem Privatwagen oder einem der AST-Busse (*zweimal täglich im Juli und Aug.*), die von Catanias Stazione Centrale (Hauptbahnhof) abfahren. Die Busse starten gegen 8.15 Uhr, die Rückfahrt vom Rifugio oder von Piano Provenzana erfolgt gewöhnlich um 16.30 Uhr.

Achten Sie in jedem Fall auf die richtige Ausrüstung: Auf den Hängen oberhalb des Rifugio oder der Skistation ist es ganzjährig kalt und windig; selbst im Hochsommer müssen Sie mit plötzlichen Wetterumschwüngen rechnen. Tragen Sie gute Wanderschuhe oder -stiefel und mehrere Schichten warme und wasserdichte Kleidung (wenn Sie an einer Tour teilnehmen, können Sie für wenige Euro warme Jacken und andere Kleidungsstücke ausleihen).

Falls Sie sich abseits der Fahrwege bewegen wollen oder es Sie in andere Bergregionen zieht, sollten Sie dies nicht ohne einen Bergführer tun (*Informationen: Gruppo Guide Alpine Etna Sud, Via Etnea 49, Nicolosi, Tel. 095 791 47 55; Führer stehen auch im Rifugio Sapienza bereit*). ■

Vulkanischer Boden ist nährstoffreich; am Fuße des Ätna liegt deshalb das vielleicht fruchtbarste Ackerland Italiens

Mit dem Auto um den Vulkan

Um einen Eindruck von der enormen Größe und den vielfältigen Landschaften des Ätna zu bekommen, sollten Sie das Auto oder die Circumetnea-Bahn (die von einer eigenen Station abfährt) von Catania aus nehmen und den Vulkan im Uhrzeigersinn umfahren. Sie können die Erkundung aber auch von Taormina aus fortsetzen.

Von der Circumetnea-Bahn aus genießt man schöne Blicke auf den Ätna

Der Zug fährt von einer Station nördlich des Stadtzentrums von Catania ab (*Via Caronda 352, Tel. 095 54 11 11, www.circumetnea.it*). Die Fahrt zur Endhaltestelle im Küstenort Riposto dauert rund dreieinhalb Stunden (eventuell in Randazzo umsteigen).

Von Riposto aus haben Sie Anschluss mit Trenitalia nach Taormina oder Catania. Die Zugfahrt ist zwar sehr schön, aber wer flexibler sein und mehr sehen will, sollte sich selbst hinter das Steuer setzen.

Sie können den Ausflug natürlich auch anders als hier vorgestellt beginnen. Ausgangspunkt der folgenden Beschreibung ist Catania. Zu den interessantesten Nebenrouten zählt die Anfahrt von Adrano (siehe unten) zum Rifugio Sapienza bzw. – nach **Nicolosi** (*Besucherinformation, Via Vittorio Emanuele II 45, Tel. 095 91 44 88*), wo sich auch das Besucherzentrum des **Parco Regionale dell'Etna** befindet (*Besucherinformation, Via Etnea 107, Tel. 095 82 11 11, www.parcoetna.it*), der weite Teile des Ätna schützt. Sehenswert sind auch die Strecken von Milo und Linguaglossa nach Piano Provenzana.

Die Hauptroute beginnt in **Catania** ❶ (*Besucherinformation, Via Cimarosa 10–12, Tel. 095 730 62 55, www.apt.catania.it*); von hier aus fahren Sie auf der S121 Richtung Westen nach **Paternò** ❷, das für seine Orangenhaine und die restaurierte normannische Burg bekannt ist (*Tel. 095 62 11 09, Mo und Sa/So nachm. geschl.*), und folgen dann der S284 nach **Adrano** ❸. Dieses 400 v. Chr. begründete Städtchen ist eine der ältesten Siedlungen der Region. Auch hier gibt es eine Burg, erbaut 1070 vom Normannenkönig Roger I., in der sich heute ein **Archäologisches Museum** (*Piazza Umberto I, Tel. 095 769 26 60, Mo und So nachm. geschl.*) befindet. Sehen Sie sich auch die benachbarte **Chiesa Madre** an, eine normannische Kirche mit 16 Basaltsäulen, die möglicherweise von einem alten griechischen Tempel stammen. Verlassen Sie anschließend den Ort Richtung Nordwesten auf der S 121.

Nach knapp acht Kilometern sollten Sie auf die Ausschilderung zum **Ponte dei Saraceni** ❹ achten, einer malerischen Brücke aus der Römerzeit, die den Simeto überspannt. 3,2 Kilometer flussaufwärts (gehen oder fahren Sie von Adrano aus auf den Nebenstraßen) liegt die phantastische **Gola di Simeto**, eine 13 Kilometer lange, von Lava geschaffene Schlucht in der **Riserva Naturale Ingrottato Lavico del Simeto**.

Kehren Sie nach Adrano zurück, und folgen Sie der S284 nach **Bronte** ❺. Diese Straße bietet einen der schönsten Ausblicke auf den Ätna. Bronte ist das Zentrum des italienischen Pistazienanbaus – hier werden 85 Prozent der gesamten Produktion Italiens erzeugt. Der etwas düster wirkenden Stadt sieht man ihre romantische Vergangenheit nicht an. 1799 übertrug Ferdinand IV. von Neapel das Fürstentum Bronte aus Dankbarkeit an den britischen Admiral Horatio Nelson, nachdem dieser den König nach Palermo in Sicherheit gebracht hatte, als die angreifenden Franzosen vor Neapel standen.

Das Anwesen von Nelson und den Bridports, die **Abbazia di Maniace** ⑥ (*Tel. 095 69 00 18, tägl. geöffnet*), liegt am nördlichen Stadtrand von Bronte. Nehmen Sie in Maletto (berühmt für seine Erdbeeren) die linke (westliche) Abzweigung von der Bergstraße, die von Bronte nach Randazzo führt, und sehen Sie sich den Lavastrom von 1823 an, der die Stadt beinahe vernichtet hätte.

Ursprünglich war die 1173 erbaute Abbazia ein Kloster, doch heute sieht das Gebäude eher wie ein englisches Landhaus aus, ist entsprechend möbliert und hat einen hübschen Garten. Auch die englischen Schriftstellerinnen Emily, Charlotte und Anne Brontë sind nach dem Ort Bronte benannt, denn ihr Vater, ein glühender Verehrer Nelsons, ließ seinen Nachnamen Brunty zu Ehren seines Helden ändern.

Randazzo ⑦, die mit 16 Kilometern am dichtesten am Gipfel liegende Ortschaft,

Siehe Karte S. 127
Catania
160 km Rundfahrt
Mindestens einen Tag
Catania oder Taormina

UNBEDINGT ANSEHEN

- Adrano und Umgebung
- Abbazia di Maniace
- Castagno dei Cento Cavalli
- Nebenstrecken zu den oberen Hängen
- Randazzo

Pionierpflanzen erobern die einst kargen, schwarzen Hänge des Ätna (rechts). Wo genügend Vegetation vorhanden ist, grasen Ziegen (oben)

ist wie durch ein Wunder der Zerstörung entgangen. Allerdings wurde der Ort 1943 durch die Bomben der Alliierten stark beschädigt. Die im 15. Jahrhundert erbaute Kirche **Santa Maria** ist durch ihre dunklen Lavasäulen besonders interessant. Ebenfalls sehenswert ist das **Museo Vagliasindi** (*Tel. 095 799 16 11*), eine Sammlung archäologischer Exponate, untergebracht in der ehemaligen Burg und dem Gefängnis des Ortes.

Von Randazzo aus führen die Straße und die Bahnlinie Richtung Osten durch eine der schönsten Landschaften am Ätna. Kurz hinter **Passopisciaro** liegt der gewaltige Lavastrom des Ausbruchs von 1981. Olivenbäume und die übrige Vegetation dokumentieren eindrücklich die Fruchtbarkeit der Region.

Weiter östlich liegt **Linguaglossa** ⑧ (*Besucherinformation, Piazza Annunziata 7, Tel. 095 64 30 94*). Von hier aus lassen sich die Nordhänge und das Skigebiet am besten besuchen. Fahren Sie auf der Nebenstraße weiter nach Piano Provenzana, und verpassen Sie auf keinen Fall die 500 Meter vor den Dörfchen Fornazzo und Sant'Alfio stehende **Castagno dei Cento Cavalli**, die Kastanie der hundert Pferde (*Tel. 095 96 87 72, Mo–Fr geschl.; geführte Touren sind nach telefon. Absprache wochentags möglich*). Sie ist mehr als 2000 Jahre alt und verdankt ihren Namen einer Legende, der zufolge Königin Johanna von Anjou einst in Begleitung von hundert Reitern unter ihren Ästen Schutz suchte. So weit hergeholt ist das nicht, denn der Umfang der drei Stämme beträgt stattliche 60 Meter.

Von Fornazzo führt die Straße Richtung Süden nach **Zafferana Etnea** ⑨, einem recht hübschen Ferienort, der von Weinbergen und Orangenhainen umgeben (und für seinen Orangenblütenhonig berühmt) ist. Wenn Ihre Zeit und das Wetter es zulassen, können Sie von hier aus Richtung Westen auf der steilen und spektakulären Straße zum **Rifugio Sapienza** weiterfahren und auf dem Rückweg eine der Nebenstrecken wählen, oder Sie fahren auf der Autostrada 18 (Autobahn) zurück nach Catania oder Taormina. ■

Straßencafé im Schatten der mächtigen Kirche San Giuseppe in Taormina

Taormina

TAORMINA IST SIZILIENS BEKANNTESTER FERIENORT; DAS Städtchen in den Hügeln erfreut sich seit mehr als hundert Jahren gleicher Beliebtheit im Sommer wie im Winter. Neben großstädtischem Flair hat Taormina Piazzas, bezaubernde Gassen, schicke Boutiquen, subtropische Gärten und tolle Ausblicke zu bieten.

Taormina

Karte S. 127 C3

Besucher-information

www.gate2taormina.com

Palazzo Corvaia, Piazza Santa Caterina

0942 232 43

Taormina liegt auf einer natürlichen Terrasse 204 Meter über dem Meer und wird vom zerklüfteten Gipfel des Monte Tauro überragt.

Wohl schon seit mindestens drei Jahrtausenden siedeln Menschen hier. Die erste dokumentierte Siedlung war Tauromenion, 403 v. Chr. von griechischen Flüchtlingen aus dem nahe gelegenen Naxos gegründet, einer Stadt, die von Syrakus zuvor zerstört worden war. Auch unter den Römern blühte die Kolonie und war für kurze Zeit die Hauptstadt des byzantinischen Sizilien. Schon 902 fiel sie an die Araber, 1078 an die Normannen. Danach schlummerte sie jahrhundertelang vor sich hin, war kaum mehr als ein hübsches Dörfchen in mildem Klima, das nur für seine schöne Lage und das sehenswerte griechische Theater bekannt war.

Im 18. Jahrhundert zählten wohlhabende Reisende, vor allem Engländer und Deutsche, zu den wenigen Besuchern des unbedeutenden Ferienortes, unter ihnen auch Goethe (1749–1832), der die Stadt als »ein Fleckchen Paradies auf Erden« bezeichnete. Noch 1850 beklagte ein englischer Besucher, W H. Bartlett, den mangelnden Geschäftssinn der Einheimischen mit den Worten: »Überall außer in Sizilien wäre ein Ort wie Taormina eine Goldgrube für Gastwirte, aber hier gibt es nicht ein einziges Plätzchen, an dem ein Reisender unterkommen und sich in Ruhe umschauen kann.«

Dies änderte sich erst 1866, als der Ort an das Eisenbahnnetz von Messina angeschlossen wurde, was den Besuchern die Anreise erheblich erleichterte. 1874 eröffnete als erstes Hotel das Timeo (es existiert noch heute); es bot den Besuchern endlich die lang ersehnte adäquate Übernachtungsmöglichkeit. Inzwischen gibt es in der Stadt mehr als 60 Hotels.

Im Laufe der Zeit wurde das Dorf zu einem beliebten Winterferienort, der mit jenen an der französischen Riviera durchaus konkurrieren konnte. 1896 weilten der deutsche Kaiser Wilhelm II. und 1906 der britische König Edward VII. als Gäste in Taormina.

Nach dem Ersten Weltkrieg folgten ihnen Schriftsteller, Künstler und Exilanten nach, so der britische Schriftsteller D. H. Lawrence (1885–1930), der von 1920 bis 1923 in Taormina lebte. Sogar kampferprobte Soldaten erlagen ihrem Charme – der deutsche Feldmarschall Kesselring schlug 1943 sein Hauptquartier in Taormina auf, obwohl die Stadt kaum eine strategische Bedeutung hatte.

In den 1950er Jahren bekam Taormina einen exklusiveren Flair, ein Filmfestival zog weitere Künstler, Schriftsteller und Schauspieler an. Zu ihnen gehörten Orson Welles, John Steinbeck, Greta Garbo, Rita Hayworth, Cary Grant und Salvador Dalì. Truman Capote schrieb hier *Frühstück bei Tiffany* und *Kaltblütig* und Tennessee Williams *Endstation Sehnsucht* und *Die Katze auf dem heißen Blechdach.*

Heute ist Taorminas Beliebtheit schon fast ein Fluch: Wer es einrichten kann, sollte die Zeit zwischen Juni und September meiden, wenn Touristen die Strände bevölkern und die schmalen Gassen verstopfen. Im April, Mai und Oktober wird es etwas besser, Kenner aber kommen im Winter und im Frühling: Dann ist der Himmel gewöhnlich wolkenlos, die Wildblumen blühen,

Motorroller prägen überall das Straßenbild – hier vor dem Palazzo Corvaia, dem Sitz des ersten sizilianischen Parlaments

und man kann den einstigen Charme des Bergdorfes ungestört genießen.

Der Großteil des Ortskerns ist Fußgängerzone, entsprechend wenig Parkplätze stehen zur Verfügung. Die meisten Besucher parken außerhalb (am besten zu erreichen ist der Parkplatz in Lumbi) und fahren von dort mit dem Shuttlebus, dem Taxi oder der kleinen Seilbahn (*funivia*) in den Ort. Eine Seilbahnstation liegt in Mazzarò, dem Badeort unterhalb der Stadt (mit einem weiteren großen Parkplatz). Alle drei Transportmittel befördern die Besucher ans obere Ende der Via Luigi Pirandello, der langen, gewundenen Straße, die von der Küste in den Ort hinaufführt.

Am Ende der Straße markiert der Torbogen der **Porta Messina** den Anfang von Taorminas Hauptstraße, dem sanft ansteigenden **Corso Umberto I**, der im Sommer ein wahrer Laufsteg ist. Hier gibt es viel zu sehen: Boutiquen, Souvenirläden, elegante Cafés, üppig bepflanzte Balkone, Antiquitätenläden, mehrere Kirchen und viele hübsche Paläste.

Direkt hinter dem Torbogen verbreitert sich der Corso zur **Piazza Vittorio Emanuele II**, erbaut an dem Ort, an dem sich einst das römische Forum befand. Die **Shaker Bar** (auf der linken Seite) war das Stammlokal von Tennessee Williams, der angeblich stets nur ein Glas Whisky kaufte und es dann heimlich unter dem Tisch aus einer mitgebrachten Flasche nachfüllte.

Das bedeutendste Gebäude am Platz ist der aus dem 14. Jahrhundert stammende **Palazzo Corvaia** (Corvaja) auf der rechten Seite. Sein maurischer Turm aus dem 10. Jahrhundert ist mit schwarzer Lava und weißem Bimsstein verkleidet, ein auffallender Schmuck, den man hier an vielen Gebäuden sieht.

Im Palast ist das Besucherzentrum untergebracht sowie das kleine **Museo Siciliano d'Arte e Tradizioni Popolari** (*Tel. 0942 232 43, Mo geschl.*), eine unterhaltsame und teilweise etwas exzentrische Sammlung einheimischer Kunst und Gebrauchsgegenstände. Zu den Exponaten gehören Karren, Puppen, Keramiken aus ganz Sizilien, Kunsthandwerk und diverse Produkte der Schafhirten, unter ihnen einige sehr schön gearbeitete Schafhalsbänder aus Holz und Horn.

Der große Saal des Palastes wird Sala del Parlamento genannt, da hier 1410 das sizilianische Parlament auf der Suche nach einem Nachfolger für das erloschene Königshaus Aragón tagte.

Wenn Sie mit Blickrichtung zum Palast auf der Piazza stehen, liegt links von ihm die aus dem 17. Jahrhundert stammende Kirche **Santa Caterina**, die teilweise über dem **Odeon** oder Teatrino Romano errichtet wurde, einem römischen Theater mit 200 Sitzplätzen aus dem 1. Jahrhundert. Die dürftigen Überreste des Theaters sind hinter der Kirche und im Mittelschiff zu sehen.

Auf der anderen Seite des Platzes führt die Via Teatro Greco zum

Teatro Greco (Griechisches Theater), der unbestritten größten Sehenswürdigkeit Taorminas (siehe S. 141).

Vorerst aber folgen Sie dem Corso, von der die kleine Seitenstraße Via Naumachia (links) zur **Naumachie** führt, die möglichen Überreste einer römischen Zisterne oder einer Sporthalle – die Experten sind sich da nicht sicher.

Wieder auf der Hauptstraße, gelangen Sie auf die **Piazza IX Aprile**, den Mittelpunkt von Taormina. Ihr Name bezieht sich auf den Tag im Jahr 1860, an dem sich die Bewohner von Taormina im Kampf um die Einheit Italiens gegen die Herrschaft der Bourbonen auflehnten. Die Piazza in der Mitte des Corso ist bei Tag und bei Nacht ein guter Platz, um sich niederzulassen und etwas zu trinken – wenn auch zu Preisen, die Sie vermutlich sonst nirgendwo auf Sizilien bezahlen. Doch es lohnt sich – nicht nur wegen der wundervollen Aussicht auf den Ätna und das Meer, sondern auch, weil es Spaß macht, die vorbeiflanierenden Menschen zu beobachten. Die vornehmsten Gaststätten sind das Caffè Wunderbar und das Mocambo.

Hinter dem Platz und dem Uhrenturm führt der Corso ins **Borgo Medioevale**, den ältesten Teil der Stadt, in dem man ge-

Die Strände

Taormina gilt zwar als Badeort, aber in den Buchten rund um Mazzarò sind die Strände eher kiesig. Den besten Sandstrand finden Sie in **Giardini-Naxos**, einem großen Ferienort weiter südlich, der aber meistens ziemlich überfüllt ist. Der Strand ist in kleine, gepflegte Abschnitte unterteilt (*stabilimenti balinari*), für die Benutzung von Strand, Duschen und anderen Einrichtungen müssen ein paar Euro bezahlt werden. ■

Die Auslagen der Boutiquen am Corso Umberto I ziehen Passantinnen magisch an

Das Teatro Greco, das antike Griechische Theater von Taormina, ist während des Kunstfestivals Schauplatz spektakulärer Aufführungen

legentlich an die arabische Vergangenheit der Stadt im 10. Jahrhundert erinnert wird.

Auf der **Piazza del Duomo** steht der eher düster wirkende Duomo (Kathedrale) aus dem 13. Jahrhundert. Sehenswerter ist der **Brunnen** (1635), gekrönt von einem merkwürdigen weiblichen Kentauren, dem Symbol der Stadt.

Ein paar Schritte weiter, an der **Porta Catania** (1440), endet der Corso. Links beginnt die Via del Ghetto, Teil des jüdischen Viertels, das bis 1492 bestand, als alle Juden aus Sizilien und anderen spanischen Besitzungen vertrieben wurden. Die kleine Straße führt zum **Palazzo Duchi dei Santo Stefano**, einem sehr schönen Palast aus dem 15. Jahrhundert, in dem häufig Ausstellungen stattfinden.

Halten Sie sich am Palast links, und Sie erreichen die **Piazza San Domenico** mit dem Palasthotel San Domenico, das 1894 eröffnet wurde und noch heute eines von Taorminas Luxushotels ist. Ein großer Teil dieses Viertels wurde 1943 durch alliierte Bomben stark beschädigt.

Die Via Roma am Südende der Piazza führt im Bogen zurück zur Piazza IX Aprile und bietet phantastische Ausblicke (Vorsicht, hier fahren Autos), aber es lohnt sich, zur Porta Catania zurückzukehren und in eine der Gassen rechts vom Corso zur **Badia Vecchia** abzubiegen, wo ein kleines Archäologisches Museum (*Via Circonvallazione 30, Tel. 0942 62 01 12, Mo geschl.*) Fundstücke aus dem Teatro Greco zeigt.

Folgen Sie der Via Dionisio (mit der Badia zu Ihrer Rechten), bis diese in die Via Circonvallazione übergeht, die oberhalb vom Corso parallel zu ihm verläuft. Knapp 300 Meter hinter der Badia zweigt nach links ein ausgeschilderter Pfad ab, der steil aufwärts verlaufend zur Kapelle der Madonna della Rocca und den Ruinen des **Castello Saraceno** auf dem Monte Tauro (398 m) führt.

Den Gipfel erreicht man alternativ über die Via Leonardo da Vinci, die in das rund fünf Kilometer nördlich von Taormina gelegene Felsendorf **Castelmola** führt. Wegen der Aussicht und des hervorragenden Mandelweins ist dieser Ausflug sehr beliebt.

Winston Churchill kam hierher, um zu trinken und zu malen, und ließ sich dazu im Caffè San Giorgio (*Piazza Sant'Antonio 1, Tel. 0942 282 28, im Winter Di geschl.*) nieder, das noch heute existiert. Sehen Sie sich die Einträge im Gästebuch an – dort finden Sie Namen wie John D. Rockefeller und die der Automobil-Legenden Rolls und Royce.

TEATRO GRECO

Das aus dem 4. Jahrhundert v. Chr. stammende griechische Theater in Taormina ist zwar etwas kleiner als das in Syrakus, durch seine Lage aber viel beeindruckender. Das einzigartige Panorama umfasst den Ätna, das Hochland Zentralsiziliens, das leuchtende Blau des Ionischen Meeres und die schneebedeckten Berge des Aspromonte auf dem italienischen Festland.

Trotz seines griechischen Ursprungs stammt ein Großteil des heutigen Baus aus der Römerzeit. Die Römer fügten zwischen dem 1. und dem 3. Jahrhundert unter anderem die gut erhaltene Bühne *(scena)* hinzu und änderten die Form des Auditoriums *(cavea)*, um Raum für Gladiatorenkämpfe zu schaffen.

Anders als im Theater von Syrakus werden in Taormina keine klassischen Dramen aufgeführt, sondern Musicals und andere moderne Stücke – allerdings nur in der Zeit des Festivals **Taormina Arte** (*Corso Umberto I 19, Tel. 0942 211 42, www. taormina-arte. com*) von Juli bis September.

Unterhalb des Theaters liegt ein wundervoller Garten im **Parco Duca di Cesarò** *(Via Bagnoli Croce)*, eine Anlage, die auf ihre Art genauso schön ist wie das Theater. Diese Oase aus Bäumen, Sträuchern und seltenen wie auch exotischen Pflanzen wurde 1899 von Lady Florence Trevelyan geschaffen, einer Schottin, der nach einer Affäre mit dem künftigen König Edward VII. dringend »nahe gelegt« wurde, Großbritannien zu verlassen. ■

Teatro Greco

Karte S. 127
Via Teatro Greco 40
0942 23 220
Tägl. 9 Uhr bis 1 Std. vor Sonnenuntergang
€€

Schichten erstarrter Lava des Ätna in der Gola dell'Alcantara

Gola dell'Alcantara

Die atemberaubende Schlucht liegt 17 Kilometer westlich von Taormina an der S185 nach Francavilla di Sicilia. Sie ist zwar touristisch sehr erschlossen, aber trotzdem sehenswert. Ein Aufzug führt hinab zum Flussbett. Im Winter oder nach starken Regenfällen ist die Schlucht jedoch unpassierbar. ■

Weitere Sehenswürdigkeiten

Ständig überfüllt: Isola Bella und der Mazzarò-Strand zwischen Messina und Catania

CATANIA

Siziliens zweitgrößter Stadt Catania fehlen die Sehenswürdigkeiten, die man in einer Stadt dieser Größe erwartet. Zum Teil sind Naturkatastrophen wie Erdbeben und Ausbrüche des Ätna dafür verantwortlich, aber ebenso Jahrzehnte bürokratischer Inkompetenz. Wirtschaftlich geht es der Stadt gut, doch die meisten Unternehmen und auch die wohlhabenderen Einwohner sind abgewandert, so dass die Innenstadt heute einen ziemlich trostlosen Anblick bietet.

Falls Sie in Catania landen, sollten Sie wissen, dass die Stadt mit Temperaturen von mehr als 40 °C eine der heißesten Italiens ist. Sehen Sie sich die **Kathedrale** (*Piazza del Duomo*) an, das Meisterstück von Giovanni Battista Vaccarini (1702–68), der einen Großteil von Catanias barockem Stadtkern entworfen hat. Wandern Sie auch die Hauptstraße **Via Etnea** sowie die **Via Crociferi** hinunter, Letztere ist die schönste barocke Straße der Stadt. Steht Ihnen der Sinn nach einem ruhigen, schattigen Plätzchen, so besuchen Sie den Park **Villa Bellini** nördlich des Zentrums (*Via Santo Euplio/Via Pacini*). Trotz seiner fehlenden Sehenswürdigkeiten hat Catania eine Menge Theateraufführungen, Konzerte und Festivals zu bieten.

Karte 127 B1, S. 133 **Besucherinformation** www.apt.catania.it oder www.turismo.catania.it
Via Cimarosa 10 095 730 62 11

MESSINA

Die große Küstenstadt, hinter der die Monti Peloritani aufragen, ist das Erste, was Besucher vom italienischen Festland zu sehen bekommen. Messina ist eine moderne und geschäftige Stadt, die wie Catania kaum Sehenswürdigkeiten zu bieten hat.

Das kann man der Stadt aber nicht vorwerfen, denn Messina hatte eine Pechsträhne, die selbst für sizilianische Verhältnisse extrem war. 1908 kamen 80 000 der 120 000 Einwohner bei einem Erdbeben um, das die Stadt dem Erdboden gleichmachte und die Küste einen halben Meter absinken ließ. Der Wiederaufbau war gerade abgeschlossen, als der Krieg alles wieder zunichte machte – auf Messina fielen im Zweiten Weltkrieg mehr Bomben als auf jede andere italienische Stadt.

Abgesehen von der wieder aufgebauten **Kathedrale** (Duomo) mit dem hübschen Glockenturm *(Piazza del Duomo)*, ist der einzige wirkliche Grund für einen Besuch Messinas das **Museo Regionale** (*Viale della Libertà 465, Tel. 090 36 12 92, Mi und Fr nachm., So geschl.*). Prunkstück dieses Museums sind die *Madonna mit den Heiligen Gregor und Benedikt* (1473), ein fünfseitiges Polyptychon von Antonello da Messina (um 1430–79), dem bedeutendsten Renaissance-Maler Siziliens, sowie zwei Werke des italienischen Künstlers Caravaggio (1573–1610), die er während seines Aufenthaltes im Jahr 1609 im Auftrag der Stadt malte.

Karte S. 127 D5 **Besucherinformation** www.azienturismomessina.it
Piazza Cairoli 090 69 47 80 ■

Ein Highlight Nordsiziliens sind die Liparischen oder Äolischen Inseln. In den Madonie- und Nebrodi-Gebirgen hat sich das Leben seit Jahrhunderten kaum verändert.

Der Norden Siziliens

Tonmaske von der Insel Lipari

Der Norden Siziliens

DIE REGION ZWISCHEN PALERMO UND MESSINA BIETET VIER UNTERSCHIEDliche Landschaften: einen bebauten Küstenstreifen mit dem Urlaubsort Cefalù, die traumhaften Liparischen Inseln (Isole Eolie) vor der Nordküste, die mächtigen Gebirgswände der Monti Nebrodi und der Madonie sowie die sanften Hügel und Ebenen im Landesinneren.

Es gibt verschiedene Möglichkeiten, den Norden Siziliens zu bereisen. Am schnellsten zugänglich ist er über die Küstenautobahn A20, doch hat man von ihr immer nur kurze Ausblicke auf Strände, Klippen oder das Hinterland.

Unter den Küstenstädtchen ist nur eines uneingeschränkt zu empfehlen: Cefalù, das hübsche Gassen, einen schönen Strand und nach Monreale die zweitschönste normannische Kathedrale der Insel zu bieten hat. Auch der Besuch der antiken Stätten Tindari und Solunto lohnt sich, ebenso die Burg von Caccamo und die hübschen Badeorte Sant' Agata di Militello, Capo d'Orlando und Capo Zafferano.

Am schönsten ist die Fahrt durch die Küstengebirge Le Madonie und Monti Nebrodi, die südlichen Ausläufer der Apenninen. Hier kommt man zwar nur langsam vorwärts, aber die Aussicht macht das mehr als wett. Nur hier werden Sie noch ein Stück traditionelles Sizilien vorfinden, das andernorts längst verschwunden ist. Von den beiden Gebirgen ist Le Madonie das höhere, in dem auch die hübscheren (und leicht zu erreichenden) Dörfer liegen. Cefalù ist dabei ein guter Ausgangspunkt für einige reizvolle Rundfahrten durch die Madonie.

Zu den sieben winzigen, sehr sehenswerten Eilanden der Liparischen (Äolischen) Inseln bringen Sie Fähren oder Tragflächenboote.

Die Hauptattraktion der Liparischen Inseln ist der Vulkan Stromboli mit seinen regelmäßigen Ausbrüchen. Doch auch die anderen Inseln haben ihren ganz eigenen Reiz, nicht zuletzt wegen ihrer eindrucksvollen schwarzen Lavasandstrände und der grandiosen Aussicht. Zwischen den Inseln verkehren Fähren, doch die beiden entferntesten und zugleich schönsten Inseln Panarea und Alicudi werden selten angefahren. ■

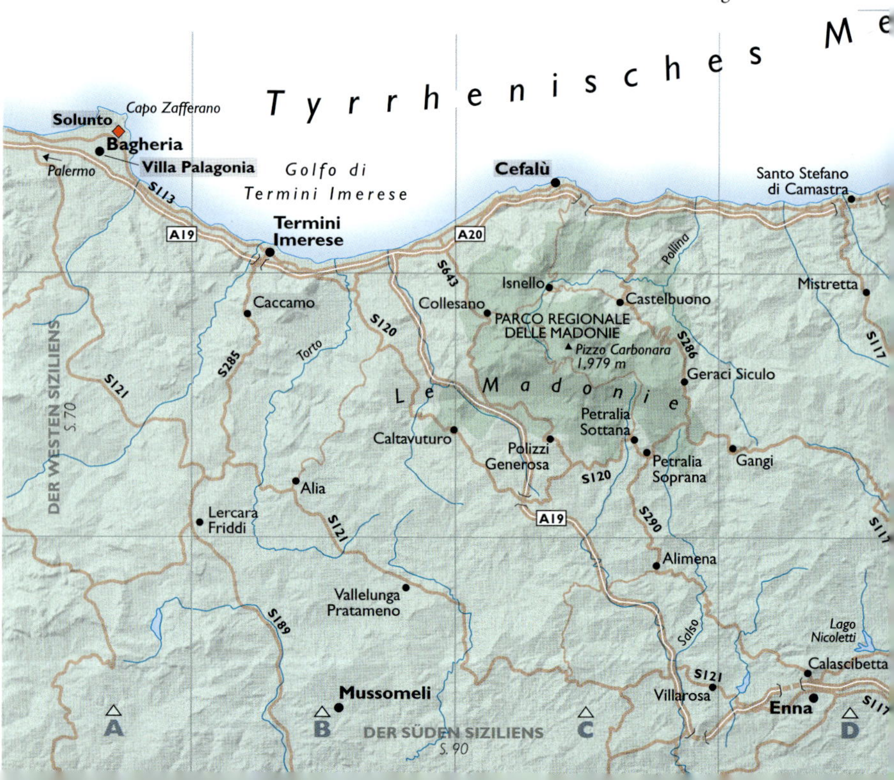

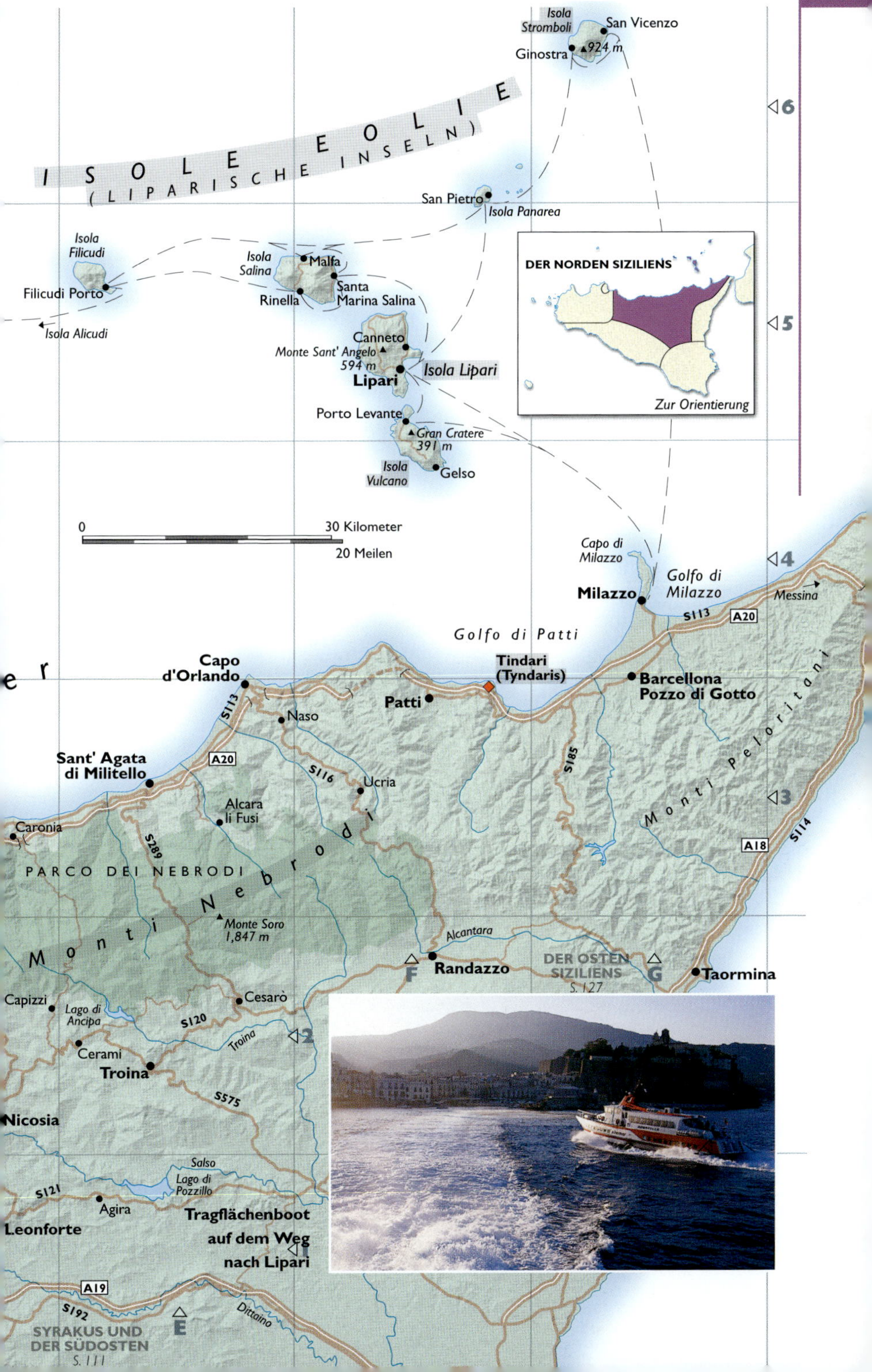

Tragflächenboot auf dem Weg nach Lipari

Liparische Inseln

Liparische Inseln
Karte S. 144–145 D5–D6

Besucher-information
www.eolnet.it
www.amapanarea.it
www.isolasalina.com
www.isoladistromboli.com
Corso Vittorio Emanuele II 202, Lipari
090 988 00 95

Anmerkung: Informationen zum Fährverkehr ab Milazzo über NGI (Tel. 090 928 34 15, www.cormorano.net/ngi); SIREMAR (Tel. 090 928 32 42, www.siremar.it oder www.tirrenia.it); USTICA LINES (Tel. 090 928 78 21 oder Info: 340 902 37 31, www.usticalines.it).

RUND UM SIZILIEN LIEGEN VIELE WUNDERSCHÖNE INSELN, doch keine übt die gleiche Faszination wie die Liparischen (oder Äolischen) Inseln (Isole Eolie) aus, die legendäre Heimat von Vulkan und Äolus, die Götter des Feuers und des Windes. Die sieben Inseln sind vulkanischen Ursprungs, ihre Vulkane teils erloschen, teils noch aktiv. Besucher kommen in erster Linie hierher, um einen aktiven Vulkan zu erleben oder aber um das azurblaue Meer zu genießen.

Fähren und Tragflächenboote zu den Inseln fahren in Neapel, Palermo, Cefalù und Messina ab, aber der direkteste Weg ist die Fährverbindung von Milazzo, der 26 Kilometer entfernten Hafenstadt an der Nordküste, nach Lipari. Ausgangspunkt für Bootsfahrten zu den anderen Inseln

ist die Isola Lipari. Sie ist auch die einzige, auf der ein Auto ganz nützlich wäre, doch empfiehlt es sich trotzdem, den eigenen Wagen auf Sizilien stehen zu lassen. Auf den größeren Inseln fahren regelmäßig Busse, die kleineren kann man bequem zu Fuß, mit dem Fahrrad oder dem Motorroller bereisen (Letztere lassen sich auf den Inseln mieten). Ihren Wagen können Sie im Parkhaus in Milazzo abstellen, oder Sie erkundigen sich im Besucherzentrum *(Piazza Duilio Caio 10, Tel. 090 922 28 65, www. aastmilazzo.it).*

Wandern und Schnorcheln sind die beliebtesten Freizeitaktivitäten auf den Inseln, aber auch die großartigen Weine, das gute Essen, die heißen Quellen und vulkanischen Schlammbäder, der herrliche Meerblick, die faszinierenden Landschaften, das geruhsame Kleinstadtleben und die entspannte Atmosphäre tragen zum Reiz der Inseln bei.

Rechnen Sie aber nicht damit, diese für sich allein zu haben. Die drei großen – Stromboli, Vulcano und Lipari – sind, zumindest im Juli und August, häufig so überlaufen,

Wanderer weichen auf einem Vulkan einer Fumarole aus. Zeugnisse vulkanischer Aktivitäten findet man überall auf den Liparischen Inseln

Abenddämmerung über der Stadt Lipari. Lipari ist die wichtigste Stadt auf der größten Insel des Archipels

dass Sie unbedingt im Voraus buchen sollten. In der Nebensaison ist das, abgesehen von Spitzenreisezeiten wie den Osterfeiertagen, nicht nötig.

Lipari bietet sich als Basis für den Besuch der Nachbarinseln an, die Isola Salina ist die weniger überlaufene Alternative. Das beliebteste Ausflugsziel aber ist die Isola Stromboli: Eine Wanderung zu ihrem aktiven Krater ist, vor allem bei Nacht, ein unvergessliches Erlebnis. Vulcano hat zwar keine speienden Krater mehr, doch die heißen Quellen und Schlammbäder sind sehr beliebt. Die Aussicht von Vulcano ist atemberaubend, Wanderungen durch die bizarren Vulkanlandschaften locken Heerscharen von Besuchern an. Panarea ist die kleinste und schickste der Inseln; das unerschlossene Filicudi ein Paradies für Taucher und Insel-Liebhaber, die entlegene Alicudi die wildeste und am seltensten besuchte Insel. Alle sieben Inseln zählen zum Weltnaturerbe der Unesco.

Die größte Insel ist die **Isola Lipari** – was ihr an vulkanischer Aktivität fehlt, macht sie durch Schönheit wett.

Das **Museo Archeologico Eoliano** *(Tel. 090 988 0174)* ist in den vier Gebäuden der alten Zitadelle rund um die aus dem 11. Jahrhundert stammende Kathedrale untergebracht. Die Inseln sind schon seit mindestens 7000 Jahren bewohnt: Die frühesten Siedler und Händler lockte der Obsidian, ein hartes Vulkangestein, aus dem die Menschen der Jungsteinzeit Werkzeuge und Waffen herstellten. Das Museum von Lipari besitzt eine der schönsten Kollektionen solcher Stücke sowie weitere prähistorische Artefakte.

Die zweite Stadt **Canneto** hat einen langen Kiesstrand und mit **Spiaggia Bianca** den schönsten Sandstrand der Insel. Nördlich von Canneto führt die Küstenstraße am Monte Pelato (432 m) vorbei, der zum Teil aus Bimsstein besteht, einem leichten, vulkanischen Gestein, das noch heute für die chemische Industrie als Baumaterial und zur Herstellung von Glas abgebaut wird.

Eine Bootsfahrt zur **Cave de Pomice** mit ihren alten Bimssteinklippen und -gruben in der traumhaften Bucht von Porticello sollten Sie sich nicht entgehen lassen. Dasselbe gilt für die Aussicht von Puntazze und für den noch besseren Blick von **Quattrocchi** aus. Wenn Ihnen der Sinn nach einer Wanderung steht, besteigen Sie den **Monte Sant' Angelo** (594 m), einen erloschenen Vulkan, den Sie am leichtesten von Pianoconte aus erreichen.

Ein Besuch **Strombolis** ist für viele Naturliebhaber ein Höhepunkt ihres Besuchs der Liparischen Inseln, vor allem wegen der rund viermal pro Stunde stattfindenden Vulkanausbrüche. Falls eine Übernachtung nicht möglich ist, können Sie die Insel von Lipari, Salina oder jeder der anderen Inseln aus in einem Tagesausflug bequem besuchen. Die Boote legen nahe San Vincenzo an, einem melancholischen Örtchen, das zusammen mit Piscità, Ficogrande und San Bartolo die größte Siedlung der Insel, **Stromboli Paese**, bildet.

Den Krater erreichen Sie zu Fuß mit einem Führer *(Tel. 090 98 62 63 oder 090 98 62 11)*, doch zieht sich der Weg auf den 924 Meter hohen Gipfel. Planen Sie für den Auf- und Abstieg insgesamt sechs bis sieben Stunden ein, und nehmen Sie ausreichend Wasser mit. Alternativ kann man sich auf ein Teilstück beschränken oder den 30 Minuten dauernden Pfad zum **Osservatorio di Punta Labronzo** *(Via Serra, Tel. 090 98 11 08, geöffnet nach Vereinbarung)* im Norden der Insel einschlagen.

Die Eruptionen und rauchenden Lavaströme können auch vom Boot aus beobachtet werden. Besonders eindrucksvoll ist dieses Naturschauspiel bei Nacht; viele Besucher nehmen deshalb das Abendboot und campieren in der Nähe des Gipfels oder schließen sich geführten Touren an *(meist 17–24 Uhr oder 24 Uhr bis Sonnenaufgang)*. Sie sollten jedoch wissen, dass die Aktivität des Vulkans seit Dezember 2002 deutlich zugenommen hat – es kann also sein, dass Ihnen der Zugang zum Gipfel von offizieller Seite aus verwehrt wird.

Badefreuden in einem natürlichen Thermalbecken vulkanischen Ursprungs in der Nähe von Porto Levante auf der Insel Vulcano

Vulcano verdankt ihren Namen der Legende, derzufolge sich hier die Schmiede von Vulkan, dem Gott des Feuers, befunden haben soll. Die letzte große Eruption ereignete sich 1890, aber blubbernde Schlammpfützen und Fumerolen sind der eindrückliche Beweis für eine anhaltende tektonische Aktivität auf der 21 Quadratkilometer großen Insel. Boote legen in **Porto Levante** unterhalb des Hauptkraters, **Gran Cratere** oder Fossa di Vulcano (391 m), an. Der Vulkan ist leicht zu besteigen und bietet einen grandiosen Blick auf den Krater und die Insel. Planen Sie zwei Stunden für die Wanderung ein – und starten Sie frühmorgens oder am Spätnachmittag, denn unterwegs gibt es keinen Schatten.

Die einzige Straße der Insel südwestlich vom Hafen führt über das Dörfchen Piano nach Gelso mit einem ruhigen Strand, der **Spiaggia dell'Asino**.

Panarea, **Filicudi** und **Alicudi** sind wunderschöne, weitgehend unverdorbene Inseln mit sehenswerten Küstenlinien, grünem Inland und einigen erstklassigen Stränden. ■

Die Araber nannten die Monti Nebrodi eine »Insel auf einer Insel«. Bis heute ist das Bergland eine einsame, abgeschiedene Gegend Siziliens geblieben

Monti Nebrodi

DIE MONTI NEBRODI ZÄHLEN ZU DEN WENIGEN REGIONEN, in denen das unverfälschte alte Sizilien erhalten geblieben ist. Der Bergzug trennt die Nordostküste der Insel wie ein grüner Gürtel von der hügeligen Landschaft im Inselinneren und eignet sich mit seinen dichten Wäldern, den kahlen Berggipfeln und den Hochlandweiden ideal für ausgedehnte Wanderungen oder einsame Rundfahrten.

Die Damhirsche, die dem Nebrodischen Gebirge seinen Namen gaben – (griechisch: *nebros*) –, sind längst ausgestorben, Gleiches gilt für die Elefanten, Nashörner und Flusspferde, deren Fossilien hier gefunden wurden. Die letzten Wölfe verschwanden in den 1920er Jahren. Auch die heutige Flora und Fauna wäre wohl längst zerstört, wäre diese einzigartige Wildnis nicht 1993 zum **Parco dei Nebrodi** erklärt worden, einem Schutzgebiet, das sich von Randazzo im Osten (an den Hängen des Ätna) 70 Kilometer weit bis nach Mistretta und in die Ausläufer der benachbarten Madonie im Westen erstreckt (siehe S. 154f).

Erwarten Sie im Naturschutzgebiet keine ausgeschilderten Wege; es ist nahezu unberührt und bietet wenig historisch oder kulturell Interessantes, dafür aber landwirtschaftliche Traditionen, die andernorts auf Sizilien längst ausgestorben sind. Auf den hoch gelegenen Weiden können Sie noch auf Schafhirten treffen, die wie Generationen vor ihnen von Hand melken und die Milch zu Ricottakäse verarbeiten.

Es ist aber auch eine Region mit wenigen Straßen und Dörfern, ideal für alle, die auf der Suche nach unberührter Natur sind – und bereit sind, dafür auch lange Autofahrten in Kauf zu nehmen. Unterschätzen Sie nicht die Länge der Straßen, die sich oftmals in unzähligen Kehren durch die Berge schlängeln.

Eine dieser Straßen, die S120, führt in ostwestlicher Richtung an der Südflanke des Gebirges entlang. Die mittelalterliche Stadt **Nicosia** ist ein idealer Ausgangspunkt für die Erkundung der Region. Von Norden nach Süden führen nur drei Straßen durch die Berge: die S116, die zwischen Ucria und Randazzo am schönsten ist, die landschaftlich besonders reizvolle S289, deren hoch gelegener mittlerer Abschnitt der spektakulärste ist, und die S117, eine weitere Bergstraße, die zwischen Mistretta und Nicosia herrliche Ausblicke bietet.

Eine vierte Nord-Süd-Strecke, deren schlechter Zustand durch ihre Schönheit wettgemacht wird, führt von **Caronia** an der Küste über Capizzi auf die S120 zwischen Nicosia und **Troina**. Letzteres ist mit 942 Metern Höhe eines der höchstgelegenen Dörfer Siziliens. Jede dieser Straßen kann von der S120 oder der Haupt-Küstenstraße aus angefahren werden, außerdem sind Rundfahrten durch die Berge möglich. Seitenstraßen und Feldwege verleihen den Ausflügen die richtige Würze, zum Beispiel die vier Kilometer lange Bergstrecke, die von der S289 auf den **Monte Soro** führt, den mit 1847 Metern höchsten Gipfel der Monti Nebrodi. Sehenswert ist auch eine weitere Nebenstrecke Richtung Westen, die von **Cesarò** fast bis nach Cerami führt.

In den Bergen finden Sie Reste früherer Wälder, die hoch oben auf dem kalkhaltigen Boden wachsen. Die Wälder und die großen Seen sind Lebensraum für 150 Vogelarten; auf den Felsvorsprüngen brüten seltene Greifvögel wie Steinadler, Gänsegeier und Schmutzgeier. Neben Wanderungen besteht auch die Möglichkeit zu Ausritten, die viele kleine Höfe anbieten *(equiturismo)*. Die Pferderasse heißt *sanfratellano*. ■

Monti Nebrodi

Karte S. 144–145 D2–F3

Besucher-information

www.parks.it/parco.nebrodi
www.parcodeinebrodi.it

Caronia

✉ Via Ruggero Orlando 126
☎ 0921 33 32 21

Cesarò

✉ Strada Nazionale (S120)
☎ 095 773 20 61

Nicosia

✉ Municipio, Piazza Garibaldi
☎ 0935 63 81 39

Outdoor-Aktivitäten

Siziliens Berge, die Küste und die Inseln bieten genügend Möglichkeiten zur sportlichen Betätigung, wenn auch die hierfür nötigen Einrichtungen – von einigen Ausnahmen abgesehen – nicht mit denen auf dem italienischen Festland zu vergleichen sind.

Obwohl das erste Naturschutzgebiet – die Riserva Naturale dello Zingaro – erst 1981 eingerichtet wurde, bemühen sich Siziliens Umweltschutzorganisationen darum, die für Sizilien so typische Zersiedelung in vernünftigen Grenzen zu halten.

Wandern gestaltet sich nicht ganz so problemlos wie auf dem italienischen Festland oder in den Alpen. Zwar finden sich auf Sizilien unzählige alte Maultierpfade, aber kaum markierte Strecken und noch weniger brauchbare Karten, die einem helfen, diese Pfade zu finden. Ausnahmen sind die Region um den Ätna, das Zingaro-Naturschutzgebiet, Pantalica und Inseln wie Marettimo, wo die Pfade so ausgetreten sind, dass

Oben: Mit dem Hundeschlitten auf den Ätna. Gegenüber: Wandern auf Stromboli

man auch ohne große Planung loswandern kann.

Italiens offizielle Naturpark-Website *(www.parks.it)* ist eine nützliche Adresse für erste Informationen zu Wandermöglichkeiten, ebenso die des Club Alpino Italiano (CAI) *(www.cai.it)*. Informationen zu den WWF-Naturparks sind unter *www.wwf.it/Sicilia/* zu finden und allgemeine Informationen auf der Seite der Umweltschutzgruppe Legambiente *(www.legambiente.sicilia.it)*. Vogelbeobachter werden diese Seiten ebenfalls interessant finden und natürlich auch die LIPU-Seite *(www.lipusicilia.it)*, erstellt von Siziliens führendem Vogelschutzbund. Die Ente Fauna *(www.entefaunasiciliana.it)* hat sich dem Schutz der Wildtiere verschrieben.

Die Besucherzentren helfen auch bei der Suche nach einer Möglichkeit zum **Reiten**, was überwiegend in ländlichen Gegenden, vor allem in den Monti Nebrodi und der Madonie, angeboten wird. Adressen und weitere Informationen erhält man über die Federazione Italiano Turismo Equestre *(Tel. 0932 25 76 39, www.fiteec-ante.it)*.

Radfahren ist gewöhnlich kein Problem. In den großen Touristenzentren gibt es Fahrradverleihe; viele alte Bahnstrecken sind zu Radwegen umgebaut worden. Siciclando *(Tel. 091 90 60 86, www.siciclando.com)* organisiert Gruppen- wie Einzelfahrten auf der Insel. Wanderungen durch die großen Schluchten der Insel werden ebenfalls angeboten *(Associazione Italiana Canyoning, Tel. 095 708 19 95)*, attraktiv sind auch Höhlenwanderungen *(siehe CAI und Legambiente, links)*.

Am Meer sind Schnorcheln und Tauchen beliebte Sportarten, vor allem auf den Inseln Pantelleria, Ustica und Lampedusa. Surferzentren sind Mondello, Cefalù, Marina di Ragusa, Scaletta und Agrigent *(www.shorebreak.it oder www.windsurfitalia.da.ru)*. ■

Le Madonie

Le Madonie
Karte S. 144–145 B2–C3

NUR DER ÄTNA ÜBERRAGT NOCH DIE GIPFEL DER MADONIE, die sich über die Nordküste erheben und hervorragende Wandermöglichkeiten bieten. Die Ausblicke auf die Liparischen Inseln und das wellige Hochland im Inselinneren suchen ihresgleichen.

Das Bergdorf Petralia Sottana

Parkinformation
www.parks.it/parco.madonie
✉ Parkverwaltung, Corso Paolo Agliata 16, Petralia Sottana
☎ 0921 68 40 11

Castelbuono
www.comune.castelbuono.pa.it
✉ Via Umberto I
☎ 0921 67 11 24

Die im Parco Naturale Regionale delle Madonie geschützte Berglandschaft ähnelt der der Monti Nebrodi – sie ist ebenso unberührt, leer und landschaftlich vielfältig. Ihr höchster Punkt, der Pizzo Carbonara, erreicht 1979 Meter – insgesamt sind alle Gipfel etwas leichter zu erreichen und bieten ein besseres Wanderwegenetz.

In der Madonie liegen eine Reihe sehenswerter Dörfer, die Sie problemlos von **Cefalù** (siehe S. 156f) im Rahmen einer Tagesfahrt besuchen können. Wollen Sie unterwegs übernachten, dann lohnt sich die Fahrt von Cefalù nach Enna. Von dort können Sie über die A19 nach Cefalù (oder Palermo) zurückkehren oder Richtung Osten zum Ätna, nach Taormina oder Syrakus weiterfahren. Auch die Fortsetzung der Fahrt Richtung Süden zur Villa Imperiale del Casale ist möglich.

Fahren Sie zunächst auf der A20 oder auf der Küstenstraße von Cefalù aus acht Kilometer Richtung Osten, und folgen Sie dann der S286 Richtung Süden nach **Castelbuono**, das um eine Burg aus dem 14. Jahrhundert erbaut wurde *(Tel. 0921 67 12 11)*. Das interessante **Museo Minà Palumbo** *(Via Roma 52, Tel. 0921 67 18 95 oder 0921 67 11 24,*

Mo nachm. geschl.) zeigt Fossilien, Kunsthandwerk, archäologische Funde und naturgeschichtliche Exponate.

Weiter südlich führt die Straße durch **Geraci Siculo**. Im Bergdorf sollten Sie nicht die Mühe scheuen, zur Burgruine (1072) hochzusteigen, von der aus man eine herrliche Aussicht hat. Die Straße stößt dann auf die S120, von der aus Sie ein vier Kilometer langer Abstecher nach Südosten in das wunderschön gelegene **Gangi** bringt.

Kehren Sie zur S120 zurück, und setzen Sie die Fahrt Richtung Westen ins hübsche **Petralia Soprana** fort. Die Aussicht auf die Berge ist atemberaubend, und die mittelalterlichen Gassen sind sehenswert. Biegen Sie dann in eine Seitenstraße Richtung Norden ein, um sich das von Bergen umringte Dorf **Petralia Sottana** anzusehen.

Ebenso reizvoll ist **Polizzi Generosa**, ein hübsches Dorf, zu dem ein zwölf Kilometer langer Abstecher nach Westen führt. Hier finden Sie einige schöne Kirchen und das kleine **Museo Madonita** *(Tel. 0921 64 94 78, nachm. geschl.)*.

Die Nebenstrecke von Petralia Sottana über Isnello ist landschaftlich viel reizvoller als die S643. Sie führt mitten durch die Berge. Fahren Sie von Petralia Soprana Richtung Süden nach **Enna**. Die hübsche Stadt liegt auf einem mächtigen Felsvorsprung, ihrer wundervollen Aussicht verdankt sie auch ihren Beinamen »Belvedere di Sicilia« (Balkon von Sizilien). Eine Kombination aus guten Restaurants, günstigen Hotels und interessanten Sehenswürdigkeiten macht Enna zu einem idealen Platz zum Verweilen oder Übernachten. Besuchen Sie die **Burg** *(Tel. 0935 403 47)*, den **Duomo** und das hervorragende **Museo Alessi** *(an der Via Roma, Tel. 0935 50 31 65)*. ■

Die Festa dei Pastori findet alle sieben Jahre in Geraci Siculo statt; hier die traditionelle Prozession

Polizzi Generosa
✉ Via Umberto I
☎ 0921 649 018

Enna
www.apt-enna.com oder
www.enna-sicilia.it
✉ Piazza Colajanni 6
☎ 0935 26 119

Cefalù mit seiner gewaltigen normannischen Kathedrale liegt zu Füßen eines steil aufragenden Felsens

Cefalù

CEFALÙ IST VON DER BAUWUT DER LETZTEN JAHRZEHNTE weitgehend verschont geblieben. Das hübsche kompakte Städtchen am Fuße einer hohen Felswand hat viel zu bieten: eine der malerischsten Lagen der Insel, schöne Strände und die normannische Kathedrale mit einer der großartigsten Christus-Darstellungen der westlichen Kunst.

Cefalù

Karte S. 144–45 C3

Besucherinformation

Corso Ruggero 77

0921 421 050

Cefalù wurde wahrscheinlich im 9. Jahrhundert v. Chr. von den Sikulern gegründet; der Name stammt vom griechischen Wort *kephalos* oder *kephaloidion* (Kopf) ab und bezieht sich auf die Form der Felswand, die den Ort überragt und das Herzstück der ursprünglichen Siedlung bildete. Die Araber bauten hier zwischen 858 und 1063 eine Zitadelle, aber die Stadt blühte erst auf, als Normannenkönig Roger II. die Siedlung im 12. Jahrhundert Richtung Meer vergrößern ließ.

Heute locken der Charme der kleinen Stadt und ihre schönen Strände unzählige Besucher an, deshalb sollte man in den Sommermonaten im Voraus buchen. Nachtleben, Einkaufsmöglichkeiten und Restaurants sind sehr gut.

Dieser führt unweigerlich zur **Piazza del Duomo**, die sich für eine Pause hervorragend eignet. In den Ecken wachsen Palmen, die von der beeindruckenden **Kathedrale** (Duomo, 1131–1240) überragt werden. Der Legende zufolge wurde sie auf Geheiß Rogers II.

gebaut, der einen Schiffbruch überlebt und der Madonna für seine Rettung eine Kirche versprochen hatte.

In den 1970er Jahren wurde ein Großteil der barocken Innenausstattung entfernt, davon abgesehen ist die Kirche die letzten 800 Jahre nahezu unverändert geblieben. Beachten Sie die herrliche Holzdecke und die alten, römischen Säulen im Mittelschiff, die das Auge auf das großartige **Apsis-Mosaik** lenken, eine Darstellung des segnenden Christus Pantokrator. Sie stammt aus dem Jahr 1148 und ist damit die früheste Version dieses Motivs, das man in Sizilien auch an anderen Orten bewundern kann. In der linken Hand hält Christus einen Text aus dem Johannes-Evangelium in Griechisch und Latein – »Ich bin das Licht der Welt; wer mir nachfolgt, wird nicht wandeln in der Finsternis«. Unterhalb von Christus stehen drei Figurenreihen, unter ihnen die von den Erzengeln flankierte Jungfrau Maria und darunter die Apostel. Die Mosaiken an den Seitenwänden des Chors stammen aus dem späten 13. Jahrhundert. Die zwei Marmorthrone waren für den Bischof von Cefalù und Roger II. gedacht.

Nicht weit von der Kathedrale entfernt, liegt das **Museo Mandralisca** *(Via Mandralisca 13, Tel. 0921 42 15 47, www.museomandralisca.it)* mit einer schönen Sammlung an Münzen und Medaillen, keramischen Gefäßen, griechischen und römischen Artefakten und einem grandiosen Gemälde, dem *Bildnis eines Mannes* (1465–72) von Antonello da Messina (1430–79), Siziliens bedeutendstem Renaissance-Künstler. Baron Enrico di Mandralisca (1809–64), ein Lokalpolitiker aus Cefalù, kaufte das Gemälde von einer Apotheke auf der Insel Lipari, wo es in eine Schranktür eingebaut gewesen war.

Ein Ausflug zur **Rocca**, dem Standort der einstigen Zitadelle auf der Klippe, wird mit einer grandiosen Aussicht belohnt. Die Wanderung dauert etwa 40 Minuten, weitere 20 sollten Sie für einen Abstecher zum so genannten **Tempel der Diana** einplanen, einem Gebäude aus dem 5. Jahrhundert v. Chr. Gehen Sie dafür auf dem Vicolo Saraceni am Bankgebäude an der Ostseite der Piazza Garibaldi vorbei, einem Platz, der am Südende des Corso Ruggero (Hauptstraße) liegt. Achten Sie auf dieser Straße (Ecke Via Amendola) auf die Osteria Magno, die vermutlich einst Rogers Palast war und in der heute Ausstellungen stattfinden. ■

Die schönen Strände in der Nähe der historischen Altstadt erfreuen sich größter Beliebtheit

Weitere Sehenswürdigkeiten

CACCAMO

Die Kleinstadt, vermutlich eine phönizische Gründung, liegt malerisch zwischen Hügeln und Olivenhainen. Ihre **Kathedrale** (gegründet 1090) und mehrere ihrer **Kirchen** sind durchaus sehenswert, Hauptattraktion aber ist die gut erhaltene **Burg** *(Via Termitana, Tel. 091 810 31 11)*.

Die größte Burg Siziliens – und wahrscheinlich eine der größten Italiens – stammt vermutlich aus dem 11. Jahrhundert, doch im Laufe der Jahrhunderte sind an ihr diverse Anbauten und Veränderungen vorgenommen worden. Von weitem bietet die Burg einen beeindruckenden Anblick, ihr restauriertes Inneres enttäuscht ein wenig, da die meisten der 130 Räume leer und undekoriert sind.

🅼 144 B2 **Besucherinformation**
✉ Commune di Caccamo, Piazza del Duomo
☎ 091 810 32 48

SOLUNTO

Auf Sizilien gab es nur drei punische oder karthagische Siedlungen: Solunto, Motya (Mozia) und Palermo. Das im 8. Jahrhundert v. Chr. von den Phöniziern (den Vorläufern der Karthager) gegründete Solunto fiel 254 v. Chr. an die Römer und wurde im 3. Jahrhundert aufgegeben. Wiederentdeckt wurde es 1825, doch noch immer muss vieles ausgegraben werden. Das bisher Gefundene ist überwiegend römisch, darunter Bäder, Sportstätten und die Ruinen von Häusern.

Wie bei vielen sizilianischen Ausgrabungsstätten ist auch hier die Landschaft mindestens so beeindruckend wie die Ruinen. Die Zufahrt erfolgt durch Palermos unschöne östliche Vororte und durch Bagheria (siehe Villa Palagonia), dafür entschädigt die Landzunge **Capo Zafferano** jenseits der Ausgrabung – das erste Fleckchen unverbauter Küste östlich von Palermo.

🅼 144 **Besucherinformation**
✉ Rovine di Solunto, bei Porticello
☎ 091 90 45 57 🕒 So nachm. geschl. 💲 €

TINDARI

Das alte Tyndaris (Tindari) wurde 396 v. Chr. als Vorposten von Syrakus gebaut und war eine der letzten griechischen Kolonien auf Sizilien. Später entwickelte es sich zu einer der fünf Hauptsiedlungen der Römer, bis im 1. Jahrhundert ein Großteil des Ortes ins Meer stürzte.

Heute ist die ausgedehnte Ausgrabungsstätte auf der Landzunge *(Tel. 0941 36 90 23)* eine der schönsten der Inseln. Nicht nur die überwiegend römischen Ruinen sind sehenswert, sondern auch die Aussicht auf den Golfo di Patti, das Meer, den Strand und die kleinen Küstenorte bis zum Capo di Milazzo weiter östlich. Phantastisch ist auch das Panorama vom nahe gelegenen **Santuario della Madonna Nera**, einer unansehnlichen Kapelle aus den 1960er Jahren, die zur Verwahrung einer angeblich Wunder wirkenden byzantinischen Madonnen-Ikone, zu der alljährlich Tausende von Gläubigen pilgern, erbaut wurde.

🅼 145 P3 **Besucherinformation**
✉ Via Teatro Greco 15 ☎ 0941 36 91 84

VILLA PALAGONIA

Ein Besuch in Solunto kann bequem mit der Besichtigung der Villa Palagonia verbunden werden *(Piazza Garibaldi, Bagheria, Tel. 091 93 20 88, www.villapalagonia.it)*. Die Villa ist eine von vielen in und um Bagheria, die im 18. Jahrhundert von Palermos Oberschicht als Zufluchtsort außerhalb der Stadt gebaut wurden. Fast alle diese Häuser sind leider heute in einem skandalös schlechten Zustand; selbst die besser erhaltenen, von denen die Villa Palagonia (1705) die interessanteste ist, werden durch die hässlichen Neubauten in ihrer Nachbarschaft verschandelt.

Zu ihrer Zeit aber war die Fassadendekoration der Villa berühmt-berüchtigt. Sie gehörte einst Prinz Francesco Gravina, einem Adeligen, der – der Legende zufolge – die grotesken Figuren und Wasserspeier in Auftrag gab. Er ließ die Liebhaber seiner Frau in Form grausamer Karikaturen darstellen, um sich an ihr zu rächen. Auch wenn heute nur noch 65 der ursprünglich 200 Plastiken existieren, gibt es doch auf ganz Sizilien nichts Vergleichbares.

🅼 144 B2 **Besucherinformation**
www.comune.bagheria.pa.it
✉ Vigili Urbani, Corso Umberto I, Bagheria
☎ 091 90 90 20 🕒 Mittags 💲 €€ ■

Reise-
informationen

Zwei Kunstwerke: Das Wandgemälde von Franco Bertolino und ein liebevoll bemalter Motorroller

REISEINFORMATIONEN

REISEPLANUNG

REISEZEIT

Die Hauptsaison konzentriert sich auf der gesamten Insel auf die Monate April/Mai bis September sowie die Ostertage, da zu dieser Zeit auch viele Festivals stattfinden. Im Hochsommer (Juli und August) ist es auf Sizilien sehr heiß, die ganze Insel ist voller Touristen und entsprechend sehr teuer. Viele Hotels sind zudem ausgebucht.

Wer also die Hauptreisemonate meiden kann, sollte den Urlaub auf die Zeit nach August/September legen: Bis Ende November kann man noch im Meer baden. Auch die Monate Mai und Juni garantieren schönes Wetter ohne lästigen Massentourismus.

Im Frühling zeigt sich Sizilien von seiner schönsten Seite und eignet sich ideal für Radtouren und Fahrten über Land. Mandelbäume und viele Wildblumen blühen schon im Februar, die Hauptblütezeit konzentriert sich jedoch auf die Monate April und Mai. Die Wintermonate sind an den Küsten sehr mild, doch regnet es viel. Im Landesinneren und in den Bergen kann es empfindlich kalt werden, und auf den Bergen liegt häufig Schnee.

Wollen Sie zu einem der vielen kulturellen oder religiösen Feste fahren, die auf der Insel das ganze Jahr über stattfinden, informieren Sie sich über die einzelnen Termine auf den Seiten 182f. Weitere Informationen erhalten Sie über das Staatliche Italienische Fremdenverkehrsamt (ENIT) mit seinen zahlreichen Auslandsvertretungen (siehe S. 166).

INTERNETADRESSEN

Spezielle Websites der Besucherinformationen finden Sie im Buch an Ort und Stelle in den Randspalten oder im Text. Weitere hilfreiche Informationen bieten:

www.regione.sicilia.it
www.bestofsicily.com
www.siciliaonline.it
www.insicilia.it
www.festedisicilia.it
www.siciliano.it
www.viaggioinsicilia.com
www.enit.it
www.aapit.pa.it
www.museionline.it
www.parks.it

KLIMA

Im Allgemeinen sind die Wintermonate auf Sizilien sehr mild, der Sommer dagegen ist sehr heiß und trocken, die Temperaturen erreichen bis zu 40°C an der Südküste, vor allem an den Tagen, an denen der heiße Schirokko aus Nordafrika herüberweht.

An der Nord- und Ostküste ist das Klima weniger extrem, aber immer noch sehr heiß. In den Bergen ist es im Sommer angenehm kühl, im Winter dagegen kann es aber sehr kalt werden mit Frost in den Hochlagen.

Die Durchschnittstemperaturen betragen in Palermo 10,3°C im Januar, 18,7°C im Mai, 25,3°C im Juli und 19,9°C im Oktober. Diese Durchschnittstemperaturen werden aber oft überschritten.

NICHT VERGESSEN

Auf Sizilien werden Sie alles Notwendige in den Geschäften finden, auch die Apotheken haben ein breites Sortiment an Medikamenten. Für verschreibungspflichtige Medikamente sollten Sie jedoch ein Rezept von zu Hause mitbringen. Beachten Sie, dass viele bekannte Medikamente in Italien andere Namen als im Ausland haben. Eine Apotheke (*farmacia*) ist durch ihr grünes Kreuz schnell zu finden.

Denken Sie gegebenenfalls auch an eine Reservebrille oder ein zweites Paar Kontaktlinsen. Im Sommer sollten Sie Sonnenschutzmittel und Mittel gegen Insektenstiche nicht vergessen.

Die Wahl der Kleidung richtet sich nach der Jahreszeit und nach den geplanten Aktivitäten. Zwar ist nur in den vornehmsten Restaurants elegante Abendgarderobe Pflicht, trotzdem sollten Sie gepflegte Kleidung mitnehmen, um zwischen den meist sehr gut gekleideten Italienern nicht als schlampig gekleideter Nordeuropäer aufzufallen.

Denken Sie daran, bevor Sie (auch mittags) zum Essen gehen, Ähnliches gilt auch für die Besichtigung von Kirchen, in denen eine angemessene Bekleidung erwartet wird; dazu zählt auch die Verhüllung von nackten Schultern und Beinen (also keine Shorts!). Sizilianer, vor allem die ländliche Bevölkerung, haben noch sehr traditionelle Kleidungsvorstellungen, die viel konservativer als die der Mittel- oder Norditaliener sind.

Auch wenn Sie im Sommer reisen, sollten Sie einen Pullover mitnehmen, denn es kann abends kühl werden. Wenn Sie auf den Ätna und in die Berge im Norden der Insel wollen (Monte Nebrodi, Madonie), brauchen Sie das ganze Jahr über Regen- und warme Kleidung. Insgesamt zeigt sich Sizilien jedoch meist trocken, nur selten werden Sie im Sommer von einem Regenguss überrascht.

Sportausrüstung für Radtouren, Camping und andere Sportarten kann man überall kaufen oder ausleihen.

Das Stromnetz auf Sizilien hat 220V, 50 Hz. Die Steckdosen haben drei (manchmal zwei) runde Buchsen. Deutsche, Österreicher oder Schweizer brauchen deshalb keine Adapter für elektrische Geräte.

Zur Sicherheit sollte man einen Reisepass mitnehmen, auf jeden Fall aber den Führerschein, die Flugtickets, Reiseschecks und Versicherungsnachweise bei sich führen.

VERSICHERUNGEN

Schließen Sie vor der Reise eine Reiseversicherung und eine Auslandskrankenversicherung ab mit ausreichender Deckung für medizinische Behandlung und alle übrigen Ausgaben wie Wiederbeschaffungskosten für verlorenes Gepäck und Geld und die

Rückholung im Krankheitsfall. Bewahren Sie alle Quittungen Ihrer Ausgaben auf. Melden Sie einen Verlust oder einen Diebstahl sofort der Polizei, und bewahren Sie die unterschriebene Anzeige (*denuncia*) der Polizei gut auf, um Ihre Ansprüche zu Hause bei der eigenen Versicherung geltend machen zu können.

WEITERFÜHRENDE LITERATUR

Vor den Ferien auf Sizilien oder für Ihr Reisegepäck empfehlen wir Ihnen folgende Bücher: Weltberühmt wurde Mario Puzo mit *Der Pate*, lesenswert ist auch *Der Sizilianer*. Zu den besten Büchern über Sizilien zählen *Der Leopard* von Giuseppe Tomasi di Lampedusa. Weitere spannende Bücher sind Elio Vittorinis *Gespräch auf Sizilien*, die *Sizilianischen Novellen* und der Roman *Die Malavoglia – Untergang einer sizilianischen Familie*, beide von Giovanni Verga.

Die Amerikanerin Virginia Doyle schrieb *Das Blut des Sizilianers*, das auch viele Kochrezepte enthält. Amüsante Reiseberichte enthalten das Buch von Nathalie John, *La Mamma, die Mafia und der Thunfischjäger* und Ralph Giordanos *Sizilien, Sizilien. Eine Heimkehr*. Der Brite Lawrence Durell schrieb *Blühender Mandelbaum. Sizilianisches Karussell* und der Deutsche Joachim Fest *Im Gegenlicht. Eine italienische Reise*.

ANREISE

REISEPÄSSE

Für Reisende aus EU-Ländern und der Schweiz genügt ein gültiger Personalausweis oder Reisepass.

MIT DEM FLUGZEUG

Sizilien wird regelmäßig von Linienmaschinen via Rom angeflogen. Während der Hauptsaison bestehen Verbindungen von allen großen Flughäfen Europas (Linienflüge, Direktflüge und Charterflüge) nach Sizilien. Der Flug von Köln nach Palermo dauert ungefähr zwei Stunden, von Rom nach Sizilien etwa eine Stunde.

Flughafen Rom: Tel. 06 659 52, www.adr.it

Flughafen Mailand: Tel. 02 74 85 22 00, www.sea-aero.ortomilano.it

Alitalia: Tel. 06 656 41, www.alitalia.it

Auf Sizilien landen Sie entweder auf dem Flughafen Falcone-Borsellino (früher Punta-Raisi) in Palermo oder auf dem Flughafen Fontanarossa in Catania.

FLUGHAFEN PALERMO

Falcone-Borsellino (Tel. 091 702 01 27 oder die durchgehend besetzte Tel. 091 702 01 11, www.gesap.it) liegt bei Punta Raisi, etwa 31Kilometer westlich von Palermo an der Schnellstraße A29.

Die Flughafenbusse von Prestia e Comande (Tel. 091 58 63 51 oder 09158 04 57, www.prestiacomande.it) fahren alle halbe Stunde vom Flughafenterminal in 50 Minuten ins Stadtzentrum. Die Busse halten sechsmal bis zur Endstation Stazione Centrale, dem größten Bahnhof von Palermo, von dem aus Züge in alle wichtigen anderen Städte der Insel verkehren (siehe S. 162).

Der Trinacria Express (www.palermoweb.com/trasporti/trinacriaexpress.htm) fährt jede Stunde ins Zentrum. Die Fahrzeit beträgt ungefähr 40 Minuten. In Palermo hat man Anschlüsse (Bahn oder Überlandbus) auch in die entlegeneren Regionen der Insel.

FLUGHAFEN CATANIA

Catanias Flughafen Fontanarossa (Tel. 095 723 91 11 oder in Italien gebührenfrei Tel. 800 60 56 56, www.aeroporto-catania.it) liegt etwa fünf Kilometer südlich der Stadt. Von hier aus gelangt man leicht nach Taormina, Syrakus und in den südöstlichen Teil Siziliens. Die Busse der Firma Alibus (Tel. 095 751 71 11, www.amt.ct.it) fahren alle 20 Minuten (5–22.30 Uhr) zur Via Etnea und zur Stazione Centrale, dem Hauptbahnhof, mit Anschlusszügen nach Messina und Syrakus.
Vom Flughafen aus verkehren Busse direkt nach Agrigent, Enna, Palermo, Ragusa, Syrakus, Taormina und Milazzo (von hier legen die Fähren zu den Liparischen Inseln ab).
Am Flughafen sollten Sie nur die offiziellen weißen Taxis nehmen.

WEITERE FLUGHÄFEN

Auf Sizilien gibt es noch einige kleinere Flughäfen: Trapani-Birgi und die Inselflughäfen auf Pantelleria und Lampedusa. Diese werden von Palermo aus angeflogen. Im Sommer gibt es jedoch von mehreren Flughäfen auf dem italienischen Festland weitere Direktflüge nach Sizilien und zu den Inseln.
Eine gute Alternative bietet der Flug nach Neapel und von dort die Weiterreise mit der Fähre nach Palermo oder zu den Liparischen Inseln. Im Sommer werden viele Charterflüge nach Catania sowie nach Palermo angeboten.

UNTERWEGS AUF SIZILIEN

MIT DEM FLUGZEUG

Das Fliegen lohnt sich auf Sizilien nur, wenn Sie zu abgelegenen Inseln wie Pantelleria oder Lampedusa reisen wollen. Von Palermo und Trapani aus fliegen eine Reihe kleiner Fluggesellschaften:

AIR ONE

Tel. 095 722 61 93 (Catania), Italien (gebührenfrei): Tel. 199 20 70 80
www.flyairone.com

APLIEAGLES

Tel. 0923 55 95 79/Trapani
Tel. 090 34 48 15/Messina
www.alplieagles.com)

MIT DEM BUS

Mit Autobussen (*pullman* oder *autobus*) erreicht man bequem alle Orte der ganzen Insel, vor allem jene im Inselinneren. Zwischen den großen Städten verkehren zusätzlich Expressbusse, die die Autobahnen nutzen. Obwohl die Busse fast alle gleich aussehen (meist sind sie blau), werden sie von verschiedenen Firmen betrieben.

Die Busse starten meist von den großen Plätzen der Städte, vom Bahnhof oder von den Busbahnhöfen (*autostazione*). Die Fahrkarte muss vor dem Einstieg in den Bus in der Regel am Bahnhof, in der nächsten Bar oder am Bahnhofskiosk gelöst werden. Erkundigen Sie sich bei den Besucherinformationen nach den Einzelheiten. Rechnen Sie sonntags mit einem reduzierten Fahrplan.

MIT DEM AUTO

In den größeren Städten Siziliens, vor allem in Palermo, herrscht immer viel Verkehr, dafür hat man die Landstraßen meist ganz für sich allein. Die Beschilderung ist in der Regel sehr gut, dies gilt gleichermaßen für die normale Durchgangsstraße (Nazionale/N), die Statale/Strada statale (S oder SS) wie auch für die vier- oder sechsspurige Schnellstraße (Autostrada/A).

Für die Autobahnen wird eine Maut erhoben: Meist zahlt man einen festgelegten Betrag bei der Auffahrt, oder man zieht ein Ticket und zahlt je nach zurückgelegter Entfernung den fälligen Betrag beim Verlassen der Autobahn am Schalter (*stazione*).

Will man weite Strecken zügig zurücklegen, empfehlen sich die Schnellstraßen. Auf allen übrigen Straßen, vor allem in den ländlichen Gegenden und in den Bergen Siziliens, kommt man nur sehr langsam voran, weil viele Straßen sehr kurvenreich sind. Berücksichtigen Sie dies bei Ihrer Reiseplanung: Die Fahrt auf den schmalen, kleinen Straßen dauert immer länger, als Sie nach dem Kartenstudium vermuten.

Straßen- und Landkarten erhalten Sie in Buchläden und in vielen weiteren Geschäften. Die beste Karte verlegt der Touring Club Italiano (TCI): *Sicilia* (Blatt D/9).

AUTOVERMIETER

Wenn Sie ein Auto mieten wollen, sollten Sie im Sommer schon im Voraus reservieren. Die größten Vermieter sind Siremar (www.siremar.it), SNAV (www.snav.it) und Tirrenia (www.gruppotirrenia.it).

MIT DER FÄHRE

Auto- und Passagierfähren (*traghetti*) und Luftkissenboote (*aliscafi*) verkehren zwischen den wichtigsten Häfen Siziliens und vielen Inseln. Luftkissenboote sind meist doppelt so schnell, dafür auch doppelt so teuer wie normale Fähren. Die Fähren verkehren auf den Strecken zwischen Milazzo und den Liparischen Inseln (Isole Eolie), von denen Sie auch direkt zum italienischen Festland nach Neapel und Palermo übersetzen können. Fährverbindungen bestehen auch zwischen Trapani und den Isole Egadi (Ägadische Inseln) und Pantelleria, von Palermo legen Fähren nach Ustica und von Porto Empedocle bei Agrigent zu den Isole Palagie (Palagische Inseln) ab.

MIT DEM ZUG

Züge verkehren zwischen allen größeren Städten Siziliens. Abgesehen von den schnellen Inter-City-Zügen (IC) zwischen Palermo und Messina, für die man einen Aufpreis zahlen muss, sind die Züge sehr langsam und verkehren häufig unregelmäßig; oftmals sind Überlandbusse die besssere/schnellere Alternative. Auch kleinere Orte auf dem Land haben Bahnanschluss, das gilt insbesondere für die Orte im Osten der Insel rund um den Ätna, doch fahren diese Züge sehr langsam. Bringen Sie ausreichend Zeit und Geduld mit, dann werden Sie die Fahrt genießen können.

Bevor Sie in einen Zug einsteigen, müssen Sie die Fahrscheine in den gelben oder goldfarbenen Maschinen auf den Bahnsteigen oder in den Bahnhofshallen entwerten. Seit dem 01.10.2004 ist das Nachlösen oder spätere Entwerten von Fahrkarten im Zug nicht mehr möglich. Wer also keinen gültigen oder ordnungsgemäß entwerteten Fahrschein hat, muss neben dem regulären Fahrpreis mit einer hohen Strafe rechnen.

Für Vielfahrer lohnt sich der Kauf eines *orario pozzo*, eines alle zwei Wochen neu erscheinenden Fahrplans, den man in Buchläden und an den Bahnhofskiosken erhält. Das gesamte staatliche Streckennetz Siziliens finden Sie auch im Internet unter www.trenitalia.it, das vielen Italienreisenden noch unter seinem alten Namen Ferrovie dello Stato (FS) bekannt ist. Wer seine Eisenbahnfahrt auf dem italienischen Festland fortsetzen will, für den kann auch der *Trenitalia Pass* (früher Trenitalia Flexicard) interessant sein. Er ist vier bis zehn Tage gültig (innerhalb von zwei Monaten) und kann bis zu sechs Monaten vor Reiseantritt gekauft werden. Mit dem *Trenitalia Pass* gibt es auch Ermäßigungen für Gruppen und Jugendliche (siehe www.trenitalia.it).

MIT DEM AUTO

Stoßverkehr herrscht auf Sizilien in den größeren Städten zwischen 10 und 13 Uhr und zwischen 16 und 21 Uhr, vor allem am Freitag und am Sonntagabend. Mit einem hohen Verkehrsaufkommen muss außerdem vor und nach den Ferien (vor allem am ersten und letzten Wochenende im August, dem Anfang und Ende der traditionellen italienischen Urlaubszeit) gerechnet werden.

BENZIN

Benzin (*benzina*) ist in Italien sehr teuer. Die Tankstellen an den Autobahnen haben rund um die Uhr geöffnet und akzeptieren in der Regel auch Kreditkarten. Alle übrigen Tankstellen haben mittags meist zwischen 13 und 16 Uhr und ab 19 Uhr geschlossen. Sonntags sind viele Tankstellen auf dem Land zu, dort kann man in der Regel nur mit Bargeld bezahlen. Schauen Sie genau nach, ob die Anzeige wirklich auf null steht, bevor der Tankwart mit dem Zapfen beginnt. An einigen Tankstellen gibt es rund um die Uhr geöffnete Zapfsäulen, an denen man vorab einen festgelegten Eurobetrag bezahlt und dann die entsprechende Benzinmenge tanken darf.

PARKEN

Das Parken ist in den meisten Städten Siziliens ein echte Problem, das gilt insbesondere für Palermo, das sie besser ohne Auto besuchen sollten. In vielen sizilianischen Städten sind die Parkplätze und die Parkhäuser (*parcheggi*) schon mit den Wagen der Einheimischen voll geparkt. Die Fußgängerzonen sind ebenfalls für Autos gesperrt oder erlauben nur ein stundenweises Fahren/Parken für Anlieger. Stressfreier ist es, am Stadtrand zu parken und mit öffentlichen Verkehrsmitteln in die Stadt zu fahren oder auch zu laufen. In vielen Orten gibt es inzwischen auch Parkuhren (*parcometro*).

Autodiebstahl und das Aufbrechen von Autos sind in vielen Gegenden Siziliens weit verbreitet. Achten Sie deshalb immer darauf, dass Ihr Auto auf einem bewachten Parkplatz steht, und nehmen Sie alle Wertsachen mit. Falsch geparkte Autos, vor allem solche in Zonen, in denen abgeschleppt wird (*zona di rimozione*), können mit empfindlich hohen Strafzetteln versehen werden, oftmals werden auch Krallen an den Reifen montiert.

PANNEN

Gesetzlich vorgeschrieben ist das Mitführen eines roten Warndreiecks (alle Mietwagen sollten damit ausgestattet sein) sowie einer fluoreszierenden Warnweste. Denken Sie daran, dass das Tragen dieser Weste beim Verlassen des Fahrzeuges bei Unfällen oder Pannen außerhalb von Ortschaften in Italien Pflicht ist. Autofahrer sollten sie aus Sicherheitsgründen und wegen möglicher Kontrollen immer griffbereit haben.

Wenn Sie eine Autopanne haben, schalten Sie die Warnblinkanlage ein, und stellen Sie das Warndreieck in 50 Metern Entfernung hinter dem Auto auf. Rufen Sie den Notruf des Automobile Club d'Italie (ACI, Tel. 116, www.aci.it), und geben Sie den Unfallort, die Automarke und das Kennzeichen durch. Das Auto wird dann zur nächsten Vertragswerkstatt des ACI abgeschleppt. Die Autovermieter haben oft ihre eigenen Regelungen bei Autopannen und Unfällen, die Sie vor Übernahme des Fahrzeugs abklären sollten.

ALLGEMEINE VERKEHRSREGELN

Das Anschnallen ist auf den Vordersitzen und den Rücksitzen Pflicht. Den Führerschein, die Versicherungsbescheinigung, die Zulassungsbestätigung und andere wichtige Dokumente sollte man immer dabei haben. Die Promillegrenze liegt in Italien bei 0,5. Die Strafen für Alkohol am Steuer sind empfindlich hoch, entweder zahlt man hohe Geldbeträge oder muss ins Gefängnis.

Auch tagsüber muss das Abblendlicht auf Autobahnen und außerhalb geschlossener Ortschaften eingeschaltet sein.

Geschwindigkeitsbegrenzungen: innerhalb von Ortschaften 50 km/h, auf Landstraßen 90 km/h, auf Autobahnen 130 km/h, bei dreispurigen Autobahnen manchmal auch 150 km/h. Bei Regen gilt auf allen Autobahnen generell eine Beschränkung auf 110 km/h.

WICHTIGE VERKEHRSSCHILDER:

Zona di silenzio: Hupverbot
Deviazione: Umleitung
Tenere la destra: rechts fahren
Tutte le direzioni: alle Richtungen
Rallentare: langsam fahren
Senso unico: Einbahnstraße
Sbarrato: gesperrt
Inizio Zona tutelata: Beginn einer Parkverbotszone

MIT DEM MIETWAGEN

In allen großen Städten Siziliens und den Flughäfen Palermo und Catania ist es kein Problem, ein Auto zu mieten, die Kosten sind jedoch vergleichsweise hoch. Es empfiehlt sich daher, vor Reiseantritt über das Internet oder ein Reisebüro den Mietwagen zu reservieren.

Kleinere sizilianische Firmen bieten Mietwagen vor Ort oft recht billig an. Sehen Sie dazu unter »Autonoleggio« in den Gelben Seiten (*Pagine Gialle*) nach oder im Internet unter www.paginegialle.it. Der Fahrer des Mietwagens muss über 21 Jahre alt sein und einen gültigen Führerschein besitzen. Die meisten größeren Firmen verlangen keine Kaution, wenn der Anmiet- und Abgabeort des Autos auf Sizilien liegt. Damit können Sie ein Auto zum Beispiel in Palermo mieten und in Catania wieder abgeben.

MIT ÖFFENTLICHEN VERKEHRSMITTELN

Die meisten Stadtzentren sind klein genug, um sie zu Fuß entdecken zu können. Nur wenige Sehenswürdigkeiten von Palermo, Syrakus und Agrigent liegen außerhalb der Stadt; sie erreicht man am besten mit einem Taxi oder dem Bus. In vielen Städten kann man auch Fahrräder leihen oder Motorroller, mit denen man jedoch nur fahren sollte, wenn man sich damit gut auskennt.

MIT DEM BUS

Das Busfahren funktioniert auf Sizilien überall gleich: Bevor Sie in den Bus steigen, müssen Sie sich in einer Bar oder einem Tabakladen (*tabacchi*) mit dem speziellen Kennzeichen der Busfirma (einem weißen T auf blauem Grund) eine Fahrkarte kaufen. Diese Fahrkarte entwertet man dann im Bus. In den Bussen gilt generell: vorne einsteigen, hinten aussteigen. Die Bushaltestelle heißt *fermata*. Mit Fahrscheinkontrollen muss gerechnet werden.

MIT DEM TAXI

Taxis sollte man an den Taxiständen großer Plätze oder dem Bahnhofsvorplatz suchen, auf offener Straße halten Taxis nur selten. Taxifahrer dürfen Aufpreise für das Gepäck, für Fahrten am frühen Morgen oder in der Nacht, an Sonn- und Feiertagen, zu Flughäfen oder außerhalb der Stadtgrenzen verlangen. Fragen Sie vor Fahrtbeginn nach dem Preis, und bestehen Sie darauf, dass das Taxameter eingeschaltet und auf null gestellt wird, bevor Sie losfahren. Für längere Fahrstrecken kann es unter Umständen günstiger sein, vorab einen Pauschalpreis auszuhandeln. Taxis sollte man telefonisch bestellen, die Vermittlung wird Ihnen die Nummer des Taxis sagen, das für Sie reserviert wurde (Reservierungen kosten einen Aufpreis). Als Trinkgeld sollten Sie den Preis aufrunden oder etwa zehn Prozent dazugeben.

PRAKTISCHE TIPPS

KOMMUNIKATION

POSTÄMTER

Briefmarken (*francobolli*) kann man in Postämtern (*ufficio postale*) oder in den meisten Tabakläden mit einem blauen Zeichen und einem weißen T kaufen. Postämter sind Montag bis Freitag von 8 (9) bis 14 Uhr geöffnet (Sa 8 (8.30) bis 12 Uhr). Postämter in den größeren Städten haben Montag bis Samstag bis 19 oder 20 Uhr geöffnet.
Die italienische Post (www.poste.it) ist generell sehr langsam, die Beförderung eines Briefes kann bis zu zwei Wochen dauern; Ansichtskarten brauchen meist noch länger. Als *posta prioritaria* verschickt, ist das Porto zwar höher, aber die Post erreicht ihr Ziel innerhalb Europas meist schon am nächsten Tag. Hotelreservierungen sollte man daher besser per E-Mail oder Fax abwickeln.

Die Postkästen (rot für normale, blau für *prioritaria*-Post) sind mit „Poste" gekennzeichnet und stehen vor den Postämtern und im Stadtgebiet. Die roten Postkästen haben zwei Einwurfschlitze: In den Schlitz *Per la città* wirft man die Post für das Stadtgebiet, in den anderen Schlitz *Per tutte le altre destinazioni* die Post für alle anderen Orte.

Sie können sich Ihre Post auch postlagernd zuschicken lassen (*fermo posta*). Auf den Briefen sollte dann Ihr Name, *Ufficia Posta Centrale, Fermo Posta* und der Name des Ortes angegeben sein. Dann können Sie sich die Post direkt am Postamt unter Vorlage Ihres Reisepasses oder Personalausweises und gegen eine geringe Gebühr abholen.

TELEFONIEREN

Das italienische Telefonnetz wird hauptsächlich von der Telecom Italia (TI) betrieben. Öffentliche Telefonhäuschen findet man auf der Straße, in Bars und Restaurants und in den TI-Büros in größeren Städten. Schauen Sie nach den roten oder gelben Schildern mit dem Telefonsymbol. Die meisten Telefone funktionieren mit Kleingeld oder mit Telefonkarten (*schede telefoniche*), die man in Tabakläden und Zeitungsständen zu verschiedenen Beträgen kaufen kann. Die Telefonkarten haben eine kleine perforierte Ecke, die man vor dem Benutzen abknicken muss.

Zum Telefonieren nehmen Sie den Hörer ab, stecken die Karte oder das Geld in den betreffenden Schlitz und wählen dann die Nummer. Häufig werden Sie die Anweisungen auch auf Englisch vorfinden.

Die Telefonnummern haben vier bis elf Ziffern. Wählen Sie 10 für das Amt, 12 für die Information, 176 für Hilfe in englischer Sprache.

Die Gebühren sind sonntags am niedrigsten; montags bis freitags sind die Nachttarife (22 bis 8 Uhr) am günstigsten. In den Hotels wird für Anrufe vom Zimmer aus meist ein beträchtlicher Aufschlag verlangt.

Wenn Sie einen Anschluss auf der Insel oder dem italienischen Festland anrufen wollen, müssen Sie die Vorwahl der Stadt oder der Region wählen (zum Beispiel 091 für Palermo). Die Vorwahl müssen Sie auch dann wählen, wenn Sie innerhalb einer Stadt anrufen wollen.

Vorwahl Italien: 0039 (0 der Ortsvorwahl weglassen)
Vorwahl Deutschland: 0049
Vorwahl Österreich: 0043
Vorwahl Schweiz: 0041

ETIKETTE UND BRÄUCHE

Generell sind die Sizilianer in allem etwas reservierter und konservativer als die Norditaliener. Auch wenn die Italiener auf dem Festland den Ruf haben, begeisterungsfähig und extrovertiert zu sein, bleiben sie in der Öffentlichkeit in allen Situationen trotzdem stets höflich und bedächtig.

Wenn Sie jemanden treffen, ein Geschäft, eine Bar, ein Hotel oder ein Restaurant betreten oder verlassen, sollten Sie mit *buon giorno* (guten Tag) oder *buona sera* (guten Abend) grüßen. Fremden gegenüber sollten Sie keinesfalls das zwanglose *ciao* (hallo) verwenden.

»Bitte« heißt *per favore*, „danke" heißt *grazie*, *prego* entspricht unserem »aber gerne«.

Vor dem Beginn des Essens sagt man *buon appetito* (guten Appetit), worauf man mit *grazie altrettanto* (danke, ebenfalls) antwortet. Stößt man an, sagt man *salute* oder *cin cin*.

Will man an Leuten vorbeigehen, sagt man *permesso*, *mi scusi*, um sich zu entschuldigen oder jemanden zu unterbrechen. Eine Frau spricht man mit *signora* an, eine junge Frau mit *signorina*, einen Mann als signore siehe auch Sprachführer S. 184f).

Italiener, die sich gut kennen, begrüßen sich meist, indem sie sich links und rechts auf die Wangen küssen.

Sizilianer kleiden sich wie alle Italiener meist sehr gut, wenn auch konservativer. Achten Sie immer deshalb immer auf eine angemessene Kleidung, dies gilt vor allem für den Besuch von Kirchen. Vermeiden Sie Kirchenbesuche während der Heiligen Messe.

Wenn Sie in Geschäften, Banken und anderen Ämtern innerhalb einer Schlange nicht zum Zuge kommen, sollten Sie ebenso selbstbewusst wie die Einheimischen auftreten und auf sich aufmerksam machen – das gilt in Italien nicht als unhöflich.

Das Rauchen in der Öffentlichkeit gilt – noch – als nicht anstößig: allerdings wird über verschärfte Regelungen für öffentliche Gebäude und Restarants beraten.

FEIERTAGE

Geschäfte, Banken, Ämter und Schulen bleiben an den folgenden Nationalfeiertagen geschlossen:

1. Januar (Neujahr)
6. Januar (Dreikönig)
Ostersonntag, Ostermontag
25. April (Kriegsende Zweiter Weltkrieg)
1. Mai (Tag der Arbeit)
2. Juni (Nationalfeiertag)
15. August (Ferragosto/ Himmelfahrt)
1. November (Allerheiligen)
8. Dezember (Tag der Unbefleckten Empfängnis)
25. Dezember (1. Weihnachtsfeiertag
26. Dezember (Santo Stefano)

An Tagen vor und nach gesetzlichen Feiertagen können eingeschränkte Öffnungszeiten gelten; dies gilt insbesondere für die Tage um Feiertage, die auf einen Donnerstag oder Dienstag fallen. In diesen Fällen nehmen die Italiener gerne einen Brückentag (*ponte*), um das Wochenende zu verlängern.

Straßen, Flugzeuge, Züge und Fähren sind an diesen Feiertagen meist sehr voll. Ähnliches gilt für die Hotels, die bei wichtigen Festivals oder kulturellen Großveranstaltungen ausgebucht sind.

MEDIEN

Die meisten italienischen Zeitungen kann man an Kiosken (*edicola*) kaufen. In größeren Städten und Touristenorten wie Palermo, Catania, Taormina und Cefalù erhält man auch amerikanische, britische und deutsche Zeitungen und Zeitschriften. In den größeren Orten treffen ausländische Zeitungen bereits am selben Tag bis 14 Uhr ein, an anderen Orten meist erst am nächsten oder übernächsten Tag. Flughäfen und Bahnhöfe bieten das größte Angebot an ausländischen Zeitungen und Zeitschriften.

Zu den renommiertesten Zeitungen zählt der *Corriere della Sera*. Auch *La Repubblica* wird viel gelesen, außerdem sind die Italiener begeisterte Sportzeitungsleser. Zu den Regionalzeitungen auf Sizilien gehören in Palermo *Il Giornale di Sicilia*, in Catania *La Sicilia* und in Messina *La Gazzetta del Sud*. Ein Blick in diese Zeitungen lohnt sich auch bei geringen Italienischkenntnissen wegen der Veranstaltungen vor Ort oder der Öffnungszeiten der Museen.

GELD

Geldautomaten (*bancomat*) stehen in den wichtigsten Banken, auf Flughäfen, in Bahnhöfen und in den Touristenorten und nehmen Bankkarten und internationale Kreditkarten (*carta di credito*). Die Bedienungsanweisungen erfolgen in mehreren Sprachen, meist auch in Deutsch. Bevor Sie in den Urlaub fahren, sollten Sie Ihr Kreditkarteninstitut um einen vierstelligen PIN-Code bitten, um sich Geld aus den Automaten ziehen zu können.
Reiseschecks können Sie in den meisten Banken und Wechselstuben (*cambio*) eintauschen – die Schlangen sind jedoch häufig sehr lang, und das Personal arbeitet sehr langsam.

Auf dem Land, in kleineren Städten und in den meisten ländlichen Gegenden Süditaliens ist die Anzahl an Geldautomaten und Wechselstuben gering – in manchen Orten fehlen sie gänzlich.

Hotels und Restaurants der meisten großen Städte akzeptieren Kreditkarten. Halten Sie Ausschau nach den Symbolen von Visa, Mastercard oder American Express oder nach dem italienischen Hinweis *Carta Sí* („Ja zur Karte"). Viele Geschäftsleute nehmen jedoch immer noch lieber Bargeld, vor allem in kleineren Geschäften oder Hotels und vor allem auf dem Land. Erkundigen Sie sich zur Sicherheit vor Ihrer Bestellung oder Zimmerreservierung.

ÖFFNUNGSZEITEN

Für Sizilien allgemeine Öffnungszeiten anzugeben gestaltet sich schwierig, denn es gibt wenig allgemeine Regelungen. Auch Öffnungszeiten von Museen und Kirchen werden oft ohne große Vorankündigung geändert; wer sichergehen will, sollte sich vorab über die Besucherinformationen erkundigen.

Die hier genannten Öffnungszeiten der Geschäfte, der Banken und anderer Einrichtungen in größeren Städten sind relativ verlässliche Richtwerte; die Geschäfte in größeren Städten sind meist durchgehend (geöffnet (*orario continuato*).

Folgende Öffnungszeiten können als grobe Anhaltspunkte dienen:

BANKEN

Mo–Fr 8.30–13.30 Uhr
Große Banken haben nachmittags eine Stunde und am Samstagvormittag geöffnet. Die Öffnungszeiten werden auch hier flexibler und länger.

KIRCHEN

8 (9)–12 Uhr,
15 (16)–18 (20) Uhr
Viele Kirchen sind Sonntagnachmittag geschlossen.

TANKSTELLEN

Auf den Autobahnen rund um die Uhr, alle anderen Tankstellen halten sich meist an die Öffnungszeiten der übrigen Geschäfte (siehe S. 166).

MUSEEN

Große Museen: 9–19 Uhr
Staatliche Museen: So nachm., Mo und 13–15 (16) Uhr geschl.
Im Winter gelten allgemein kürzere Öffnungszeiten.

RESTAURANTS

Viele Restaurants haben Sonntagabend und am Montag (oder einem anderen Wochentag) geschlossen (*la chisura settimanale*). Viele Restaurants schließen im Januar und während der Sommerferien (Juli oder August).

LÄDEN

Mo–Sa 8.30 (9)–13 Uhr, 15.30 (16)–18 Uhr
Viele Geschäfte bleiben am Montagvormittag und einen weiteren halben Tag während der Woche geschlossen.
Kaufhäuser und große Geschäfte: Mo–Sa 9–20 (22) Uhr
Abends und am Sonntag sind jedoch nur sehr wenige Geschäfte geöffnet.

TOILETTEN

Nur wenige öffentliche Gebäude haben Toiletten, weshalb man mit denen in Bars, in Bahnhöfen und in Tankstellen vorlieb nehmen muss, die meist ziemlich unhygienisch sind. Fragen Sie nach *il bagno*, nehmen Sie ein paar Papiertücher mit, und verwechseln Sie bitte nicht *Signori* (Männer) und *Signore* (Frauen). Den Toilettenfrauen sollten Sie 25 oder 50 Cent Trinkgeld geben.

UHRZEIT

In Italien gilt die Mitteleuropäische Zeit (MEZ). Ende April werden die Uhren für die Sommerzeit eine Stunde vorgestellt und Ende Oktober um eine Stunde zurückgestellt.

TRINKGELD

In Restaurants, in denen der Service (*servicio*) nicht enthalten ist, sollten Sie 10–15 Prozent als Trinkgeld geben (Richtwert). Selbst wenn der Service eingeschlossen ist, freuen sich die Bedienungen über fünf bis zehn Prozent Trinkgeld. In den Bars sollte man ein paar Cent geben, wenn man an der Bar steht, und 25 bis 50 Cent, wenn man sitzt und sich bedienen lässt. In Hotelbars liegt das Trinkgeld generell höher.

In den Hotelpreisen ist im Allgemeinen Trinkgeld enthalten, aber den Zimmermädchen und Türstehern sollte man trotzdem 50 Cent schenken. Für Gepäckträger gelten ein bis drei Euro, das Personal an der Rezeption freut sich über drei bis sieben Euro. In vornehmen Häusern wird das Doppelte erwartet.

Für die Benutzung von Toiletten gilt die Richtzahl 25 bis 50 Cent. Das Personal auf Flughäfen und in den Bahnhöfen bekommt zwar ein festes Gehalt, doch freut es sich über ein Trinkgeld um die zwei Euro. Taxifahrer erwarten etwa zehn Prozent des Fahrpreises. In den Kirchen sollte man ein bis zwei Euro für Führungen einplanen.

EINRICHTUNGEN FÜR BEHINDERTE

Abgesehen von wenigen Hotels und einigen großen Museen mit den entsprechenden Einrichtungen, ist das Reisen auf Sizilien für Behinderte in Rollstühlen sehr schwierig. In Palermo sind die Straßen meist mit Autos voll, die Gehsteige oftmals zugeparkt, in den Dörfern dominiert häufig noch holpriges Kopfsteinpflaster. In Städten wie Taormina sind die Straßen steil und für Rollstuhlfahrer nur mühsam zu bewältigen.

Museen, Galerien, öffentliche Einrichtungen in größeren Städten und neu gebaute Häuser haben meist spezielle Zugänge für Rollstuhlfahrer, aber die Vorrichtungen sind noch längst nicht ausreichend.

Die Einheimischen in den Hotels und in den Restaurants werden zwar immer sehr bemüht sein, Rollstuhlfahrern zu helfen, doch wirklich auf Rollstühle eingerichtet sind nur die großen Luxushotels.

Wenn Sie einen Blindenhund auf die Reise mitnehmen wollen, sollten Sie sich vorher genau über die Einreiseformalitäten erkundigen.

BESUCHERINFORMATION

STAATLICHES ITALIENISCHES FREMDENVERKEHRSAMT

www.italiantourism.com
www.enit.it
In Deutschland:
Kaiserstraße 65
60329 Frankfurt/Main
Tel. 069 25 93 32
oder
Kontorhaus Mitte/Friedrichstraße 187, 10117 Berlin
Tel. 030 247 83 98

In Österreich:
Staatliches Italienisches Fremdenverkehrsamt
Kärntner Ring 4
1010 Wien
Tel. 00800 00 48 25 42 (gratis)
Tel. 01 505 16 30 12

In der Schweiz:
Staatliches Italienisches Fremdenverkehrsamt
Uraniastrasse 32
8001 Zürich
Tel. 043 466 40 40

IM NOTFALL

Botschaften und Konsulate

Italienische Botschaft in Deutschland
Hiroshimastraße 1
10785 Berlin
Tel. 030 25 44 00
www.botschaft-italien.de

Italienische Botschaft in Österreich
Rennweg 27
1030 Wien
Tel. 01 712 51 21
www.ambitaliavienna.org

Italienische Botschaft in der Schweiz
Elfenstrasse 14
3000 Bern 16
Tel. 031 350 07 77
www.ambitalia.ch

Deutsches Honorarkonsulat Palermo
Viale Scaduto 2/d
90144 Palermo
Tel. 091 34 25 75

Österreichische Botschaft (für Sizilien zuständig)
Viale Liegi 32
00198 Roma
Tel. 06 855 29 66
www.austria.it

Schweizer Botschaft/Konsulat Catania
Viale Alcide de Gasperi 151/
5° piano, scala B
95127 Catania
Tel. 095 38 69 19

WICHTIGE TELEFONNUMMERN

Polizei: 112
Notruf: 113
Feuerwehr: 115
Pannendienst: 116
Notarzt: 118

Wenn Sie bei einem Notfall juristischen Beistand brauchen, sollten Sie Ihre Botschaft oder die für Sizilien zuständigen Konsulate anrufen. Dort erhalten Sie ein Verzeichnis deutschsprachiger Anwälte.

BEI EINEM VERKEHRSUNFALL

Vergessen Sie nicht, die Warnblinkanlage einzuschalten und in 50 Metern Entfernung hinter dem Auto das Warndreieck aufzustellen. Rufen Sie die Polizei (Tel. 112 oder 113).

Geben Sie vor Ihren Unfallgegnern keine Schuld zu. Bitten Sie Zeugen des Unfalls, am Unfallort zu bleiben, und machen Sie Ihre Aussagen nur vor der Polizei. Tauschen Sie mit den Unfallgegnern Ihre Versicherungsdaten und sonstige notwendige Angaben aus. Falls erforderlich, informieren Sie das Büro Ihres Autovermieters über den Unfall.

GESUNDHEITSVORSORGE

Vor Ihrem Urlaub in Italien sollten Sie sich vergewissern, dass Ihre Krankenversicherung alle Risiken abdeckt und dass Ihre Reiseversicherung ausreichend medizinische Hilfe gewährt.

Bei geringen Beschwerden sollten Sie zunächst einmal in eine Drogerie oder eine Apotheke (*farmacia*) gehen, die Sie am grünen Kreuz über dem Ladeneingang erkennen. Hier bekommen Sie in der Regel ausreichende erste Hilfe und Ratschläge, und man wird Ihnen, falls notwendig, bei der Suche nach einem Arzt (*medico*) helfen.

Auch Ihr Hotel, die Gelben Seiten des Urlaubsortes oder die Touristenbüros sind bei der Suche nach einem Arzt oder einem Zahnarzt (*dentista*) behilflich. Brauchen Sie Medikamente (*medicina*), sollten Sie sich von zu Hause die entsprechenden Rezepte mitnehmen. Falls Sie neue Rezepte brauchen, kann man Ihnen in einer Apotheke einen Arzt empfehlen.

Sind Sie ernsthaft erkrankt, sollten Sie sich in ein Krankenhaus (*ospedale*) begeben. Notfälle werden in den ambulanten Stationen versorgt (*pronto soccorso*). Erschrecken Sie nich: Italienische Krankenhäuser sehen oftmals etwas schäbig aus, die Qualität der medizinischen Versorgung ist aber meistens sehr gut.

Zu den häufigsten »Krankheiten« zählen Sonnenbrand/-stich und Insektenstiche. Giftige Schlangen (*vipere*) führen in den wenigsten Fällen zum Tod, rufen aber häufig allergische Reaktionen hervor.

Das Leitungswasser kann man meist trinken, es sei denn, es ist als *acqua non potabile* (kein Trinkwasser) ausdrücklich gekennzeichnet. Wasser aus Bergflüssen in den Bergen sollten Sie nicht trinken (wegen möglicher Verunreinigung durch tote Tiere). Die Milch ist pasteurisiert und ungefährlich.

KRANKENHÄUSER

Palermo
Palermo Policlinico
Via del Vespro
Tel. 091 655 11 11

Ospedale Civico
Via Cermelo Lazzaro
Tel. 091666 11 11

FUNDSACHEN

Haben Sie etwas verloren, sollten sSie zunächst zur örtlichen Besucherinformation gehen und um Hilfe bitten. Die Bus-, Straßenbahn-, Zug- und U-Bahn-Unternehmen haben oftmals eigene Büros, in denen Fundsachen gesammelt werden. Diese Sammelstellen sind aber meist schwer zu finden und oft nur wenige Stunden am Tag geöffnet. Auch in den Hotels wird man Ihnen weiterhelfen können.

Haben Sie wertvolle Gegenstände verloren, oder sind Sie bestohlen worden, sollten Sie zur Polizei (*questura*) gehen.

Questura Palermo
Piazza della Vittoria
Tel. 09121 01 11/091 651 43 30

In vielen Polizeistationen sprechen die Polizisten, die für die Touristen zuständig sind, auch Englisch. Sie müssen eine Anzeige (*denuncia*) aufsetzen und unterschreiben, in der alle Beobachtungen festgehalten werden. Bewahren Sie dieses Formular sorgfältig auf, um es zu Hause bei Ihrer Versicherung einreichen zu können.

HOTELS & RESTAURANTS

Sizilien bietet für jeden Geschmack und Geldbeutel geeignete Unterkünfte. Das Spektrum reicht von ausgezeichneten Hotels in jahrhundertealten Gebäuden bis hin zu intimen Familienbetrieben und von reizenden Pensionen bis hin zu luxuriösen Urlaubsanlagen. Italien rühmt sich einer der besten Küchen Europas; die Freude am italienischen und sizilianischen Essen und Wein sind daher ein ebenso wichtiger Bestandteil Ihres Urlaubs wie der Besuch von Museen. Man findet in jeder Stadt und jedem Dorf Restaurants der unterschiedlichsten Art und Qualität, von einfachen Pizzerien bis hin zu berühmten Spitzenrestaurants.

HOTELS

Im Allgemeinen werden zentral gelegene Unterkünfte empfohlen. In Städten kann es zu Lärmbelästigung kommen, weshalb versucht wurde, Alternativen außerhalb zu nennen.

Selbst in den besten Hotels bieten die Bäder häufig nur eine Dusche *(doccia)* und keine Badewanne *(vasca)*. Selbst in guten Häusern kann es vorkommen, dass die Zimmer relativ klein sind.

Ein den ganzen Tag verfügbarer Zimmerservice und Klimaanlagen sind ebenfalls relativ selten.

Bewertungssystem

Die Hotels werden gewöhnlich auf einer Skala von einem Stern (einfache Unterkünfte) bis zu fünf Sternen (Luxus) eingeteilt. Die Bewertungskriterien sind komplex, doch in Hotels mit drei oder mehr Sternen sollten alle Zimmer über ein eigenes Bad mit Dusche, Telefon und TV verfügen. Die meisten Zwei-Sterne-Häuser bieten ebenfalls ein eigenes Bad.

Reservierung

Es empfiehlt sich, Zimmer im Voraus zu reservieren, vor allem in touristisch stark frequentierten Gebieten und während der Hochsaison (Juni–August). Wenn das Hotel über keine Website oder E-Mail-Adresse für die Reservierung verfügt, sollten Sie telefonisch reservieren und Ihre Buchung per Fax bestätigen lassen. Sicherheitshalber sollten Sie einige Tage vor Ihrer Ankunft Ihre Reservierung nochmals überprüfen bzw. bestätigen lassen.

Die Hoteliers sind verpflichtet, jeden Gast zu registrieren. Man wird Sie beim Einchecken also um Ihren Ausweis bitten, den Sie in aller Regel nach wenigen Stunden wieder ausgehändigt bekommen.

Am Abreisetag müssen Sie bis 10 oder 12 Uhr ausgecheckt haben, in der Regel können Sie aber bei der Rezeption Ihr Gepäck in Verwahrung geben.

Preise

Hotels sind verpflichtet, die Zimmerpreise an der Rezeption und in jedem Zimmer auszuhängen. In einem Hotel kann es unterschiedliche Preise für unterschiedliche Zimmer geben, aber sie sollten stets alle Steuern und den Service beinhalten.

Hotels erheben häufig zusätzliche Gebühren für Klimaanlagen und Parkplätze sowie für die Dienste der Wäscherei. Getränke aus der Minibar und Telefonate vom Zimmer aus sind besonders kostspielig.

Die Preiskategorien in den einzelnen Einträgen beziehen sich auf Zimmer mit Doppelbett *(una matrimoniale)* oder zwei Betten *(una camera doppia)* und dienen nur der groben Orientierung.

In den belebtesten Zeiten bekommt man möglicherweise nur für mindestens zwei oder drei Übernachtungen ein Zimmer und unter Umständen auch nur mit Halbpension oder Vollpension. Halbpension *(mezza pensione)* umfasst Frühstück und Mittagessen, während Vollpension *(pensione completa)* alle Mahlzeiten einschließt.

Kreditkarten

Viele große Hotels akzeptieren die gängigen Kreditkarten, während man in kleineren Häusern nur mit ausgewählten zahlen kann (siehe Aushang). Die Abkürzungen lauten AE (American Express), DC (Diners Club), MC (Mastercard) und V (Visa). Achten Sie auf die entsprechenden Symbole am Eingang von Hotels oder das italienische Schild Carta Sí.

HOTELS

Preiskategorien für ein Doppelzimmer mit Frühstück in der Hochsaison. Zimmer können aber durchaus auch günstiger sein.

€€€€€	Über 200 €
€€€€	150–200 €
€€€	125–150 €
€€	100–125 €
€	Unter 100 €

RESTAURANTS

Preiskategorien für ein Drei-Gänge-Menü ohne Getränke, allerdings nicht die billigsten, sondern eher interessante Menüs. Günstigere Gerichte sind möglich.

€€€€€	Über 50 €
€€€€	35–50 €
€€€	25–35 €
€€	20–25 €
€	Unter 20 €

RESTAURANTS

Die folgende Auswahl gibt einen Überblick über Vielfalt und Qualität der sizilianischen regionalen Küche. Haben Sie, vor allem in Kleinstädten und ländlichen Gebieten, keine Angst vor Experimenten. In Zweifelsfällen gehen Sie dorthin, wo die Einheimischen essen.

Essenszeiten

Das Frühstück *(colazione)* besteht gewöhnlich aus einem Cappuccino und einem Brötchen oder süßem Gebäck *(una brioche)*, die man zwischen sieben und neun Uhr stehend in einer Bar zu sich nimmt.

Das Mittagessen *(pranzo)* kann man etwa zwischen 12.30 und 14 Uhr einnehmen – die berüchtigten langen Mittagessen und die Siesta gehören in den Städten zunehmend der Vergangenheit an.

Das Abendessen *(cena)* beginnt gegen 20 Uhr, letzte Bestellungen werden gegen 22 Uhr aufgenommen. In ländlichen Gebieten und Kleinstädten können sich die Zeiten etwas nach vorne verschieben.

Die meisten Restaurants haben an einem Tag in der Woche geschlossen, und viele schließen im Juli und August wegen Betriebsferien.

Bezahlung

Das Gesetz schreibt die Ausstellung einer förmlichen Rechnung *(il conto)* vor. Ein auf einen Zettel gekritzelter Preis ist illegal.

Die Rechnungen wiesen früher einen Posten für das Brot und die Tischdecke *(pane e coperto)* auf, eine Praxis, die die Behörden abzustellen versuchen. Viele Restaurants umgehen das Gesetz, indem sie Ihnen an Ihren Tisch gebrachtes Brot in Rechnung stellen, unabhängig davon, ob Sie es wollen oder nicht.

Kleinere und einfachere Lokale, vor allem in ländlichen Gegenden, akzeptieren häufig keine Kreditkarten. Selbst in Lokalen, die in ihren Fenstern die entsprechenden Zeichen haben, empfiehlt es sich, vorher nachzufragen.

Mahlzeiten

Eine vollständige Mahlzeit besteht traditionell aus Vorspeisen *(antipasto* – was so viel wie »vor der Mahlzeit« bedeutet), einem ersten Gang *(il primo)*, bei dem es sich um Suppe, Pasta oder Reis handeln kann, und einem Hauptgericht *(il secondo)*, Fleisch oder Fisch. Gemüse *(contorni)* oder Salate *(insalata)* werden häufig getrennt serviert, mit oder nach dem ersten Gang.

Desserts *(dolci)* können auch Obst *(frutta)* und Käse *(formaggio)* beinhalten oder von ihm gefolgt werden. Die Italiener runden eine Mahlzeit häufig mit Espresso, Branntwein, Grappa oder *amaro* (ein bitterer Verdauungsschnaps) ab.

Sie müssen keineswegs alle Gänge bestellen. Mit Ausnahme der Spitzenrestaurants ist es völlig in Ordnung, wenn Sie lediglich einen ersten Gang und einen Salat essen.

Feste Menüs

Auf Italienisch heißt die Karte *il menù* oder *la lista*. Die meisten Restaurants in Touristengebieten offerieren auch Festpreismenüs. Das *menù turistico* besteht zumeist aus zwei Gängen, einem einfachen Dessert und einer halben Flasche Wein oder Wasser pro Person. Portionen wie auch Qualität entsprechen nicht immer den Erwartungen. Das in vielen Restaurants angebotene *menù gastronomico*, bei dem Sie für eine Auswahl besonderer Gerichte einen festen Preis zahlen, ist die bessere Alternative.

Bars, Cafés & Snacks

Bars und Cafés sind perfekt für das Frühstück und bieten häufig auch den ganzen Tag über Snacks wie belegte Brötchen *(panini)* oder Sandwiches *(tramezzini)* an. Einige wenige servieren auch ein leichtes Mittagessen. Weit verbreitet sind Stände oder kleine Läden, die Pizzaecken *(pizza al taglio)* mit unterschiedlichem Belag verkaufen. Es ist immer billiger, an der Bar zu stehen.

Trinkgeld und Kleidung

Geben Sie dort, wo der Service gut war und wo keine Servicegebühr *(servizio)* erhoben wird, 10 bis 15 Prozent Trinkgeld.

Die Italiener kleiden sich für einen Restaurantbesuch gewöhnlich gut, aber informell, vor allem in besseren Lokalen.

Rauchen

Rauchen ist in Italien weit verbreitet, und es gibt in Restaurants nur wenige Nichtraucherzonen. Die Italiener werden, selbst wenn Sie sich beklagen, nur selten das Rauchen einstellen.

VERZEICHNIS

Die hier aufgeführten Restaurants und Hotels sind zunächst nach Regionen und innerhalb dieser nach Preiskategorien und dann alphabetisch sortiert. Behinderte sollten sich vorher über das Vorhandensein der erforderlichen Einrichtungen informieren.

M = Mittagessen A = Abendessen

PALERMO

CENTRALE PALACE HOTEL

€€€€€ ****

CORSO VITTORIO EMANUELE II 327
TEL. 091 33 66 66
FAX 091 33 48 81
E-MAIL centrale@angalahotels.it
www.centralepalacehotel.it

Palermos bestes Hotel liegt in einem Gebäude aus dem 19. Jahrhundert zwei Häuserblocks westlich der Kreuzung Quattro Canti, einem lebhaften, sehr zentralen Ort. Die Zimmer sind schön eingerichtet, der Service ist exzellent. Auf dem Dachgarten befindet sich ein Restaurant.

103 P 3
Alle gängigen Kreditkarten

GRAND HOTEL ET DES PALMES

€€€€ ****

VIA ROMA 398
TEL. 091 602 81 11
FAX 091 331 54 5
E-MAIL thi@thi.it
www.thi.it

Der Ruhm dieses berühmten Hotels beruht teilweise auf seinem Ruf als angebliches Lieblingshotel von Mafiabossen (unter anderem Lucky Luciano) in den 1950er und 1960er Jahren. Das gute, traditionelle Hotel mit der Eleganz der Belle Époque wurde bis Ende 2004 einer gründlichen Renovierung unterworfen und hat seine Zimmer und Gemeinschaftseinrichtungen deutlich verbessert. Es liegt vier Häuserblocks nördlich vom Museo Archeologico.

183 P 30
Alle gängigen Kreditkarten

PRINCIPE DI VILLAFRANCA

€€€€ ****

VIA G. TURRISI COLONNA 4
TEL. 091 611 85 23
FAX 091 58 87 05
E-MAIL info@principedivillafranca.it

www.principedivillafranca.it
Dieses erst kürzlich gebaute und professionell geführte Hotel ist eine gute Wahl für Geschäftsreisende oder Besucher, die nicht im Zentrum wohnen möchten. Es liegt im »modernen« Stadtbezirk etwa einen Kilometer nordwestlich des Teatro Massimo.
34 Zimmer · Parkplatz · Alle gängigen Kreditkarten

MASSIMO PLAZA
€€€€ ****
VIA MAQUEDA 437
TEL. 091 32 56 57
FAX 091 32 57 11
E-MAIL booking@massimoplazahotel.com
www.massimoplazahotel.com
Das Massimo Plaza ist ein vorzügliches Hotel im mittleren Preissegment und liegt nördlich vom Stadtzentrum gegenüber dem Teatro Massimo. Der renovierte Jugendstil-Palazzo bietet geräumige, schallisolierte Zimmer und einen dezenten Rezeptions- und Aufenthaltsbereich.
15 Zimmer · Parkplatz · Alle gängigen Kreditkarten

POSTA
€€ **
VIA ANTONELLO GAGINI 77
TEL. 091 58 73 38
FAX 091 58 73 47
E-MAIL info@hotelpostapalermo.it
www.hotelpostapalermo.it
Das Posta in der Nähe von San Domenico ist eine Institution der Stadt. Das mehr als 80 Jahre alte Hotel beherbergte schon immer Schauspieler, Künstler und die Boheme. Nach einer kürzlich durchgeführten Renovierung hat es ausreichend große Zimmer und ist angesichts seiner zentralen Lage eine gute Wahl.
30 Zimmer · Parkplatz · Alle gängigen Kreditkarten

GARDENIA
€€ **
VIA STABILE MARIANO 136
TEL. 091 32 27 61
FAX 091 33 37 32
E-MAIL gardeniahotel@gardeniahotel.com
www.hotelgardeniapalermo.it
Das Gardenia ist ein intimes, gemütliches und erst jüngst renoviertes, zentral gelegenes Hotel (an der Straße, die von der Piazza Politeama zum Hafen führt). Viele Zimmer verfügen über Balkone mit schönem Blick; Einrichtung und Ausstattung sind besser als bei vielen anderen Zwei-Sterne-Hotels.
16 Zimmer · Parkplatz · Alle gängigen Kreditkarten

LETIZIA
€€ ***
VIA DEI BOTTAI 30
TEL. 091 58 91 10
FAX 091 58 91 10
E-MAIL booking@hotelletizia.com
www.hotelletizia.com
Das zentral in der Nähe der Piazza Maffei gelegene Letizia besitzt gemütliche Gemeinschaftsräume mit Parkettboden und persischen Teppichen und schön renovierte Zimmer.
13 Zimmer · Parkplatz · Alle gängigen Kreditkarten

VILLA ARCHIRAFI
€ **
VIALE LINCOLN 30
TEL. 091 616 88 27
FAX 091 616 86 31
Dieses Hotel ist die beste Wahl in der preiswertesten Kategorie und liegt in einer kleinen Jugendstil-Villa westlich vom Bahnhof am Rand des Botanischen Gartens. Im kleinen Garten wird bei gutem Wetter das Frühstück serviert. Bitten Sie um ein Zimmer, das nicht auf die Straße hinausgeht.
40 Zimmer · Parkplatz · AE, MC, V

OSTERIA DEI VESPRI
€€€€€
PIAZZA CROCE DEI VESPRI
TEL. 091 617 1631
www.osteriadeivespri.it
Dieses über nur einen Speisesaal verfügende Restaurant unmittelbar südlich von San Francesco beherbergte einst die Kutschen des Palazzo Gangi, in dem Luchino Visconti die Ballsaalszene in seinem Film *Der Leopard* drehte. Heute werden hier einige der kreativsten und ausgefeiltesten Gerichte von Palermo serviert, unter anderem moderne Neuinterpretationen traditioneller sizilianischer Fleisch- und Fischrezepte. Gute Weinkarte. Während des Sommers kann man auch draußen sitzen.
Sitzplätze 35 (innen), 40 (außen)
Geschl. So und einen Teil des Aug. · Alle gängigen Kreditkarten

GRAND GOURMET
€€€€
CORSO PISANI 30
TEL. 091 659 82 84
Die Qualität des Essens ist hoch (siehe Name!), kreative Fisch- und Meeresfrüchtegerichte dominieren. Das südwestlich des Palazzo dei Normanni gelegene Restaurant bietet eine ausgezeichnete Weinkarte.
Sitzplätze 50 · Geschl. So u. Mitte Juni–Mitte Sept. · Alle gängigen Kreditkarten

SANTANDREA
€€€€
PIAZZA SANT'ANDREA 4
TEL. 091 33 49 99
Das Santandrea liegt in der Nähe des Vuccirìa-Marktes und ist ein schönes, zentral gelegenes Restaurant mit einem guten Ruf. Die Karte bietet einige kreative Überraschungen. Gute Weinkarte.
Sitzplätze 80 (innen), 80 (außen)
Geschl. Di–Mi M im Winter, So–Mo M im Sommer und einen Teil des Aug. · AE, MC, V

Hotel · Restaurant · Zimmer · Sitzplätze · Parkplatz · Geschlossen · Haltestelle

DAL MAESTRO DEL BRODO
€€€
VIA PANNIERI 7
TEL. 091 32 95 23
Frische Zutaten vom Vuccirìa-Markt bilden die Grundlage traditioneller Gerichte wie *pasta con le sarde* (Pasta mit Sardinen) und *pesce spada e menta* (Schwertfisch mit Minze) in dieser gemütlichen Familien-Trattoria. Sie liegt günstig in der Nähe der Ecke Via Roma und Corso Vittorio Emanuele II.
100 Geschl. A, außer Fr–Sa Sept.–Mitte Juni; auch 2 Wochen im Aug., So im Sommer und Di im Winter
AE, MC, V

MI MANDA PICONE
€€€
VIA ALESSANDRO PATERNOSTRO 59
TEL. 091 616 06 60
Diese ansprechende *enoteca* (Weinbar) liegt in schönen Gewölben und verfügt über zwei Räume (einer für Nichtraucher) in einem Gebäude aus dem 14. Jahrhundert neben San Francesco.
40 (innen), 60 (außen) Geschl. M, So und einen Teil des Aug. AE, MC, V

KURSAAL KALHESA
€€€€€
FORO UMBERTO I 21
TEL. 091 616 22 82
Ein nettes, etwas abseits gelegenes Lokal in der Nähe der Ecke Via Lincoln und Foro Italico südwestlich der Galleria Regionale. Zu der Kombination aus Restaurant und geräumiger Bar gehören ein Jazzclub, ein Kaffeehaus, ein Buchladen sowie ein Garten. Mediterrane Küche.
50 (innen), 70 (außen) Geschl. So A, Mo und einen Teil des Aug. AE, MC, V

CASA DEL BRODO
€€
CORSO VITTORIO EMANUELE II 175
TEL. 091 32 16 55
Das 1890 gegründete Lokal ist bei den Einwohnern Palermos sehr beliebt und bietet preiswerte Gerichte, besonders wenn Sie sich für die *brodo* (Brühe oder Suppe) entscheiden, die jeden Tag in mehreren Sorten angeboten wird. Alternativ steht Ihnen ein Antipasti-Buffet zwischen den beiden Speisesälen zur Verfügung.
60 Geschl. Di
Alle gängigen Kreditkarten

ANTICA FOCACCERIA
€
VIA ALESSANDRO PATERNOSTRO 59
TEL. 091 32 02 64
Eine 1834 gegründete, von der Eigentümerfamilie betriebene Taverne mit Marmortischen (sowie Sitzgelegenheiten draußen auf dem Platz), alten Spiegeln, Gusseisen und Holztäfelung. Man serviert hier eine Hand voll warmer Gerichte und traditionelle Snacks wie *panelle* (schmalzgebackene Kichererbsen), *purpa* (gekochten Tintenfisch) und *meusa* (gegrillte Rindermilz). Für weniger Experimentierfreudige gibt es aber auch konventionellere Snacks und Sandwiches.
200 (innen), 200 (außen) Geschl. Mo Alle gängigen Kreditkarten

DER WESTEN

ERICE

BAGLIO SANTA CROCE
€€ ***
CONTRADA RAGOSIA
TEL. 0923 89 11 11
FAX 0923 89 11 92
www.bagliosantacroce.it
Abseits der Touristenmassen liegt das reizende Landhotel auf dem Monte Erice inmitten von Oliven- und Zitronenhainen, etwa neun Kilometer östlich von Erice an der SS187. Der umgebaute Bauernhof wurde 1637 gebaut. Die einfachen, aber reizenden Zimmer und Gemeinschaftsräume haben alte Holzbalken und Terrakottaböden. Vom Garten hat man einen schönen Blick, das Restaurant serviert herzhafte Landküche.
25
Alle gängigen Kreditkarten

MODERNO
€€ ***
VIA VITTORIO EMANUELE II 63
TEL. 0923 86 93 00
FAX 0923 86 91 39
www.pippocatalano.it
Das Hotel liegt zentral in einem renovierten Gebäude aus dem 19. Jahrhundert und erstreckt sich über zwei Stockwerke (ein weiteres Haus auf der anderen Straßenseite bietet größere Zimmer). Bitten Sie um ein Zimmer mit Terrasse oder Balkon.
40 100 Restaurant im Winter Mo geschl.
Alle gängigen Kreditkarten

MONTE SAN GIULIANO
€€€
VICOLO SAN ROCCO 7
TEL. 0923 86 95 95
www.montesangiuliano.it
Genießen Sie Ihr Essen in diesem rustikalen zentral gelegenen Restaurant in einem der drei Speisesäle oder unter einer Laube im schönen Innenhof, und kosten Sie regionale Spezialitäten wie *sarde a beccafico* (Sardinen), *pesce alla griglia* (gegrillten Fisch) oder *involtini di melanzane* (gefüllte Auberginen).
80 (innen) 100 (außen) Geschl. Mo und einen Teil des Jan. und Nov.
Alle gängigen Kreditkarten

ISOLE EGADI (ÄGADISCHE INSELN)

AEGUSA
€€€ ***
VIA GARIBALDI 11–17
FAVIGNANA
TEL. 0923 92 24 30

Nichtraucher Lift Klimaanlage Hallenbad Pool im Freien Fitnessclub Kreditkarten

FAX 0923 92 24 40
www.aegusahotel.it
Die Zimmer des Palazzo aus dem 19. Jahrhundert sind hell, geräumig und einfach eingerichtet. Das Restaurant verfügt über einen eigenen kleinen Innengarten.
28 Hotel u. Restaurant Jan.-Feb. teilweise geschl. Alle gängigen Kreditkarten

EGADI HOTEL
€€ ***
VIA CRISTOFORO COLOMBO 17 FAVIGNANA
TEL. 0923 92 12 32
FAX 0923 92 12 32
www.albergoegadi.it
Helle, gepflegte und neu eingerichtete Zimmer bieten eine intime Unterkunft. Das einfach wirkende Restaurant genießt einen ausgezeichneten Ruf.
12 80 Geschl. Okt.–Ostern
Alle gängigen Kreditkarten

EL PESCADOR
€€€€
PIAZZA EUROPA 38 FAVIGNANA
TEL. 0923 92 10 35
Die Fotografien und das Dekor in diesem rustikalen Fischrestaurant passen zu den ausgezeichneten Fisch- und Meeresfrüchte-Gerichten. Im Sommer können Sie draußen auf einem kleinen Platz essen. Die einfachere und preiswertere Trattoria **La Bettola** (Via Nicotera 47, Tel. 0923 92 19 88, geschl. Di) ist ebenfalls zu empfehlen.
40 (innen), 90 (außen)
Geschl. Jan.–Feb. u. Mi, außer in der Hochsaison

PANTELLERIA

MONASTERO
€€€€ ****
CONTRADA KASSÀ, SCAURI ALTA
TEL. 0923 91 66 55
www.directa.net/sicilia/agrigento/hotels/monastero.html
Fünf traditionelle Häuser *(dammusi)* sind zu diesem ungewöhnlichen Hotel, in dem Prominente gerne absteigen, umgebaut worden.
4 Villen Alle gängigen Kreditkarten

MURSIA
€€ ***
LOCALITÀ MURSIA
TEL. 0923 91 12 17
FAX 0923 91 10 26
www.mursiahotel.it
Die beeindruckende Anlage liegt nur vier Kilometer von Pantelleria (mit dem es durch ein kostenloses Shuttle-Boot des Hotels verbunden ist) entfernt und bietet Pool, Privatstrand, Tauchschule, Windsurfingschule, Tennisplätze und weitere Außenanlagen. Sein Restaurant **Le Lampare** serviert sizilianische, klassisch italienische und arabisch beeinflusste Gerichte. Das aus den 1970er Jahren stammende nahe gelegene **Cossyra** (Tel. 092 39 11 154, www.cossyrahotel.it) steht unter derselben Leitung und bietet eine ähnliche Ausstattung für vergleichbare Preise.
74
Alle gängigen Kreditkarten

PAPUSCIA
€€ **
LOCALITÀ TRACINO SOPRA PORTELLA 28
TEL. 0923 915 463
FAX 0923 915 463
E-MAIL papuscia@meditel.it
www.papuscia.com
Die drei Gebäude des Familienbetriebs wurden um ein umgebautes *dammuso* aus dem 18. Jahrhundert angelegt. Sie blicken auf einen schönen Garten und eine Terrasse mit Blick auf das nur etwa einen Kilometer entfernte Meer. Das einfache Restaurant verfügt über eine Veranda.
11 Geschl. Mitte Jan.–Feb. AE, MC, V

HOTELS
Preiskategorien für ein Doppelzimmer mit Frühstück in der Hochsaison. Zimmer können aber durchaus auch günstiger sein.

€€€€€	Über 250 €
€€€€	$180–250 €
€€€	$140–180 €
€€	$100–140 €
€	Unter 100 €

RESTAURANTS
Preiskategorien für ein Drei-Gänge-Menü ohne Getränke, allerdings nicht die billigsten, sondern eher interessante Menüs. Günstigere Gerichte sind möglich.

€€€€€	Über 60 €
€€€€	40–60 €
€€€	30–40 €
€€	20–30 €
€	Unter 20 €

LA NICCHIA
€€€
CONTRADA SCAURI BASSO
TEL. 0923 916 342
Man isst hier in zwei Räumen (einer für Nichtraucher) eines umgebauten *dammuso* oder im schönen Garten. Die Küche ist innovativ, zum Beispiel *ravioli di ricotta e menta* (mit Käse und Minze gefüllte Pasta) oder *gamberoni all'uva zibibbo* (Hummerkrabben mit Trauben). Wer will, kann aber auch eine Pizza bestellen.
40 (innen), 60 (außen)
Geschl. Mitte Jan.–Mitte Feb., M das ganze Jahr über und Mi im Winter
Alle gängigen Kreditkarten

SAN VITO LO CAPO

CAPO SAN VITO
€€€€€ ****
VIA PRINCIPE TOMMASO 29
TEL. 0923 97 21 22
FAX 0923 97 25 59
www.caposanvito.it
Die komfortabelste Unterkunft für Besucher des Zingaro-Naturschutzgebietes

und des Ferienortes San Vito lo Capo ist ein reizendes kleines Hotel (vier Stockwerke) mit schönem Blick auf das Meer (die meisten Zimmer haben eine Terrasse), einem Garten und Privatstrand. Das Angebot wird durch ein kleines Café (das **Caruso**)und ein Restaurant (das **Jacaranda**) ergänzt.
36
Alle gängigen Kreditkarten

CORALLO
€€€
VIA G. AMICO 7
TEL. 0923 97 28 27
Ein hübscher Garten bildet das Kernstück dieses Familienbetriebs, der direkt neben der Hauptstraße liegt. Die Karte bietet vor allem Fisch und Meeresfrüchte.
35 Okt.–April
DC, MC, V

DER SÜDEN

AGRIGENT

BAGLIO DELLA LUNA
€€€€€ ★★★★
CONTRADA MADDALUSA
TEL. 0922 51 10 61
FAX 0922 59 88 02
www.esperia.it/pregiohotel
Das Hotel liegt etwa vier Kilometer von Agrigent (neben der SS640) entfernt in einem wunderschön restaurierten burgähnlichen Landhaus aus dem 13.–15. Jahrhundert. Es ist von schönen Gärten umgeben und bietet elegante Zimmer und stilvolle, mit Antiquitäten möblierte Gemeinschaftsräume. Mit **Il Dèhor** besitzt es das beste Restaurant der Region mit einer guten Weinkarte.
24 100
Alle gängigen Kreditkarten

VILLA ATHENA
€€€€€ ★★★★
VIA PASSEGGIATA ARCHEOLOGICA 33
TEL. 092 259 62 88
FAX 092 240 21 80
Die Villa Athena, eine umgebaute Villa aus dem 18. Jahrhundert, war früher Agrigents bestes Hotel, ist heute jedoch etwas altmodisch und sicher überteuert. Es ist aber nach wie vor die einzige Unterkunft im Valle dei Templi. Es verfügt über Garten und Pool, ein recht gutes Restaurant (im Sommer mit Tischen im Freien) und einen großartigen Blick auf den Tempio della Concordia. Bitten Sie um ein Zimmer mit Terrasse und Blick auf den Tempel.
40
Alle gängigen Kreditkarten

COLLEVERDE PARK
€€€€ ★★★★
STRADA PANORAMICA DEI TEMPLI
TEL. 0922 295 55
FAX 0922 290 12
Dieses Hotel liegt in der archäologischen Zone, nur einen Spaziergang von den Tempeln entfernt. Die Zimmer (einige mit Blick auf den Tempel) sind modern und zurückhaltend elegant, und es gibt einen Privatstrand.
48
Alle gängigen Kreditkarten

DEI TEMPLI
€€€
VIA PANORAMICA DEI TEMPLI 15
TEL. 0922 403 110
Gewölbe, Steinbögen und Terrakottaböden verleihen diesem lebhaften und freundlichen Restaurant in der Nähe der Tempel eine rustikale Atmosphäre. Die Karte bietet vor allem Fisch und Meeresfrüchte.
100 (innen), 20 (außen)
Geschl. So in der Hochsaison und Fr das ganze Jahr über
Alle gängigen Kreditkarten

LEON D'ORO
€€€
VIALE EMPORIUM 102
TEL. 0922 414 400
Das gut geführte Restaurant liegt sieben Kilometer vom Zentrum Agrigents entfernt im Dorf San Leone (unweit des Meeres). Die Karte wechselt häufig und mischt traditionelle sizilianische und innovative Fisch- und Meeresfrüchtegerichte. Im großen Garten mit herrlichen Blumen wird ebenfalls serviert. Einer der beiden geräumigen Speisesäle ist für Nichtraucher reserviert.
120 (innen), 140 (außen)
Geschl. Mo
Alle gängigen Kreditkarten

ISOLE PELAGIE (PELAGISCHE INSELN)

GUITGIA TOMMASINO
€€€€€ ★★★
VIA LIDO AZZURRO 13
LAMPEDUSA
TEL. 0922 97 08 79
FAX 0922 97 03 16
E-MAIL info@guitgia.com
www.guitgia.com
Das Hotel am Meer besteht aus zwei Gebäuden im mediterranen Stil. Bitten Sie bei der Buchung um ein Zimmer mit Balkon und Meerblick. Im Sommer wird auf der Terrasse des Hotelrestaurants **Da Tommasino** gedeckt.
36
Geschl. Nov.–Feb.
Alle gängigen Kreditkarten

GEMELLI
€€€€€
VIA CALA PISANA 2
LAMPEDUSA
TEL. 0922 97 06 99
www.ristorantegemelli.it
Das maurische Dekor dieses Restaurants mit drei Speisesälen wird auf der Speisekarte fortgesetzt, die arabische Einflüsse mit traditioneller sizilianischer Küche kreuzt. Zu den herausragenden Gerichten zählen die hausgemachten, mit Garnelen gefüllten Ravioli. Man kann auch auf der Terrasse essen.
40 (innen), 40 (außen)
Geschl. M u. Nov.–Ostern
AE, DC, V

VILLA ROMANA DEL CASALE

PARK HOTEL PARADISO
€€€ ****
CONTRADA RAMALDA
PIAZZA ARMERINA
TEL. 0935 68 08 41
FAX 0935 68 33 91
E-MAIL info@parkhotelparadiso.it oder booking@parkhotelparadiso.it
www.parkhotelparadiso.it
Ein komfortables, wenn auch unauffälliges Hotel mit guter Ausstattung (unter anderem Sauna und Tennisplätze) unmittelbar nördlich der Piazza Armerina. Das Hotel liegt günstig für den Besuch der Villa del Casale, wo es nur wenige Unterkünfte gibt.
95
Alle gängigen Kreditkarten

OSTELLO DEL BORGO
€
LARGO SAN GIOVANNI 6
PIAZZA ARMERINA
TEL. 0935 68 70 19
FAX 0935 68 69 43
www.ostellodelborgo.it
Mönchsquartiere im ehemaligen Kloster St. Johannes wurden hier in komfortable Zimmer mit Bad umgewandelt.
13 MC, V

AL FOGHER
€€€€
CONTRADA BELLIA 1
PIAZZA ARMERINA
TEL. 0935 68 41 23
www.alfogher.net
Zwei intime Speisesäle (einer für Nichtraucher) in einem ehemaligen Eisenbahngebäude sind die Bühne für eine regionale Küche mit originellen Einfällen. Die Weinkarte ist exzellent, im Sommer wird im Garten eingedeckt.
55 (innen), 30 (außen)
AE, V

SELINUNT

ALCESTE
€ ***
VIA ALCESTE 21
TEL. 092 44 61 84
FAX 092 44 61 43
www.hotelalceste.it
Das einfache und von der Eigentümerfamilie betriebene Hotel aus den 1980er Jahren liegt im alten Teil von Marinella, etwa einen Kilometer von Selinunt entfernt. Von der Terrasse blickt man aufs Meer; das Restaurant serviert gutes, traditionelles sizilianisches Essen.
26
Geschl. Mitte Nov. u. Mitte Jan.–Mitte Feb.
Alle gängigen Kreditkarten

PIERROT
€€€
VIA MARCO POLO 108
TEL. 092 446 205
Marinella besitzt mehrere gute Fisch- und sonstige Restaurants mit Blick auf das Meer und/oder die Akropolis. Das Pierrot zählt zu den besten. Es serviert ausgezeichnete Fleisch- und Fischgerichte, aber auch Pizza. Einer der beiden Speisesäle ist Nichtrauchern vorbehalten.
170 (innen) 80 (außen)
Alle gängigen Kreditkarten

SYRAKUS UND DER SÜDOSTEN

SYRAKUS

DES ETRANGERS ET MIRAMARE
€€€€ *****
PASSEGGIO ADORNO 10–12
TEL. 0931 626 71
FAX 0931 651 24
E-MAIL info@medeahotels.com
www.medeahotels.com
Das am höchsten bewertete Hotel von Syrakus ist ein kürzlich umgebauter Palazzo aus dem 19. Jahrhundert im Herzen der Altstadt Ortygia. Die Zimmer verfügen über eine gute Ausstattung, den Gästen stehen ein Privatstrand, ein Fitnesscenter und eine Sauna zur Verfügung.
80
Alle gängigen Kreditkarten

GRAND HOTEL SIRACUSA
€€€€€ ****
VIALE MAZZINI 12
TEL. 0931 464 600
FAX 0931 464 611
E-MAIL info@grandhotelsr.it
www.grandhotelsr.it
Ein komfortables und hübsches Hotel mit einer Mischung aus Alt und Neu an der Nordwestspitze von Ortygia. Das Hotelrestaurant **La Terrazza** verfügt über eine Dachterrasse mit schönem Blick auf Meer und Hafen. Ein Shuttle-Service bringt die Gäste zum hoteleigenen Strand.
58
Alle gängigen Kreditkarten

GRAN BRETAGNA
€€ ***
VIA SAVOIA 21
TEL. 0931 68 765
FAX 0931 449 078
E-MAIL info@hotelgranbretagna.it
www.hotelgranbretagna.it
Ein gemütliches und gut geführtes Hotel, das schon seit vielen Jahren zum festen Inventar von Ortygia gehört. Einige der geräumigen Zimmer des Hauses aus dem 18. Jahrhundert weisen alte Deckengemälde auf.
17
Alle gängigen Kreditkarten

GUTKOWSKI
€€ ***
VIA LUNGOMARE VITTORINI 26
TEL. 0931 46 58 61
FAX 0931 48 05 05
E-MAIL info@guthotel.it
www.guthotel.it
Die perfekte Wahl für den kleinen Geldbeutel in Ost-Ortygia: nicht luxuriös, aber einfach, modern und komfortabel; mit Meerblick von einigen Zimmern aus.
15
Alle gängigen Kreditkarten

DON CAMILLO
€€€€€
VIA MAESTRANZA 92–100
TEL. 0931 67 133
Das relativ teure Restaurant mit zwei Salons ist sicher die beste Wahl in Syrakus. Es liegt sehr schön in einem umgebauten Palazzo aus dem 15. Jahrhundert (komplett mit Gewölbe) auf der Ostseite von Ortygia in der Nähe der Kirche San Francesco. Fischgerichte dominieren und sind sehr originell zubereitet.
100 Geschl. So, Nov. u. 10 Tage im Juli
Alle gängigen Kreditkarten

ARCHIMEDE
€€€
VIA GEMMELLARO 8
TEL. 0931 69 701
www.trattoriaarchimede.it
Das Archimede unmittelbar südlich von Santa Maria dei Miracoli in Ortygia existiert seit 1938, ist also geradezu eine Institution in Syrakus. Seine drei großen Speisesäle sind mit historischen Fotografien der Stadt dekoriert. Fisch und Meeresfrüchte sind einfach zubereitet, vorweg erfreut das hervorragende Antipasti-Buffet. Auf der anderen Straßenseite befindet sich eine Pizzeria (unter derselben Leitung).
150 Geschl. So, außer im Sommer
Alle gängigen Kreditkarten

DA MARIANO
€€
VICOLO ZUCCOLÀ 9
TEL. 0931 674 44
Das informelle Restaurant liegt in der Nähe der Fonte Aretusa im Westen von Ortygia. Von den drei einfach dekorierten Räumen ist einer Nichtrauchern vorbehalten. Der Service ist freundlich, die Küche konzentriert sich auf lokale Gerichte.
75 (innen), 40 (außen) Geschl. Di u. Juli
Alle gängigen Kreditkarten

NOTO

VILLA CANISELLO
€ **
VIA PAVESE 1
TEL. 0931 83 57 93
FAX 0931 83 77 00
E-MAIL canisello@tin.it
www.villacanisello.it
Das restaurierte Bauernhaus aus dem 19. Jahrhundert befindet sich mit seinem großen Garten nur etwa zehn Fußminuten vom Zentrum Notos entfernt. Die Wände sind dick und gekalkt, die Dekoration ist einfach, aber elegant, und die Atmosphäre auf angenehme Weise altmodisch.
6 Einige Zimmer; ansonsten Deckenventilatoren Keine Kreditkarten

CAMERE BELVEDERE
€
PIAZZA PERELLI CIPPO 1
TEL. 0931 57 38 20
FAX 0931 57 38 20
E-MAIL info@camerebel vedere.com
www.camerebelvedere.com/eng/f1.htm
Diese historische Stadt besitzt kein Hotel, Besucher haben die Wahl zwischen Privatquartieren oder der Camere Belvedere, einem Haus mit vier günstigen, einfach eingerichteten Zimmern (jedes mit einem eigenen kleinen Bad) mit Deckenbalken und einer Terrasse.
4
Keine Kreditkarten

CROCIFISSO DA BAGLIERI
€€
VIA PRINCIPE UMBERTO 46–48
TEL. 0931 571 151
Diese einfache Trattoria in der Oberstadt vermittelt einen guten Eindruck vom alten Sizilien. Ebenfalls zu empfehlen ist das **Carmine**, das Menüs, Snacks und Pizzas serviert (Via Ducezio 1a, Tel. 0931 83 87 05, geschl. Mo). An derselben Straße liegt das **Mandolfiore** (Via Ducezio 2), in dem man das beste Backwerk der gesamten Stadt bekommt.
48 Geschl. Mi, nach Ostern und Sept.
Alle gängigen Kreditkarten

RAGUSA

EREMO GIUBILIANA
€€€€€ *****
CONTRADA GIUBILIANA
TEL. 0932 669 119
FAX 0932 669 129
www.eremodellagiubiliana.it
Da Sie ohnehin außerhalb der Stadt wohnen müssen, – es gibt in Ragusa Alta keine Hotels, ist das umgebaute Wehrkloster aus dem 15. Jahrhundert (sieben Kilometer südlich neben der SP25) eine gute Wahl. Lassen Sie sich nicht von der öden Umgebung entmutigen: Im Inneren dieses exklusiven Komplexes finden Sie viel Grün und wunderbare Zimmer. Hinzu kommen ein ausgezeichnetes Restaurant (€€€€), ein Hotelstrand, ein hoteleigenes Boot sowie eine eigene Anlegestelle für Bootsausflüge.
14 130 (innen) 70 (außen)
Alle gängigen Kreditkarten

DUOMO
€€€€€
VIA CAPITANO BOCCHERI 31
TEL. 0932 65 12 65
Das Duomo zählt zu Siziliens besten Restaurants. Es ist elegant, intim, fein und liegt wunderschön vor dem Dom. Ohne Reservierung bekommen Sie keinen Tisch in einem der vier Speisesäle (einer ist für Nichtraucher reserviert). Die Weinkarte ist exzellent, die Küche kombiniert das Beste aus traditioneller und neuer Kochkunst.
50 Geschl. M So Mai–Sept., Mo und einen Teil des Okt.
Alle gängigen Kreditkarten

ORFEO
€€€
VIA SANT'ANNA 117
Das 1935 gegründete und seit

1970 von ein und derselben Familie geführte Orfeo ist eine großartige Trattoria der alten Schule, die ausgezeichnete traditionelle sizilianische Küche serviert.
50 Geschl. So
Alle gängigen Kreditkarten

SCICLI

BAIA SAMUELE
€€€€ ****
LOCALITÀ SAMPIERI
TEL. 0932 848 111
FAX 0932 939 725
E-MAIL info@baiasamuele.it
www.baiasamuele.it

Die große dorfähnliche Anlage auf einem von Zypressen bestandenen Hügel etwa einen Kilometer außerhalb von Scicli und unweit des Meeres gefällt nicht jedem, doch die Tennisplätze, der Privatstrand und zahlreiche weitere Einrichtungen sind perfekt für einen Aktivurlaub. Das in der Stadt gelegene kleine Restaurant **Al Molo** (Via Perello 90, Tel. 0932 93 77 10, geschl. Mo) bietet eine intimere und typischere Möglichkeit, sizilianisch zu essen.
244
Alle gängigen Kreditkarten

MODICA

FATTORIA DELLE TORRI
€€€€
VICO NAPOLITANO 14
TEL. 0932 75 19 28

Neben dem Duomo in Ragusa handelt es sich hier um das beste Restaurant der Region: ein altes Gebäude im historischen Zentrum, dessen einziger Speisesaal geschmackvoll modernisiert wurde. Die Küche ist traditionell ausgerichtet, kann aber auch raffiniert sein, wie die mit Schwertfisch gefüllten Tortellini beweisen. Hervorragende Weinkarte.
40 (innen), 20 (außen)
Geschl. Mo
Alle gängigen Kreditkarten

TAVERNA NICASTRO
€–€€
VIA SANT'ANTONIO 28
TEL. 0932 94 58 84

Das Restaurant in Modica Alta wird seit 1948 von der Familie Nicastro betrieben und hat eine lange Tradition in der Zubereitung einfacher, ländlicher Fleisch- und sonstiger regionaler Gerichte der Region Modica. Sie sollten unbedingt die 1880 gegründete Konditorei **Bonajuto** (Corso Umberto I 159) aufsuchen und *i'mpanatigghi*, eine Süßspeise aus Hackfleisch und Schokolade, kosten.
100 (innen), 40 (außen)
Geschl. M, So–Mo u. 1 Woche Mitte Aug.
Alle gängigen Kreditkarten

DER OSTEN

TAORMINA

GRAND HOTEL TIMEO & VILLA FLORA
€€€€€ *****
VIA TEATRO GRECO 59
TEL. 0942 238 01
FAX 0942 62 85 01
E-MAIL reservation.tim@framon-hotels.it
www.framonhotels.com

Das Timeo ist preiswerter und wohl auch das bessere Hotel als das berühmtere San Domenico (siehe unten). Es besitzt eine wunderschöne Terrasse im hoteleigenen Park in der Nähe des Teatro Greco. Die Zimmer in der eleganten, feinen Villa (1873) sind geräumig und hell gehalten. Alle besitzen Balkone und blicken auf den Ätna oder das Meer. Das feine Hotelrestaurant **Il Dito e la Luna** hat ebenfalls einen guten Ruf.
87
Alle gängigen Kreditkarten

SAN DOMENICO PALACE
€€€€€ *****
PIAZZA SAN DOMENICO 5
TEL. 0942 61 31 11
FAX 0942 62 55 06
www.thi.it

Die Großen und die Berühmten haben alle schon im San Domenico gewohnt, einem umgebauten Kloster aus dem 15. Jahrhundert, das zu Italiens berühmtesten Hotels zählt. Seine Reputation mag übertrieben sein, aber die großen Gemeinschaftsflächen, die wunderbaren Zimmer, die Patina der Vergangenheit und der Sinn für Tradition sind über jede Kritik erhaben.
108
Alle gängigen Kreditkarten

VILLA BELVEDERE
€€€€ ***
VIA BAGNOLI CROCE 79
TEL. 0942 237 91
FAX 0942 62 58 30
E-MAIL info@villabelvedere.it
www.villabelvedere.it

Das komfortable und wirklich nette Hotel besitzt einen tollen Blick und liegt schön zwischen Palmen und Oliven am östlichen Rand des Stadtzentrums.
49
Geschl. Mitte Nov.–Mitte März, außer zu Weihnachten
Alle gängigen Kreditkarten

VILLA DUCALE
€€€€ **
VIA LEONARDO DA VINCI 60
TEL. 0942 281 53
FAX 0942 287 10
E-MAIL info@hotelvilladucale.it
www.hotelvilladucale.it

Die Villa Ducale ist ebenso nett wie die Villa Schuler (siehe unten), aber teurer. Das romantische Hotel ist mit alten Möbeln ausgestattet, die Zimmer haben Balkone mit schönem Ausblick; der Service ist freundlich. Zum Stadtzentrum sind es zehn Fußminuten (bergauf).
12 Geschl. Dez.–Mitte Feb.
Alle gängigen Kreditkarten

BEL SOGGIORNO
€€ ***
VIA PIRANDELLO 60
TEL. 0942 233 42

FAX 0942 62 62 98
Das von Gärten umgebene Hotel liegt in einer friedlichen und landschaftlich reizvollen Ecke unmittelbar östlich von Taorminas Zentrum, allerdings neben der Hauptdurchgangsstraße.
30
Alle gängigen Kreditkarten

VILLA SCHULER
€€ **
PIAZZETTA BASTIONE–VIA ROMA
TEL. 0942 23 481
FAX 0942 23 522
www.villaschuler.com
Der kleine, reizende Familienbetrieb ist die erste Wahl unter den weniger teuren Hotels der Stadt. Er liegt nur zwei Fußminuten von der Piazza Umberto I entfernt, bietet tolle Blicke, einen ausgezeichneten Service und komfortable Zimmer.
26
Geschl. Mitte Nov.–Feb.
Alle gängigen Kreditkarten

CASA GRUGNO
€€€€€
VIA SANTA MARIA DEI GRECI
TEL. 0942 21 208
www.casagrugno.it
Taorminas bestes Restaurant liegt in einem schönen historischen Gebäude und serviert ausgefeilte Menüs mit italienischen und internationalen Gerichten. Es gibt nur einen kleinen Speisesaal, weshalb Reservierung erforderlich ist.
35 (innen), 40 (außen)
Geschl. M, Mi u. einen Teil des Feb. u. Dez.
Alle gängigen Kreditkarten

LA GIARA
€€€€€
VICO FLORESTA 1
TEL. 0942 233 60
Das Restaurant ist teuer und groß, bietet aber ausgezeichnetes Essen und einen guten Service. In den 1950er Jahren aßen und feierten hier Stars wie Ava Gardner.
200 (innen), 80 (außen)
Geschl. M, Mo, außer im Aug., So–Do Jan.–März u. Nov.
Alle gängigen Kreditkarten

AL DUOMO
€€€€
VICO EBREI 11
TEL. 0942 62 56 56
Das Al Duomo ist ein exzellentes, lebhaftes Restaurant in einer kleinen Gasse neben dem Domplatz und bietet im Sommer schöne Sitzplätze, guten Service und lecker zubereitete lokale Gerichte.
40 (innen), 35 (außen)
Geschl. Feb. u. Mo außerhalb der Hochsaison
Alle gängigen Kreditkarten

A ZAMMÀRA
€€€€
VIA FRATELLI BANDIERA 15
TEL. 0942 24 408
Hauptattraktion ist der reizende Garten mit Orangen- und Mandarinenbäumen, in deren Schatten die Tische stehen. Regionale sizilianische Küche und eine besonders gute Weinkarte.
90 (innen), 60 (außen)
Geschl. Mi, außer im Aug.
DC, MC, V

MAFFEI'S
€€€€
VIA SAN DOMENICO DI GUZMAN 1
TEL. 0942 240 55
Reicht kulinarisch fast an das Casa Grugno heran und verfügt zusätzlich über eine hübsche Gartenterrasse. Fisch und Meeresfrüchte dominieren die Karte. Elegant, klein (einer der beiden Säle ist Nichtrauchern vorbehalten) und beliebt, reservieren Sie also im Voraus.
35 (innen), 45 (außen)
Teilweise geschl. Jan.–Feb.
Alle gängigen Kreditkarten

IL CICLOPE
€€€
CORSO UMBERTO I 201
TEL. 0942 232 63
Dieser zentral gelegene Familienbetrieb steht schon seit 1970 für faire Preise und eine zuverlässige regionale Küche.
50 (innen), 50 (außen)
Geschl. Mi u. Mitte Jan.–Mitte Feb.
Alle gängigen Kreditkarten

ÄTNA

BIANCANEVE
€€ ***
VIA ETNEA 163
NICOLOSI
TEL. 095 91 41 39
FAX 095 91 11 94
E-MAIL info@hotelbiancaneve.com
www.hotelbiancaneve.com
Das große, moderne Hotel, rund 15 Kilometer vom Ätna entfernt gelegen, bietet Pool, Sporteinrichtungen und Blick auf den Vulkan.
83
Alle gängigen Kreditkarten

SCRIVANO
€ ***
VIA BONAVENTURA 2
RANDAZZO
TEL. 095 92 11 26
FAX 095 92 14 33
Das Hotel-Restaurant am Ortsrand von Randazzo liegt am Nordhang des Vulkans.
30 4
Alle gängigen Kreditkarten

PARCO DELL'ETNA
€ **
CONTRADA BORGONOVO, VIA GENERALE DALLA CHIESA 1,
BRONTE
TEL. 095 69 19 07
FAX 095 69 26 78
Das bescheidene Hotel mit Pool wurde 1990 am Westhang des Ätna errichtet.
20
Alle gängigen Kreditkarten

VENEZIANO
€€
VIA DEI ROMANO 8,
RANDAZZO
TEL. 095 799 13 53
Das Veneziano ist eine typische von der Eigentümerfamilie betriebene Trattoria, die herzhafte ländliche Gerichte

wie *agnello al forno* (Lammbraten) und *zuppa di funghi* (Champignonsuppe) serviert.
100 Geschl. Mo u. So A Alle gängigen Kreditkarten

DER NORDEN

LIPARISCHE INSELN

LIPARI

A' PINNATA
€€€€€ ****
BAIA PIGNATARO
TEL. 090 981 16 97
FAX 090 981 47 82
E-MAIL pinnata@pinnata.it
www.pinnata.it
Die Terrassen der Zimmer dieses schicken und neuen Hotels bieten einen Blick über einen großen Teil der Ostküste Liparis.
12
Alle gängigen Kreditkarten

VILLA AUGUSTUS
€€€€ ***
VICO AUSONIA 16
TEL. 090 981 12 32
FAX 090 981 22 33
E-MAIL info@villaaugustus.it
www.villaaugustus.it
Das seit den 1950er Jahren von einer Familie betriebene Hotel in einer umgebauten Patriziervilla liegt zentral und verfügt über Terrassen mit schönem Blick, Balkone und geräumige Zimmer.
34
Geschl. Nov.–Feb.
Alle gängigen Kreditkarten

ORIENTE
€€ ***
VIA MARCONI 35
TEL. 090 981 14 93
FAX 090 988 01 98
E-MAIL info@hotelorientelipari.com
www.hotelorientelipari.it
Ein modernes Hotel in einer ruhigen Gegend nur fünf Minuten vom Hafen entfernt. Die Zimmer sind hell, eine schattige Gartenterrasse lädt zum Verweilen ein.
32
Alle gängigen Kreditkarten

E' PULERA
€€€€
VIA DIANA
TEL. 090 981 1158
FAX 090 981 2878
www.filippino.it
Das E' Pulera serviert seine außergewöhnliche Inselküche in zwei Speisesälen sowie einem Garten mit Pergola. Die Besitzer betreiben auch das **Filippino** (Piazza Municipio, Tel. 090 981 10 02, geschl. Mo außerhalb der Hauptsaison), ein bekanntes größeres Lokal, das 1910 eröffnete. Es serviert zu vergleichbaren Preisen qualitativ fast ebenso gute Gerichte.
80 Geschl. M u. Feb.–April DC, MC, V

LA NASSA
€€€€
VIA G FRANZA 36
TEL. 090 981 13 19
FAX 090 981 22 57
www.lanassa.it
Ein weiteres herausragendes Restaurant, das ebenfalls für liparische Spezialitäten bekannt ist. Neben der schönen Terrasse wird in drei Sälen (einer für Nichtraucher) serviert.
45 (innen), 70 (außen) Geschl. Mitte Nov.–Mitte März u. M, außer Juli–Aug.
Alle gängigen Kreditkarten

PANAREA

LA PIAZZA
€€€–€€€€€***
VIA SAN PIETRO
TEL. 090 98 31 54
FAX 090 98 30 03
Das komfortable Hotel aus den 1970er Jahren ist kürzlich renoviert worden. Jedes Zimmer verfügt über eine eigene Terrasse oder einen Balkon, Pool und Garten erfreuen sich großer Beliebtheit. Wie in vielen Hotels der Liparischen Inseln können Sie im Sommer nur Voll- oder Halbpension buchen – deshalb auch der hohe Preis. Das nahe gelegene **Cincotta** (Tel. 090 983 014) mit einem guten Restaurant bietet vergleichbare Qualität.
31
Geschl. Nov.–März
Alle gängigen Kreditkarten

HOTELS
Preiskategorien für ein Doppelzimmer mit Frühstück in der Hochsaison. Zimmer können aber durchaus auch günstiger sein.

€€€€€	Über 250 €
€€€€	180–250 €
€€€	140–180 €
€€	100–140 €
€	Unter 100 €

RESTAURANTS
Preiskategorien für ein Drei-Gänge-Menü ohne Getränke, allerdings nicht die billigsten, sondern eher interessante Menüs. Günstigere Gerichte sind möglich.

€€€€€	Über 60 €
€€€€	40–60 €
€€€	30–40 €
€€	20–30 €
€	Unter 20 €

SALINA

SIGNUM
€€€–€€€€€ ***
VIA SCALO 8,
SCARIO
TEL. 090 984 4222
FAX 090 984 41 02
www.hotelsignum.it
Ein reizendes ruhiges Hotel. Das im Inselstil gehaltene Signum bietet einen himmlischen Pool und Garten, viele Antiquitäten und Zimmer mit Balkon oder Terrasse.
30
Alle gängigen Kreditkarten

DA FRANCO
€€€€
VIA BELVEDERE 8,
SANTA MARINA

Hotel Restaurant Zimmer Sitzplätze Parkplatz Geschlossen Haltestelle

TEL. 090 984 32 87
FAX 090 984 36 84
www.ristorantedafranco.com
Erstklassige regionale Fisch- und Meeresfrüchtegerichte in einer landschaftlich schönen Umgebung.
120 Geschl. Mo u. einen Teil des Dez.
Alle gängigen Kreditkarten

VULCANO

LES SABLES NOIRS

€€€€€ ****
PORTO PONENTE
TEL. 090 98 50
FAX 090 985 24 54
www.framon-hotels.com
Vulcanos ältestes und bestes Hotel ist ein typisches zweistöckiges mediterranes Gebäude an einem schwarzsandigen Strand, dem es auch seinen Namen verdankt.
48
Alle gängigen Kreditkarten

MARIA TINDARA

€€€
VIA PROVINCIALE 38
TEL. 090 985 30 04
Probieren Sie in diesem netten Restaurant in den Hügeln unweit von Pianoconte die hausgemachte Pasta.
80 Geschl. Nov.–Feb.
Alle gängigen Kreditkarten

LE MADONIE

PIANO TORRE PARK

€ ***
PIANO TORRE, NAHE ISNELLO
TEL. 0921 662 671
FAX 0921 662 672
Ein ausgezeichnetes Landhotel acht Kilometer außerhalb von Isnello. Das kleine Dorf in der Madonie liegt auch günstig für Ausflüge nach Cefalù (siehe unten). Der Garten und das große Restaurant lohnen auf jeden Fall einen Besuch, ergänzt wird das Angebot durch weitere Sporteinrichtungen wie Tennisplätze.
27 350 (innen), 50 (außen)
Alle gängigen Kreditkarten

POMIERI

€€ **
CONTRADA POMIERI, POLIZZI GENEROSA
TEL. 0921 64 99 98
Das Pomieri ist eine einfache Unterkunft in den Bergen. Besuchen Sie das Restaurant während Ihres Ausflugs zur Mittagszeit.
130 (innen), 40 (außen)
Geschl. 3 Wochen im Sept.
Keine Kreditkarten

ITRIA

€€
VIA BEATO GNOFFI 8, POLIZZI GENEROSA
TEL. 0921 68 87 90
Die traditionelle Trattoria serviert eine rustikale Gebirgsküche (das Dorf liegt über tausend Meter hoch), zum Beispiel *cinghiale* (Wildschwein) und *funghi* (Champignons).
50 (innen), 30 (außen)
Geschl. Mi u. für einen Teil des Herbstes
Keine Kreditkarten

BERGI

€
CONTRADA BERGI, CASTELBUONO, NEBEN SS286
TEL. 0921 672 045
FAX 0921 676 877
www.agriturismobergi.com
Dieses einfache Landgasthaus *(agriturismo)* liegt inmitten von Obstgärten und Olivenhainen 18 Kilometer südlich von Castelbuono, Richtung Geraci Siculo. Die Zimmer sind einfach, aber nett eingerichtet. Ein Großteil der in der Küche verarbeiteten Zutaten stammt aus eigenem biologischem Anbau.
14
Keine Kreditkarten

NANGALARRUNI

€€€€
VIA DELLE CONFRATERNITE 5/7, CASTELBUONO
TEL. 0921 67 14 28
Die sizilianischen Gerichte, die in diesem attraktiven Restaurant mit Balken und Backsteinwänden serviert werden, gehören zu den besten der ganzen Madonie und darüber hinaus. Gute Weinkarte. Eine günstigere und einfachere Alternative in diesem Dorf ist das **Vecchio Palmento** (Via Failla 4, Tel. 0921 672 099, geschl. Mo u. einen Teil des Sept.), das auch Pizza serviert.
100 (innen), 20 (außen)
Geschl. Mi, außer im Aug. Alle gängigen Kreditkarten

CEFALÙ

KALURA

E €€ ***
VIA V CAVALLARO 13
TEL. 0921 42 13 54
FAX 0921 42 31 22
www.kalura.it
Das Hotel liegt etwa 1,5 Kilometer vom Zentrum Cefalùs entfernt in großartiger Lage über dem Meer. Es bietet elegante Zimmer, einen eigenen Strand und Einrichtungen für Tennis und andere Sportarten.
75
Alle gängigen Kreditkarten

LA BRACE

€€€
VIA XXV NOVEMBRE 10
TEL. 0921 42 35 70
www.ristorantelabrace.com
Die klassische sizilianische Küche ist hier 20 Jahre lang vervollkommnet worden. Kosten Sie die *bruschette di pesce* (geröstetes Brot mit Fisch) und die *spaghetti all'aglio* (Spaghetti mit Knoblauch und Chili).
50 Geschl. Mo, Di M u. Mitte Dez.–Mitte Jan.
Alle gängigen Kreditkarten

EINKAUFEN

Einkaufen ist auf Sizilien ein besonderes Vergnügen. Unabhängig davon, ob Sie sich in einem Bergdorf oder auf einer der prächtigsten Straßen Palermos aufhalten: Die Geschäfte bieten exzellente Nahrungsmittel und Weine, wunderbare Textilien, kostbare Kunstwerke und Antiquitäten, schöne Schuhe und Lederwaren sowie qualitativ hochwertiges Kunsthandwerk.

GESCHÄFTE

Viele Geschäfte auf Sizilien sind kleine Familienbetriebe, selbst in Palermo. Die meisten Viertel haben ihren eigenen Bäcker *(panificio)*, Obsthändler *(fruttivendolo)*, Fleischer *(macellaio)* und ein Lebensmittelgeschäft *(alimentari)*. Konditoreien und Zuckerbäckereien *(pasticceria)* sind typisch für sizilianische Städte. Kaufhäuser und Supermärkte findet man nur in den größten Zentren.

MÄRKTE

In den meisten Städten gibt es mindestens einen Straßenmarkt *(mercato)*, der zumeist täglich außer sonntags vom frühen Morgen bis in den frühen Nachmittag hinein geöffnet ist. Kleinere Städte haben häufig nur einmal in der Woche einen Markt mit ähnlichen Öffnungszeiten.

EINKAUFSTIPPS

Wein ist eine sizilianische Spezialität, die immer beliebter wird (siehe S. 20f). Viele Städte und Regionen bieten auch Spezialitäten, vor allem Käse, Oliven, getrocknete oder kandierte Früchte, Kuchen, sonnengetrocknete Tomaten, Kapern und Artischocken.

Siziliens Antiquitätengeschäfte sind wahre Schatzkammern, während aus dem Kunsthandwerk vor allem die Keramik herausragt.

An der Westküste sind Korallen- und Türkisschmuck ein guter Kauf, und in Palermo und den kleineren Städten im Inselinneren kann man schöne Spitze- und Stickereiarbeiten erwerben.

Teppiche sind eine Spezialität von Erice, Monreale ist dagegen für seine Flechtwaren berühmt.

Sizilein ist bekannt für hochwertige Textilien aller Art, Schmuckwaren, Haushaltswaren und Designerobjekte, die man im Allgemeinen in den modischen Einkaufsvierteln von Palermo, Taormina und anderen Urlaubsorten kaufen kann.

ÖFFNUNGSZEITEN

Viele kleine Geschäfte sind von 8 oder 9 Uhr morgens bis 13 Uhr und von 15.30 bis 20 Uhr geöffnet. Geschäfte in Stadtzentren und Touristengegenden haben häufig auch durchgehend geöffnet *(orario continuato)*. Fast alle Geschäfte sind sonntags sowie zusätzlich an einem Tag der Woche geschlossen *(giorno di riposo* oder *chiusura settimanale)*. Einige schließen darüber hinaus für einen weiteren halben Tag, meistens ist es der Montagmorgen oder der Mittwochnachmittag.

BEZAHLUNG

Supermärkte, Kaufhäuser sowie größere Textil- und Schuhgeschäfte akzeptieren gewöhnlich Kreditkarten und Reiseschecks. Für Einkäufe in kleineren Läden benötigt man jedoch unbedingt Bargeld.

ZOLLBESTIMMUNGEN

Mit der Einführung des europäischen Binnenmarktes sind die Ein- und Ausfuhrbestimmungen deutlich gelockert worden. Für Staatsbürger von EU-Staaten gilt, dass alle Güter für den persönlichen Bedarf zollfrei ein- und ausgeführt werden dürfen. Die entsprechenden Freimengen betragen: 800 Zigaretten bzw. 400 Zigarillos bzw. 200 Zigarren bzw. 1 kg Tabak; 10 l Alkohol bzw. 20 l Getränke mit mittlerem Alkoholgehalt bzw. 90 l Wein (davon max. 60 l Schaumwein) bzw. 110 l Bier. Für Schweizer gelten mit 200 Zigaretten, 1 l Spirituosen, 2 l Wein und Souvenirs bis zu einem Wert von 200 Schweizer Franken niedrigere Grenzen. Beim Transit durch die Schweiz sollten Sie als Nicht-Schweizer höhere Mengen ungefragt angeben, und Sie sollten auch wissen, dass schon kleine Mengen italienischer Fleisch- und Wurstwaren zu Ärger mit schweizerischen Zöllnern führen können. Wenn Sie beabsichtigen, besonders wertvolle Güter (wie z.B. Antiquitäten) aus Sizilien auszuführen, sollten Sie sich vorher wegen der einschlägigen Bestimmungen beim italienischen Konsulat oder dem für Sie zuständigen Zollamt erkundigen.

PALERMO

Palermo bietet die größte Auswahl an Geschäften in ganz Sizilien. Die kleine Via Bara all'Olivella und die Via Calderai sind die Straßen für Kunsthandwerk: Designerläden und andere italienische Modenamen prägen die Via della Libertà und Parallelstraßen wie die Via Enrico Parisi.

Die Via Roma, Via Maqueda, Via Ruggero Settimo und die Fußgängern vorbehaltene Via Principe di Belmonte sind weitere große Einkaufsstraßen.

KUNSTHANDWERK

Angela Tripi
Corso Vittorio Emanuele II 450-52, Tel. 091 651 27 87
Ausgezeichnete traditionelle Terrakottafiguren.

De Simone
Via Lanza Di Scalea Giuseppe 698, Tel. 091 671 10 05
Ausgefallene zeitgenössische Keramikarbeiten, die in der ganzen Welt bekannt sind. Auch in Spezialgeschäften und anderen Orten Siziliens erhältlich.

Gramuglia
Via Roma 412, Tel. 091 58 32 62
Hier bekommt man Palermos luxuriöseste Heimtextilien.

Il Laboratorio Italiano
Via Principe di Villafranca 42, Tel. 091 32 02 82
Originelle, hochwertige Keramik.

Vincenzo Argento
Corso Vittorio Emanuele II 445, Tel. 091 611 36 80
Die Familie Argento stellt schon seit mehr als 160 Jahren Palermos traditionelle Puppen her.

KAUFHAUS

Barone
Via Abramo Lincoln 146, Tel. 091 616 56 26
Schon seit über 60 Jahren wird hier vor allem Kleidung verkauft.

NAHRUNGSMITTEL & WEINE

Bar Costa
Via Gabriele d'Annunzio 15
Lohnt wegen des fabelhaften Gebäcks und Kuchens einen Besuch.

Enoteca Picone
Via G Marconi 36, Tel. 091 33 13 00
Seit 1946 ein Familienbetrieb, in dem man aus über 4000 sizilianischen und internationalen Weinen wählen kann.

I Peccatucci di Mamma Andrea
Via Principe di Scordia 67, Tel. 091 33 48 35
Sehr gute hausgemachte Konfitüren, Kuchen, Honig und andere Feinkostwaren, allesamt wunderschön eingepackt und ausgestellt.

SCHMUCK

Di Bella
Via Carini 22, Tel. 091 32 80 31
Hier bekommt man Uhren aller namhaften Hersteller und schönen Schmuck.

Fiorentino
Via Roma 315, Tel. 091 604 71 11
Das seit 1890 bestehende Juweliergeschäft verkauft auch Silberwaren, Uhren und andere Geschenke. Fiorentino unterhält in Palermo noch weitere Filialen.

Piazza Meli
Mehrere Silberschmiede und weitere Schmuckgeschäfte liegen an diesem Platz unweit der Cala.

MÄRKTE

Ballarò
In den Straßen um die Piazza del Carmine werden Obst, Gemüse, Textilien und Haushaltswaren verkauft.

Del Capo
Der berühmte Markt in der Nähe von Sant' Agostino und der Via Porta Carini bietet Kleidung, Schuhe und Textilien.

I Latterini
Der Name stammt aus dem arabischen *suk-el-attarin* (Lebensmittelmarkt), heute handelt es sich um einen gemischten Markt für Kleidung und Haushaltswaren in der Nähe der Via Calderai.

Mercato delle Pulci
Der Trödelmarkt liegt hinter der Kathedrale zwischen der Piazza Peranni und dem Corso Amedeo.

Vuccirìa
Palermos ältester und farbigster Markt für Lebensmittel und andere Produkte belegt die Straßen um die Piazza Caracciolo.

ERICE

Gold-, Korallen- und Keramikwaren verkauft das seit 1881 in Erice bestehende Geschäft. **Altieri** (Via Cordici 14, Tel. 0923 86 94 31), und die Keramik von **Ceramica Ericina** (Via Guarnotta 42, Tel. 0923 86 94 40).

Traditionelle Kuchen und Süßwaren bekommt man gut in der **Pasticceria Grammatico Maria** und ihren Ablegern (Via Vittorio Emanuele II 4 und 14, Via Guarnotta 1, Tel. 0923 869 390).

FAVIGNANA

Ideal für alle, die einen guten Thunfisch suchen. **La Casa del Tonno** (Via Roma 12, Tel. 0923 92 22 27).

AGRIGENT

Kosten Sie im **Caffè Concordia** (Via Atenea 349, Tel. 0922 258 94) den Kuchen und besuchen Sie auch das Geschäft **Zambuto** (Via Saponara 8, Tel. 0922 239 24) für Kunsthandwerk.

SYRAKUS

Schauen Sie bei **Bellomo** (Via Capodieci 15, Tel. 0931 613 40) herein, einem der vielen Geschäfte, die die Papyrusprodukte verkaufen, für die die Stadt seit Jahrhunderten berühmt ist.

Täglich wird ein **Markt** in der Nähe des Tempio di Apollo in Ortygia abgehalten (geschl. So).

Die **Enoteca Capriccio** (Via Amalfitania 11, Tel. 0931 46 49 18) verfügt über eine exzellente Auswahl an Weinen.

TAORMINA

Die erste Adresse für Kunsthandwerk und besonders für Keramik ist **Panarello.** (Corso Umberto I 122, Tel. 0942 239 10) **Giuseppa Di Blasi** (Corso Umberto I 103, Tel. 0942 246 71).

La Torinese (Corso Umberto I 59, Tel. 0942 233 21) ist seit 1936 ein erstklassiges Delikatessengeschäft.

Schöne, aber auch kostspielige Antiquitäten, Schmuckwaren und Kunstobjekte finden Sie bei **Il Quadrifoglio** (CorsoUmberto I 153, Tel. 0942 23 545) und **Stroscio** (Corso Umberto I 169, Tel. 0942 248 65).

LIPARI

Eine große Auswahl an Weinen, Honig, Kräutern und weiteren Nahrungsmitteln von den Liparischen Inseln bekommt man bei **Laise Delizie** (Corso Vittorio Emanuele 118, kein Telefon).

Gute Kuchen und süße Backwaren verkauft das seit 1930 hier ansässige Geschäft **Subba** (Corso Vittorio Emanuele II 92, TEL. 090 981 13 52).

CEFALÙ

A Lumera (Corso Ruggero 180, Tel. 0921 921 801) verfügt über eine ausgezeichnete Auswahl an Keramikwaren.

UNTERHALTUNG & FREIZEIT

Auf Sizilien gibt es eine Vielzahl von faszinierenden und farbenprächtigen Festivals und religiösen Veranstaltungen, historischen Festspielen, Jahrmärkten und regionalen Festen. Die Veranstaltungen während der Karwoche gehören zu den schönsten Europas. Darüber hinaus gibt es viele Kunst- und Kulturfestivals von internationalem Rang. Die meisten Veranstaltungen sind jedoch regional und relativ klein gehalten und werden nur für eine Stadt oder ein Dorf abgehalten.

Wenn Sie zu einem bestimmten Festival reisen möchten, sollten Sie Ihre Reisevorbereitungen und Ihre Hotelreservierungen schon lange im Voraus planen, damit nicht alles bereits ausgebucht ist. Falls das trotzdem der Fall sein sollte, werden Sie sicherlich auf der Insel in Ihrer Nähe ein vergleichbares kleines Festival oder eine *festa*, die vor allem an Ostern und im Sommer unglaublich zahlreich sind, besuchen können.

Die kleineren religiösen Feste beginnen wie die großen Feste fast überall mit Prozessionen, bei denen die Teilnehmer in historische Kostüme gekleidet sind. In den Kirchen finden Gottesdienste mit traditionellen Gesängen statt, auf die dann der weltliche Teil mit viel Essen und Trinken, mit Tanz und Feuerwerk folgt.

In vielen Geschäften liegen Faltblätter mit Vorankündigungen dieser *festa* oder *sagra* aus. Die Veranstaltungsprogramme finden Sie auch in den Besucherinformationen ausgelegt oder auf ihren entsprechenden Seiten im Internet aufgelistet, allgemein auch unter der folgenden Adresse: www.festedisicilia.it.

OSTERN UND KARNEVAL

Sizilien ist für seine Feierlichkeiten während der Karwoche weltberühmt. In den meisten Dörfern und Städten finden faszinierende Prozessionen und *misteri* (Darstellungen der Passion Christi) statt, meist dramatisch in Szene gesetzt mit langen Prozessionen mit Kostümen und Fackelzügen.

Die berühmtesten dieser Umzüge veranstalten Agrigent, Alcamo, Caltanissetta, Enna (hier ist es vor allem die Karfreitags-Prozession), Erice, Marsala, Messina, Noto, Piana degli Albanesi, Ragusa, Scicli und Trapani; die meisten Umzüge konzentrieren sich auf den Karfreitag.

KUNST UND MUSIK

Klassische Konzerte, Theater- und Ballettaufführungen werden im antiken Theater von Syrakus (Mai und Juni, Tel. 0931 674 15 oder 0931 46 58 31, www.indafondazione.org), in den antiken Theatern von Segesta (Juli–Sept., Tel. 0924 95 00 12, www.calatafimisegesta.com) und von Tindari (Estate Tindari, letzte Woche im Juli bis 3. Augustwoche, Tel. 0941 24 11 36, www.pattietindari.it) sowie in Taormina (Juni bis August) veranstaltet.

Die Vorstellungen in Taormina sind Teil eines der wichtigsten Sommerfestivals, der Taormina Arte (Tel. 0942 211 42, www.taormina-arte.com). Außerdem findet im Juni oder Juli in Taormina jedes Jahr ein bedeutendes Filmfestival statt.

Weitere Kunst-, Theater- und Musikfestivals können Sie jedes Jahr im Sommer in Catania, Enna (Estate Ennese), Erice (Festival mit Mittelalter- und Renaissancemusik in der 2. Juliwoche), in Gibellina (Oestiadi Festival), in Noto und in Trapani (Estate Musicale Trapanese) besuchen.

Marsala veranstaltet Ende Juli das Marsala Doc Jazz Festival, Monreale im November ein Musikfestival, das in seiner Kathedrale stattfindet. Erice ist im Dezember Austragungsort eines Musikfestivals. Sehenswert ist auch das jährlich stattfindende Theaterfestival mit Theaterstücken von Pirandello (in italienischer Sprache), das in seinem Geburtsort Caos bei Agrigent (siehe S. 95) begangen wird.

FESTKALENDER

JANUAR

Dreikönig
Byzantinisch-orthodoxe Festa della Teofana in Piana degli Albanesi (6. Januar)

San Sebastiano
Feiern zu Ehren des Heiligen in Syrakus, Acireale und Mistretta (20. Januar)

FEBRUAR

Sagra della Mandorla
Festival der Mandelblüte mit Folklore und kulturellen Veranstaltungen in Agrigent (Ende Januar bis Anfang Februar)

Sant'Agata
Große Prozession und Feierlichkeiten zu Ehren der Heiligen in Catania (3.–5. Februar)

Carnevale
Karneval auf ganz Sizilien (bis Aschermittwoch)

San Corrado
Feierlichkeiten zu Ehren des Heiligen in Noto (19. Februar)

MÄRZ

Cavalcata di San Giuseppe
Feierlichkeiten und Prozessionen zu Ehren des Heiligen in vielen Orten Siziliens, am schönsten sind die Feste in Salemi und Santa Croce Camertina (18.–19. März)

APRIL

Ostern
Veranstaltungen, Prozessionen und Gottesdienste in allen Dörfern und Städten Siziliens (siehe oben)

Gründonnerstag
Prozessionen in Marsala und Caltanissetta (Donnerstag vor Ostern)

San Giorgio
Umzüge in Ragusa und in Piana degli Albanesi (23. April)

MAI

Santissimo Crocifisso
Feiern in Isnello in den Bergen der Madonie
(31. April–1. Mai)

Santa Lucia
Fest der Heiligen in Syrakus
(1. und 2. Sonntag)

Infiorita
Blumenfest in Noto
(3. Sonntag)

Battaglia delle Milizie
Prozession in historischen Kostümen in Scicli
(Ende des Monats)

Corpus Domini
Festa della Frottola in Cefalù
(Mai oder Anfang Juni)

San Giorgio
Feiern zu Ehren des Heiligen in Ragusa Ibla
(letzter Sonntag)

Sfilata del Carretto
Umzüge mit historisch bemalten Wägen und Marionettentheater in Taormina
(letzte drei Tage des Monats)

JUNI

La Mattanza
Einen Monat lang ritueller Thunfischfang in Favignana
(siehe S. 82f)

Madonna della Lettera
Religiöse Feiern in Messina
(3. Juni)

Festa del Mare
Festival des Meeres in Sciacca
(27.–29. Juni)

SS. Pietro e Paolo
Feierlichkeiten zu Ehren der Heiligen Petrus und Paulus in Modica, Palazzolo, Acreide und auf Pantelleria
(29. Juni)

JULI

Santa Venera
Einwöchiges Festival zu Ehren des Heiligen in Acireale
(ab 1. Sonntag des Monats)

San Calogero
Brauchtum und religiöse Veranstaltungen in Agrigent
(1. Sonntag)

Madonna della Visitazione
Religiöses Fest in Enna
(2. Juli)

U Fistinu
Prächtiges Festival zu Ehren der Stadtheiligen in Palermo
(14.–15. Juli)

Festa di Giacomo
Feiern mit festlicher Beleuchtung in Caltagirone
(24.–25. Juli)

AUGUST

Palio del Mare
Prozessionen mit Booten und Bootsrennen in Syrakus
(1. Sonntag)

Festa di San Salvatore
Religiöses Fest in Cefalù
(2.–6. August)

Festa della Spiga
Maisfest mit Musik, Theater und Tanz in Gangi
(2. Augustwoche)

Madonne della Luce
Bootsprozessionen in Cefalù
(14. August)

Palio dei Normanni
Großes Mittelalterfest mit Kostümen und Ritterturnieren auf der Piazza Armerina
(13.–14. August)

Festa di San Bartolomeo
Großes Fest mit Feuerwerk auf dem Meer in Lipari
(21.–24. August)

San Giovanni Battista
Höhepunkt des einmonatigen Folklore-Festivals in der Region Iblea zu Ehren Johannes des Täufers in Ragusa
(29. August)

San Corrado
Religiöses Fest in Noto
(4. Sonntag im August bis 1. Sonntag im September)

SEPTEMBER

Madonna delle Lacrime
Religiöses Fest und Wallfahrt in Syrakus
(29. August–3. September)

La Madonna di Porto Salvo
Religiöses Fest und Wallfahrt in Lampedusa
(22. September)

OKTOBER

Festa di Sant'Angelo
Religiöses Fest in Vulcano
(2. Oktober)

Festa del Pistacchio
Fest der Pistazienernte in Bronte
(Anfang Oktober)

Ottobrata Zafferanese
Erntedankfest in Zafferana Etnea
(jeden Sonntag)

NOVEMBER

Festa dei Morti
Allerheiligen-Markt mit Kinderfest und Spielzeugmarkt in Palermo
(1.–2. November)

DEZEMBER

Festival di Morgana
Internationales Puppen-Festival in Palermo
(Ende November–Mitte Dezember)

Immacolata
Religiöses Festival in Syrakus
(8. Dezember)

Santa Lucia
Am Tag der heiligen Luzia Fest und Wallfahrt in Syrakus
(13. Dezember)

SPRACHFÜHRER

Italiener freuen sich, wenn ausländische Besucher versuchen, Italienisch zu sprechen. Die Sizilianer beherrschen selbst meist ein bisschen Englisch und Deutsch, in besseren Hotels und Restaurants spricht das Personal meist mehrere Fremdsprachen.

Alle italienischen Wörter werden so ausgesprochen, wie sie geschrieben werden. Der Konsonant c wird wie k in »Katze«

ausgesprochen. Folgt als nächster Vokal jedoch ein i oder e, spricht man ihn weich wie »tsch« im Trinkspruch *cin cin* aus. Dasselbe gilt für das g, wenn danach ein i oder e folgt: Weich wie »tsch« in *buon giorno*, aber hart wie Gustav in *grazie*.

NÜTZLICHE WÖRTER UND REDEWENDUNGEN

Ja **Sì**
Nein **No**
In Ordnung, einverstanden **Va bene**
Ich verstehe nichts **Non capisco**
Sprechen Sie Deutsch? **Parla tedesco?**
Das weiß ich nicht **Non lo so**
Ich möchte ...**Vorrei** …
Haben Sie ...? **Avete** …?
Wie viel kostet das? **Quant'è?**
Was ist das? **Che cos'è?**
Wer? **Chi?**
Was? **Quale?**
Warum? **Perchè?**
Wann? **Quando?**
Wo? **Dove?**
Wie spät ist es? **Che ore sono?**
Guten Morgen **Buon giorno**
Guten Abend **Buona sera**
Gute Nacht **Buona notte**
Hallo, auf Wiedersehen **Ciao**
Auf Wiedersehen **Arrivederci**
Bitte **Per favore**
Danke **Grazie**
Bitte, gerne **Prego**
Wie heißen Sie? **Come si chiama?**
Ich heiße … **Mi chiamo …**
Ich bin Deutsche/r **Sono Tedesca/Tedesco**
Wie geht es Ihnen/dir? **Come sta/stai?**
Danke, gut **Bene, grazie**
Und Sie? **E lei?**
Tut mir Leid **Mi dispiace**
Entschuldigung/Verzeihen Sie **Mi dispiace**
Entschuldigung (bei vielen Leuten) **Permesso**
Gut **buono**
Schlecht **cattivo**
Groß **grande**
Klein **piccolo**
Mit **con**
Ohne **senza**
Mehr **più**
Weniger **meno**
Genug **basta**
In der Nähe **vicino**
Weit weg **lontano**
Links **sinistra**
Rechts **destra**
Geradeaus **sempre dritto**
Warm **caldo**
Kalt **freddo**
Früh **presto**
Spät **ritardo**
Hier **qui**
Dort **là**
Heute **oggi**
Morgen **domani**
Gestern **ieri**
Der Morgen **la mattina**
Der Nachmittag **il pomeriggio**
Der Abend **la sera**
Eingang **entrata**
Ausgang **uscita**
Geöffnet ***aperto***
Geschlossen **chiuso**
Badezimmer **il bagno**
Toilette **il gabinetto**
Gehen wir **Andiamo**

IM NOTFALL

Hilfe! **Aiuto!**
Kann ich Ihnen helfen? **Mi puo aiutare?**
Mir geht es schlecht **Sto male**
Holen Sie einen Arzt **Chiamate un medico**
Wo ist die Polizeistation? **Dov'è la polizia/la questura?**
Erste Hilfe **pronto soccorso**
Krankenhaus **l'ospedale**

SEHENSWÜRDIGKEITEN

Kunstgalerie **la pinacoteca**
Burg/Schloss **il castello/la fortezza**
Kirche **la chiesa**
Garten **il giardino**
Museum **il museo**
Ansichtskarte **la cartolina**
Briefmarke **il francobollo**
Besucherinformation **l'ufficio di turismo**

IM HOTEL

Hotel **un albergo**
Zimmer **una camera**
Einzelzimmer **una camera singola**
Doppelzimmer **una camera doppia**
Zimmer mit Bad **una camera con bagno**
Ich habe reserviert **Ho una prenotazione**

EINKAUFEN

Geschäft **il negozio**
Markt **il mercato**
Haben Sie ...? **Avete un po' di …?**
Dieses **questo**
Das dort **quello**
Ein wenig **poco**
Viel **tanto**
Genug **abbastanza**
Zu viel **troppo**
Nehmen Sie Kreditkarten? **Accetate carte di credito?**
Teuer **caro**
Billig **a buon prezzo**

GESCHÄFTE

Bäckerei **il forno/il panificio**
Buchhandlung **la libreria**
Metzger **la macelleria/il macellaio**
Konditorei **la pasticceria**
Feinkostladen **la salumeria/la norcineria**
Drogerie, Apotheke **la farmacia**
Lebensmittelgeschäft **l'alimentari**
Eisdiele **la gelateria**
Postamt **l'ufficio postale**
Supermarkt **il supermercato**
Tabakladen **il tabaccaio**

SPEISEKARTE

Frühstück **la colazione**
Mittagessen **il pranzo**
Abendessen **la cena**
Kellner **il cameriere**
Ich möchte einen Tisch reservieren **Vorrei riservare una tavola**
Haben Sie einen Tisch für zwei Personen? **Avete una tavola per due?**
Ich möchte bestellen **Vorrei ordinare**
Ich bin Vegetarier/in **Sono vegetariano/a**
Die Rechnung, bitte **Il conto, per favore**
Gedeck **il coperto**
Ist der Service im Preis enthalten? **Il servizio è incluso?**

Menüfolge

l'antipasto Vorspeise
il primo erster Gang

il secondo Hauptgang
la zuppa Suppe
il contorno Gemüse, Beilage
insalata Salat
la frutta Obst
il formaggio Käse
i dolci Nachtisch, Süßspeisen
la lista dei vini Weinkarte

Spezielle Ausdrücke

affumicato geräuchert
ai ferri gegrillt
alla griglia gegrillt
alla Milanese paniert
alla spiedo am Spieß gegrillt
arrosto im Ofen gebraten
bollito gekocht
costoletta Kotelett
fritto frittiert
in umido Schmorbraten, Ragout
ripieno gefüllt
stracotto Rinderschmorbraten
sugo Sauce

Nudeln und Saucen

agnolotti große, gefüllte Nudeln
al pomodoro Tomatensauce
amatriciana Tomatensauce mit Speck
arrabbiata scharfe Tomatensauce
bolognese Hackfleischsauce
cannelloni gefüllte Nudelrollen
carbonara Sauce mit Sahne, Schinken und Eiern
farfalle Schmetterlingsnudeln
fettucine flache, dicke Teigröhrchen
gnocchi weiche Kartoffelnocken
lasagne Auflauf mit Nudel-, Käse- und Fleischschichten
parmigiano Sauce mit Parmesankäse
pasta e fagioli Nudeln mit Bohnen
penne röhrenförmige Nudeln
peperoncino scharfe Peperoni in Öl und Knoblauch
pesto Sauce aus Pinienkernen, Basilikum und Käse
puttanesca Sauce mit Tomaten, Anchovis, Öl und Oregano
ragù jede Art von Fleischsauce
ravioli gefüllte Nudeltaschen
rigatoni große Nudelrollen
spaghetti lange, dünne Nudeln
tagliatelle lange, flache Nudelstreifen
tagliolini dünne Nudelstreifen
tortellini zusammengedrehte, gefüllte Nudeltaschen
vongole Muscheln in Weinsauce mit Petersilie

Fleischgerichte

agnello Lamm
anatra Ente
bistecca Rinderfilet
cinghiale Wildschwein
coniglio Kaninchen
fritto misto Grillfleisch
maiale Schweinefleisch
manzo Rindfleisch
ossobuco Rind- oder Kalbshaxen-Scheibe
pancetta Schweinskopf, Bauchspeck
pollo Hühnchen
prosciutto cotto gekochter Schinken
prosciutto crudo roher (Parma-)Schinken
salsiccia Wurst
saltimbocca Rindfleisch mit Schinken und Salbei
trippa Kutteln
vitello Kalbfleisch

Fisch und Meeresfrüchte

acciughe Anchovis
aragosta Languste
baccalà gesalzener Kabeljau
calamari Tintenfisch
cappesante Kammmuscheln
cozze Muscheln
dentice Meerbrasse
gamberi Garnelen
granchio Krabben
merluzzo Kabeljau
ostriche Austern
pesce spada Schwertfisch
polpo Oktopus
rospo Seeteufel
salmone Lachs
sarde Sardinen
seppie Tintenfische
sgombro Makrele
sogliola Seezunge
tonno Thunfisch
triglia Meeräsche
trota Forelle
vongole Muscheln

Gemüse

aglio Knoblauch
asparagi Spargel
basilico Basilikum
capperi Kapern
carciofi Artischocken
carotte Karotten
cavolo Kohl
cipolle Zwiebeln
fagioli Bohnen
funghi Pilze
funghi porcini Steinpilze
insalata mista gemischter Salat
insalata verde grüner Salat
melanzane Auberginen
patate Kartoffeln
patate fritte Pommes frites
peperoni Peperoni
piselli Erbsen
pomodoro Tomaten
radicchio Radicchio
rucola/rughetta (Gartenrauke) Ruccola
spinaci Spinat
tartufo Trüffel
zucchini Zuchini

Obst

albicocca Aprikose
ananas Ananas
arancia Orange
banana Banane
ciliegia Kirsche
ficchi Feigen
fragola Erdbeere
limone Zitone
mela Apfel
melone Melone
pera Birne
pesca Pfirsich
pompelmo Grapefruit
prugna Pflaume

Getränke

acqua Wasser
una birra ein Bier
una bottiglia eine Flasche
una mezza bottiglia eine halbe Flasche
caffè Kaffee
caffè Hag, caffè decaffeinato koffeinfreier Kaffee
latte Milch
tè Tee
vino Wein
vino della casa Hauswein
zucchero Zucker

REGISTER

Angaben in **Fettdruck** verweisen auf Abbildungen.

REGISTER

ABBILDUNGSNACHWEIS

Alle Fotos stammen von Tino Soriano, mit folgenden Ausnahmen:

12-13, M.L. Sinibaldi/CORBIS. 22, Time Life Pictures/Getty Images. 23, Gianni Dagli Orti/CORBIS. 24, Archivo Iconografico, S.A./CORBIS. 25 (links), Getty Images. 25 (rechts), 26, & 27 (oben) Hulton Archive/Getty Images. 27 (unten), Time Life Pictures/Getty Images. 28-29, Gabriel Bouys/AFP/Getty Images. 33 (oben), O. Louis Mazzatenta/NGS Image Collection. 37, Araldo de Luca/CORBIS. 38, Bettmann/CORBIS. 39, Sunset Boulevard/CORBIS SYGMA. 40, Bettmann/CORBIS. 52-53, Antoine Gyori/CORBIS SYGMA. 62, William Albert Allard, NGS. 78, Alfio Garozzo/CuboImages. 82-83, William Albert Allard, NGS. 83, Jeffrey L. Rotman/CORBIS. 87, Johanna Huber/SIME. 114, Alfio Garozzo/CuboImages. 152-153, Alfio Garozzo/CuboImages.

IMPRESSUM

In der Reihe NATIONAL GEOGRAPHIC TRAVELER sind bisher folgende Titel erschienen:

ÄGYPTEN
AMSTERDAM
AUSTRALIEN
BARCELONA
BOSTON UND UMGEBUNG
CHINA
COSTA RICA
FLORENZ UND TOSKANA
FLORIDA
FRANKREICH
GRIECHENLAND
GROSSBRITANNIEN
HAWAII
INDIEN
IRLAND
ITALIEN
KALIFORNIEN
KANADA
KARIBIK
KUBA
LONDON
MEXIKO
NEW ORLEANS
NEW YORK
PARIS
PRAG UND TSCHECHIEN
PROVENCE UND CÔTE D'AZUR
ROM
SAN FRANCISCO
SIZILIEN
SPANIEN
SYDNEY
THAILAND
VENEDIG
WASHINGTON, D.C.

Weitere Titel in Vorbereitung

Deutsche Ausgabe veröffentlicht von G+J/RBA GmbH & Co KG, Hamburg 2005
Übersetzung: Dr. Thomas Pago, Jutta Ressel M.A., Simone Wiemken; Rosemarie Altmann, Dr. Martin Goch (Reiseinformationen)
Gesamtproducing: CLP • Carlo Lauer & Partner
Satz: Typographischer Betrieb Biering Numberger
Produktion: Dirk Beyer
Druck und Verarbeitung: Cayfosa, Barcelona
Printed in Spain
ISBN 3-937606-14-9

Alle Angaben in diesem Buch wurden zum Zeitpunkt der Erarbeitung sorgfältig geprüft. Dennoch können sich natürlich Details ändern, und der Verlag kann für solche Änderungen, eventuelle Fehler oder Auslassungen keine Verantwortung oder Haftung übernehmen. Bewertungen von Hotels, Restaurants oder Sehenswürdigkeiten geben die Sicht der Autoren wieder.

Titel der amerikanischen Originalausgabe:
THE NATIONAL GEOGRAPHIC TRAVELER SICILY

Veröffentlicht von der National Geographic Society, Washington, D.C., 2005. Alle Rechte vorbehalten

Mitarbeiter an diesem Band
Caroline Hickey, *Projektleitung*
Kay Kobor Hankins, *Layout*
Jane Menyawi, *Bildredaktion*
Alison Kahn, *Redaktion*
Alfredo Pelella, *Dokumentation*
Lise Sajewski, *Redaktionelle Beratung*
Thomas L. Gray, Nicholas P. Rosenbach, Tibor G. Tóth, Gregory Ugiansky u.a., *Kartografie*
R. Gary Colbert, *Herstellungsleitung*
Mike Horenstein, *Herstellung*
Meredith Wilcox, *Assistenz der Bildredaktion*
Connie D. Binder, *Register*
Dana Chivvis und Larry Porges, *Beiträge*

Aufrisszeichnungen: Maltings Partnership, Derby, England (S. 96–97)

Die Website von NATIONAL GEOGRAPHIC DEUTSCHLAND können Sie unter www.nationalgeographic.de besuchen.